人力资源管理核心课系列教材

丛书主编　萧鸣政

U0865895

薪酬管理

陈小平　编著

科 学 出 版 社

北　京

内 容 简 介

薪酬管理是人力资源管理中的重要内容，如果没有健全的薪酬管理体系，组织将难以吸引、激励、留住最优秀的人才。本书的目的是帮助组织正确理解薪酬管理体系，构建科学薪酬管理机制，提升组织核心竞争力。本书主要包括八个章节，有以下特色：一是编写内容安排上，系统、完整、全面地介绍薪酬管理的基本知识、基本理论、基本方法；二是以基本理论为主，实际应用为辅的原则，每章都编写了针对性案例；三是语言文字简明朴实、图文并茂，版式设计与装帧风格独特，较好地体现了教材的主题和内容。

本书适合各类学生使用，同时，本书还适合所有不同专业的商学院学生使用。此外，本书也可供从事薪酬管理实践的人员参考。

图书在版编目（CIP）数据

薪酬管理 / 陈小平编著. —北京：科学出版社，2017
人力资源管理核心课系列教材 / 萧鸣政主编
ISBN 978-7-03-050396-1
Ⅰ. ①薪…　Ⅱ. ①陈…　Ⅲ. ①企业管理-工资管理-高等学校-教材
Ⅳ. ①F272.923

中国版本图书馆 CIP 数据核字（2016）第 252821 号

责任编辑：方小丽 / 责任校对：郑金红
责任印制：张　伟 / 封面设计：蓝正设计

科学出版社 出版
北京东黄城根北街 16 号
邮政编码：100717
http://www.sciencep.com
固安县铭成印刷有限公司 印刷
科学出版社发行　各地新华书店经销
*
2017 年 1 月第 一 版　开本：787×1092　1/16
2023 年 1 月第六次印刷　印张：11 3/4
字数：278 000

定价：36.00 元

（如有印装质量问题，我社负责调换）

作 者 简 介

陈小平，北京大学和美国伊利诺大学香槟分校联合培养管理学博士，现为首都经济贸易大学劳动经济学院副教授，兼任北京大学人力资源开发与管理研究中心兼职研究员、中国人力资源开发研究会人才测评分会副秘书长。主要研究领域有胜任能力模型、薪酬管理、绩效管理、培训与开发、人才管理与开发。电子邮件：chenxp@cueb.edu.cn。

“人力资源管理核心课系列教材”
编辑委员会

总　　序

组织管理，人事为本；创造财富，人才为先。任何社会的存在与发展，都离不开人口；任何组织的存在与发展，都离不开人员；任何经济的存在与发展，都离不开人力；任何技术的创造与发明，都离不开人才；任何社会组织的进步与改革，都离不开人物。人口、人员、人力、人才与人物，是人力资源形成与发展过程中的不同形态，是人力资源学科领域中研究的基本对象。人力资源是组织的生命源泉，是组织发展的第一资源。美国钢铁大王卡耐基说过，炸毁我工厂所有的财物不要紧，只要给我留下人力资源，我可以制造出比原来更好的企业。

然而，人力资源对于一个组织的贡献与作用不是自发产生的，需要通过科学的管理。同样的人才，在不同的组织中与管理方式下，其实际的价值与绩效大不一样，需要科学地开发。当今的时代，是知识经济的时代。人力资源在社会经济发展中的作用大幅度提高，而物力资源与财力资源的作用相对减小。土地、矿产等自然资源及物质资金等在经济中的首要性正逐渐让位于人力资源，因此，物资流的管理与资金流的管理逐渐让位于人力资源的管理。当今的时代，是后工业时代与人本时代。自然资源在被大量开采转化为财金资源后已日益短缺，而人力资源随着人口大幅度的增长与教育水平的提高却日益丰富。自然资源的开发必然被人力资源的优先开发所取代。当今的时代，是发展创新与组织变革的时代，特别需要的是员工的先进知识、创造能力与创新意识，而不是他们的体力与一般的劳务；特别需要的是前瞻性、全局性、系统性与开放性的管理，而不是机械性、短视性与封闭性的管理。因此，传统的人事管理必然被现代的人力资源开发与管理所取代。

1993 年我国开始批准招收人力资源专业的本科生，当时我博士生刚刚毕业，并且同年受聘为中国人民大学劳动人事学院副教授，因此有机会见证了人力资源专业及其研究在我国的发展过程。回顾我国人力资源专业二十多年来的发展，我有以下几点见解，在这里提出来与大家共同探讨。

一、专业热门，产学研政都很重视

（1）发展成果多。每个大学几乎都开设人力资源的课程或者专业，截至 2008 年，我国以“人力资源管理”或“人力资源开发与管理”为书名出现的中文著作，我见到过的有 100 多种，目前有 200 多种了；知名度较大的专业性杂志有中国人力资源开发研究会主办的《中国人力资源开发》、中国人事人才研究所主办的《中国人才》、中国人民大学报刊复印资料中心的《劳动经济与人力资源管理》，后又改名为《人力资源管理》。

报纸有《中国人事报》，2011 年更名为《中国组织人事报》，知名专业网站有近 10 家。

（2）开设人力资源方向的学校与院系，从 20 世纪 90 年代的 1~2 家，发展到 1999 年的 40 多家，到 2000 年这一数据达到 60 多家，2008 年达到 100 多家，目前几乎 70% 的大专院校都开设有人力资源方面的专业或者研究方向，其中师范院校与管理专业居多。许多与管理学、心理学、教育学、社会学与经济学等有关的专业机构、硕士点与博士点，都纷纷开始招收人力资源方向的学生，开展人力资源方面的研究与咨询服务。几乎所有大学都开设了人力资源的课程。

（3）报考人力资源硕士与博士的考生特别多。以北京大学政府管理学院为例，每年报考人力资源方向的研究生与报考 MPA（master of public administration，公共管理硕士）的人数最多。2005~2008 年，每年报考政府管理学院人力资源方向的博士生为 50~70 人，但每年的招生名额只有 2 名，是北京大学所有博士报考中人数较多的专业方向之一。其他学校招生情况也大体一致，人力资源管理专业一直是报考的热门专业。

（4）人力资源咨询业发展迅速。1993~1998 年咨询机构非常少，大学教师既讲课又咨询；1999~2004 年发展迅速，咨询机构大量涌现，深圳当时的咨询机构就有 2 000 多家，北京、上海更多。

（5）媒体宣传多。在中国内地，人力资源的概念频繁出现在报纸、杂志、电视、广播与领导人的讲话报告中。

2015 年中国知网检测结果表明，篇名包含主题词“人力资源管理”的报纸文献发文量从 2000 年开始持续增长，并且在 2007 年达到高峰；2008 年以后时有滑落，但是整体关注度一直保持较高态势，如图 1 所示。

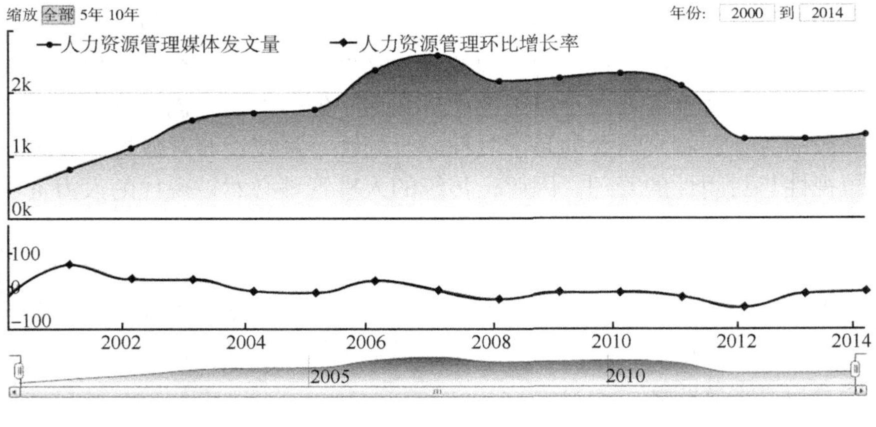

图 1 媒体发文量、增长率统计趋势图（媒体关注度）

（6）国家领导人重视。江泽民在 APEC 会议上三次强调人力资源能力建设的问题，胡锦涛在 2003 年 12 月 19 日~20 日的全国人才工作会议上，特别提出了人才强国战略问题。2007 年人才强国战略被写进《中国共产党章程》。

出现以上现象的原因在于：①知识经济已成为当今世界经济发展的趋势；②中国人口多的国情；③以新加坡为代表的国家经济发展与管理的成功实践经验。

（7）社会关注与引用度高。2015 年中国知网检测结果表明，关于人力资源管理方面的文章下载量从 2000 年开始一直呈上升趋势，到 2008 年后到达高峰值，随后一直保持高度关注态势，见图 2；对于人力资源管理方面的论文被引用量，自 2000 年以后一直居高不下，如图 3 所示。

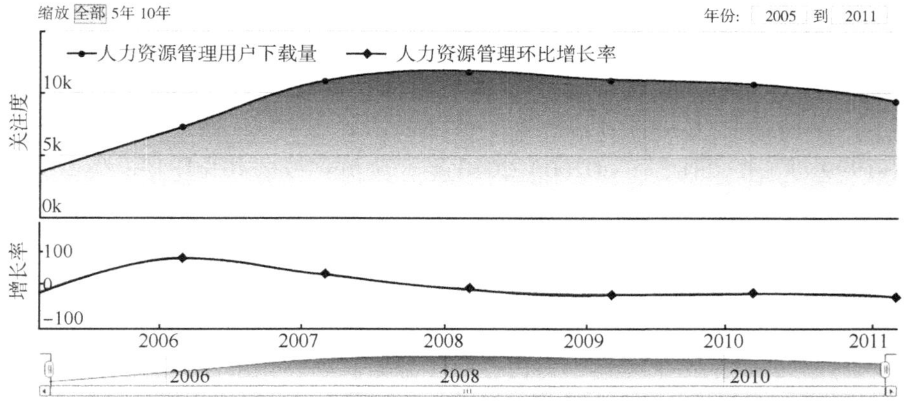

图 2　用户下载量、增长率统计趋势图（用户关注度）

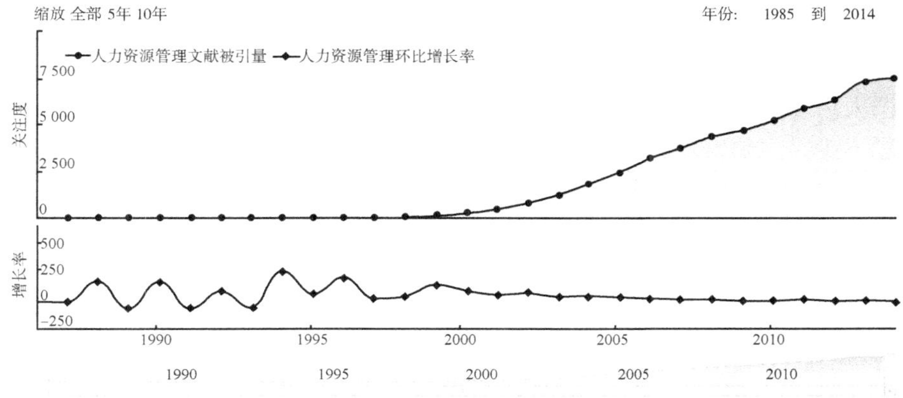

图 3　文献被引量、增长率统计趋势图（用户关注度）

二、历史较长，进展较快

（1）我国的人力资源管理思想源远流长。如果说人力资源管理是来源于人事管理，那么我国有着漫长的历史。2000 多年前的春秋战国就出现了职务能力匹配思想，隋唐时期就有严格且系统的绩效考评体系、人事选拔的制度与方法。因此，我国的人力资源管理专业的发展先是从政府人力资源管理开始的，然后再发展到企业与 NGO（non governmental organization，事业单位与非营利组织）。

（2）我国接受现代人力资源观念是在 20 世纪 90 年代。如果说人力资源的观念是 20 世纪 60 年代初随着舒尔茨和贝克等的人力资本理论的创建而形成的，那么人力资源观念在我国的形成是什么时间呢？从有关资料及笔者的分析来看，大约在 20 世纪 90 年代。因为人力资源观念在我国被社会人士普遍接受的时间大约在 20 世纪 90 年代中期 MBA（master of business administration，工商管理硕士）与 MPA 专业出现之后，并随着 MBA 与 MPA 教育的普及而扩大，到达 2008 年前后人力资源观念在社会中的影响到达了最高峰。

（3）人力资源的观念在我国提出之初限于企业，2000 年以后随着 MBA 与 MPA 教育的出现，人们已把人力资源观念扩大到公共行政、政府机构，即所谓公共人力资源。换句话说，人力资源目前已扩大到“全民皆是”。可以说，人力资源在我国的形成大约经历了四个阶段：①1987~1991 年，传播阶段；②1992~1995 年，专业化阶段；③1996~1999 年，扩展阶段；④2000~2010 年，全员化或公共化阶段；⑤2011 年至今，深化研究与中国化阶段。

（4）我国人力资源专业前后隶属于不同学科，但基本都是管理学范畴。在 1988~1998 年的专业目录调整中，国务院学位委员会办公室把人事管理（人力资源管理）从政治学领域调整到行政管理学领域，又从行政管理学扩大到现在的企业管理学，实现了人力资源观念在管理学领域的全面发展。可以预测，随着高新技术经济或者知识经济的发展，人力资源的观念还将在我国得到深入的发展与普及，为我国经济的发展与中国梦的实现做出应有的贡献。

三、差距很大，问题不少

我国人力资源专业的发展尽管取得了令人瞩目的成绩，但与发达国家相比，差距很大，问题不少，主要表现在以下几个方面。

（1）研究中主观经验多，科学定量少。尽管目前我国人力资源管理专业发展很快，专业竞争力较强，学生就业相对容易，研究人员较多，但与欧美国家相比，还有很大差距。

（2）发表论文中经验描述多，深度研究少。我国学者发表的文章中，经验总结多，理论研究少；内容描述多，实证研究少；观点综述多，原创观点少。

（3）著作中翻译编译偏多。书本内容中翻译多，自己的理论少。

（4）潜心研究人员太少。研究人员与教师中，热心讲课咨询的多，潜心持续研究的少。目前，我国人力资源工作者（practitioner）非常多，但是人力资源学者（scholar）非常少，因此，我国学者需要多向美国等西方学者学习。

（5）进入创新阶段，创建中国特色的人力资源管理体系道路还很长。目前，我国的人力资源教材建设主要还处于模仿学习阶段，现阶段的模仿有三种：第一种是纯粹的模仿，鹦鹉学舌，即进行大量翻译。第二种是理解性的模仿，即进行大量的编译与综述。然而在将来的教材建设中我们应该向改造性的模仿发展，也就是汉化性的人力资源管理教材体系的建立，如中西融合与融通性的教材编写，英文与中文合讲。第三种是追随国外的研究主题进行研究，没有形成自己独立的主题研究体系。

中国知网检测显示，2000~2014 年度人力资源管理中关注的热点文献，主要集中在胜任力特征与素质模型研究，心理契约研究，工作满意度研究，任务绩效、情景绩效与周边绩效研究，组织承诺与离职意愿研究，知识型员工研究，家族企业与接班人计划研究等方面，显然，这些研究基本是追随国外学者的研究。而对于职业资格研究、品德素质结构与测评、人才选拔与开发、政府人力资源开发等本土研究的主题关注不够。

笔者认为，我国应该尽早进入人力资源学科建设与研究的创新发展阶段，即进行人力资源学科的中国化建设、人力资源问题的中国化研究，尽早创建中国式的人力资源管理思想体系、中国式的人力资源学科体系与课程教学体系。

四、人力资源学科中国化发展中值得进一步研究的几个问题

（1）人力资源专业是单独设立还是融合在经济、管理与社会学科中；是向专业深化分化还是向基础与理论综合化。

（2）人力资源学科的教学是基于实际问题的解决技能还是基于人力资源专业素质培养。

（3）人力资源学科的研究是基于理论体系建立与创新还是基于个案与样本的实证与检验；是向数理化（定量与实证）方向发展还是向综合化（理论化与多学科方法）方向展。

（4）人力资源与人力资本有什么不同；人力资本应不应该在人力资源学科中专门出现。

（5）人力资源学科是经验性学科、思辨性学科还是操作性学科。

（6）人力资源学科是否有问无学，入门容易深入难，介绍容易创新难。

如何建立起一套适合我国高校人力资源专业需要的教材体系，一直是近年来各高校与研究机构积极探讨的事情。承蒙各位专家与同仁的厚爱，诸多学者希望北京大学人力资源开发与管理研究中心能够与大家一起努力，进行教材的开发。经过科学出版社马跃编辑的努力，本套教材的编写与出版工作才得以顺利进行。这套教材的内容目前包括《人力资源开发与管理》《培训与开发》《人力资源战略与规划》《工作分析与评价》《人员素质测评与招聘》《绩效管理》《薪酬管理》《社会保障学》《劳动关系》《人力资源会计》《人力资源管理审计》等。其突出特点有三：一是作者都是国内资深教授，在课程教学、课题咨询与论文发表等方面同时具有 3 年以上的工作经验；二是在教材内容的选择与编写上，坚持简洁、典型、实用与通俗的原则；三是实行教材的立体化建设，每本教材要求配置目标导向、多个案例、习题文献等辅助材料，同时提供多媒体课件、教师手册等资料。因此，本套教材比较适合地方高校人力资源专业、重点高校非人力资源专业的课程教学与企事业单位的人力资源课程培训；同时，对于我国人力资源开发与管理的实践工作者具有重要的指导的价值。

一套教材的出版并非易事，如果没有诸位专家教授的鼎力相助，没有马跃编辑的积极策划与修改完善，没有科学出版社及其领导的大力支持，这套教材是难以与读者见面的。在此，我们特别致以诚挚的谢意。

北京大学人力资源开发与管理研究中心主任　萧鸣政教授

2016 年 1 月

目　　录

第一章　总　　论

学习目标

1. 掌握薪酬的相关概念和主要功能。
2. 掌握薪酬的形式和薪酬模型。
3. 了解薪酬管理面临的挑战和未来发展趋势。

【导入案例】

在北京市社区居民委员会（简称居委会）调研时，某社区居委会主任说："工资不高是一大问题，一般工作人员每月2 000元左右，社区居委会主任2 700元左右。北京生活成本高，导致工作人员抱怨多，离职倾向较高，留不住人才，也招不来优秀人才。"

目前，北京市社区居委会工作人员薪酬不高是一个普遍现象，这会带来什么问题？

第一节　薪酬的相关概念和主要功能

一、薪酬：概念界定

（一）薪酬

不同的学者对薪酬的定义都有着自己的看法。乔治·T. 米尔科维奇认为薪酬是指雇员作为雇佣关系中的一方所得到的各种货币收入，以及各种具体的服务和福利之和，其实质是一种公平或交换关系，是员工在向公司让渡其劳动或劳动使用权后获得的报酬。加里·德斯勒则认为薪酬是指雇员由于雇佣关系的存在而获得的所有各种形式的薪资和报酬。它主要包括两个主要构成部分，即直接经济报酬（以工资、薪金、奖金、佣金以及红利等形式支付的薪酬）和间接经济报酬（由雇主支付的保险以及带薪休假等一些形式的经济福利）。

国内的学者余泽忠先生认为所谓薪酬，就是存在雇佣关系的前提下，员工从雇主那里所获得的各种形式的经济收入及有形的服务和福利。而郑海航先生则认为薪酬是企业对它的职工为企业做出贡献（包括他们实现的绩效，付出的努力、时间，学识，技能，经验与创造）所付给的相应回报或答谢，是雇员因完成工作而得到的内在和外在的奖励。

对于薪酬概念的界定，通常可以划分为三类。

第一种是宽口径的界定，即将薪酬等同于报酬，员工由于完成了自己的工作而获得的各种内在报酬和外在报酬。不过，这种宽口径的定义并不是很常见。

第二种是中等口径的界定，即员工因为雇佣关系的存在而从雇主那里获得的各种形式的经济收入以及有形服务和福利。这种薪酬概念包括工资（直接经济报酬）和福利（间接经济报酬）。很多人力资源管理和薪酬管理方面的教科书都采用这种定义。

第三种是窄口径的界定，即薪酬仅仅包括货币性薪资（基本薪资和可变薪资或浮动薪资之和），而不包括福利。在实践中，大多数实际管理部门都倾向于使用这种定义。

本书中，我们认为薪酬是指企业或组织因使用员工的劳动或服务，对员工为企业所做出的贡献支付的各种类型的酬劳，它包括基本薪酬、激励薪酬、福利等形式。

（二）报酬

市场经济在本质上是一种交换经济。在为一个组织或一位雇主工作的时候，劳动者之所以愿意付出自己的劳动（包括时间、技能等），是因为他们期望自己能够获得与个人劳动价值相符的回报。通常情况下，我们将一位员工因为为某个组织工作而获得的所有各种他认为有价值的东西统称为报酬（reward）。从报酬的这一定义我们不难看出，报酬并不等同于金钱或者能够直接折合为金钱，并且，由于人与人之间在需求和价值观上存在差异，所以对于某一位员工来说属于报酬的东西，对于另外一位员工来说却很可能不算是报酬，或者说只能算是没有太大分量的报酬。例如，本人的工作能够获得上级的认可对于某些员工来说可能是一种非常有价值的报酬，但是对于另外一些员工来说，只能算是价值不大的报酬或者根本就不能算是报酬。因此，报酬这一概念并非仅仅是一种金钱或者能够折算为金钱的实物概念，它还包括一些心理上的收益。

总体而言，我们可以用两种不同的方法来对报酬进行分类：一种方法是将报酬划分为经济报酬（financial reward）和非经济报酬（non-financial reward），另一种方法是将报酬划分为内在报酬（intrinsic reward）和外在报酬（extrinsic reward）。首先，经济报酬和非经济报酬之间的界线是，某种报酬是不是以金钱形式提供的，或者能否以货币为单位来加以衡量。经济报酬通常包括各种形式的薪资和福利（其中，薪资被称为直接经济报酬，福利又被称为间接经济报酬）。而非经济报酬则包括成长和发展的机会、从事富有挑战性的工作的机会、参与决策的机会、特定的个人办公环境、工作地点交通便利性等。

（三）关于报酬与薪酬之间关系的几点结论

首先，与内在报酬相比，员工和企业都倾向于注重外在报酬，尤其是薪酬，这是因为外在报酬比较容易定性，也容易衡量，同时还便于在不同的个人、公众以及组织之间进行比较，而内在报酬则往往难以清晰定义、讨论或者进行比较和谈判。因此，一个毋庸置疑的事实是，薪酬在企业的报酬体系中确实处于一种特别重要的地位。

其次，员工对薪酬的抱怨并不一定是因薪酬而起。因为员工在一家企业中工作所获得的所有他个人认为有价值的东西都属于报酬，即可以作为他为企业付出的努力和劳动的交换物，所以，企业必须清醒地意识到，员工对薪酬以及其他外在报酬的抱怨，很可能是因为员工和所属组织之中存在的其他方面的一些问题，如监督管理水平、职业发展机会、员工对工作的影响力和决策参与水平等。员工有时会以要求提高外在报酬（通常表现为薪酬）的方式来弥补他们对企业内在报酬不足的不满。在这种情况下，简单地增加薪酬往往并不能从根本上解决内在报酬不足而导致的冲突。

再次，内在报酬与企业的薪酬成本降低之间不存在必然的联系。企业可以通过工作系统设计、增强员工对企业的影响力以及调整人力资本的内部流动政策来为员工提供内在报酬，但是这种做法本身并不一定能起到降低企业薪酬成本的作用。实际上，它反而可能会要求更高的薪酬。然而，由于内在报酬有可能会刺激员工的献身精神，挖掘其工作潜力，同时对绩效、间接劳动力成本、创新以及员工队伍的灵活性产生积极的作用。因此，即使内在报酬无法帮助企业降低在薪酬方面的开支，它对企业生产效率的提高以及竞争力的提升也是具有积极作用的。

最后，企业必须在外在报酬与内在报酬之间实现平衡。当一个人被赋予对其工作进行管理和控制的自由时，内在激励就出现了。但是，如果企业将薪酬以及其他外在报酬与绩效过于紧密地挂起钩来，反而有可能削弱内在激励的作用。

因此，管理者必须决定是把外在报酬还是内在报酬作为激励员工的主要方式，以及不同的内在报酬与外在报酬组合所适用的场合和时间，以防止薪酬或其他外在报酬削弱内在激励所导致的不良后果。

二、薪酬的演变过程

（一）把工资水平降低到最低限度的专制阶段

早在 1772 年 J. 鲍威尔曾这样写道：“一个人在四天时间里如果能挣到足够维持七天生活的钱，那么他就会把那三天作为休息日。换句话说，他就会挥霍放荡地过日子。”他的话形象地描述了前工业革命时期工人习惯于家庭或农村生活，不喜欢接受工厂管理的约束，工作时间随意性大，工厂面临的最大困难在于培养“工业习惯”的这么一种情形。在这种背景下，重商主义经济学派的研究结果是：“收入与所提供的劳动之间的关系是负相关的，也就是说，当工资增加时，工人宁可去花掉他们的钱，等钱花光以后，需要更多的钱时再去工作。”[①]在很长一段时间里，雇主们认为，“最饥饿的工人就是最好的工人”，他们尽可能地降低工人的工资，让工资稳定在最低水平上，使工人刚刚能够维持生计，争取“让工人尽快把钱花完，然后不得不回到工厂工作”。但是，为了吸引熟练的技术工人，这些雇主又不得不为他们提供稳定的、较高水平的工资。

（二）“温情主义”阶段

在古典市场经济时期，随着社会经济的发展、劳动者队伍的日益庞大和抗衡力量的逐步强大，管理者对薪酬管理的基本理念、管理方式和方法等都做了更为理性的调整，

① 文跃然. 薪酬管理原理. 上海：复旦大学出版社，2007：14-15.

推出了较为优惠的薪酬政策和措施，如工作条件改善和工作时间减少等，劳动者的外在薪酬得以逐渐提高。为了充分发挥工资的激励作用，少数管理学者提出了利润分享计划作为固定工资的补充，如巴比奇提出工人的部分工资要视工厂的利润而定，工人如果能提出任何改进建议，那么就应获得另外的好处，即建议奖金。在工厂制度逐步成熟的过程中，企业主已经意识到薪酬在管理中的地位和作用，也慢慢变得人性化，不再以最低工资来管理员工。

（三）围绕工作标准和成本节约展开的薪酬政策

“以高工资提高生产力，降低产品单位成本”的思想在这个阶段得到了发展，认为最好的办法就是把劳动报酬与劳动表现联系起来，利润分红能够鼓励工人以更低的成本生产更多的产品，因为他们能分享盈利。也有人称这个极端为科学管理阶段。差别计件工资制度、工资标准、“完成任务发给奖金”、“全部达标发给工厂奖金”等制度都纷纷被提出来，达到鼓励工人、相互合作的目的，并第一次提到了薪酬激励的作用。前一阶段的利润分享计划也得到修正和改善。使拉角公司免于破产的斯坎伦，制订了一个“工会—管理当局合作提高生产率的计划”，其思想是以团体为目标，强调的是协作与合作而不是竞争，任何一个人的建议都能使大家得到好处，工人分享的是节省的成本，而不是增加的利润。“高工资、低成本”的观点在企业中得到确立。这个时期完成了从“低薪”到“高薪”刺激理念的根本转变。“最饥饿的工人就是最好的工人”的观点逐渐被“最廉价的劳动力是得到最好报酬的劳动力”的观点替代。

（四）考虑员工心理需求的薪酬制度

工作中的人并不是彻底的理性生物，他们有感情，他们喜欢感到自己重要并使自己的工作被人认为重要。他们对自己工资袋颇感兴趣，但这不是他们关心的主要问题。他们更关心的是他们的工资能确切地反映他们所做的不同工作的相对重要性。行为关系学派提出这些观点后，一些企业为满足个体心理需求而进行不同的薪酬制度改革尝试。詹姆斯·F. 林肯以自己的电气公司尝试并试验了一种以经验为基础的方法。他认为对工作的自豪、自力更生以及其他久经考验的品德正在消失，为了恰当地解决这个问题，就要恢复个人“明智的自私自利”。激励人们的主要因素不是金钱、安全，而是对他们技能的承认。怀延·威廉斯提出“工资权益理论”。他认为从工人的角度看，工资是相对的，重要的并不在于一个人所得到的绝对工资，而在于他所得到的相对工资。到 20 世纪 60 年代，埃利奥特·雅克与约翰·斯泰西·亚当斯等的“公平激励理论”也发展了这种观点。从整个传统的薪酬管理的演变过程可以看出，薪酬政策考虑的因素是多维度的，它的手段和方式也在不断地发展和变化。

三、薪酬功能

薪酬既是组织为员工提供的收入，同时也是企业的一种成本支出，它代表了企业和员工之间的一种利益交换关系。无论对于员工来说，还是对于企业来说，这种经济交换关系都是至关重要的。因此，对于薪酬的功能，我们需要从员工和企业两个方面来加以理解。

（一）薪酬的功能：员工方面

1. 经济保障功能

从经济学的角度来说，薪酬实际上就是劳动力这种生产要素的价格，其作用就在于通过市场将劳动力尤其是具有一定知识、技能和经验的稀缺人力资源配置到各种不同的岗位上。因此，薪酬最终表现为企业和员工之间达成的一种供求契约，企业通过员工的工作来创造市场价值，同时，企业对员工的贡献提供经济上的回报。在市场经济条件下，薪酬收入是绝大多数劳动者的主要收入来源，它对于劳动者及其家庭的生活所起到的保障作用是其他任何收入保障手段都无法替代的。当然，薪酬对于员工的保障并不仅仅体现在它要满足员工在吃、穿、用、住、行等方面的基本生存需要上，还体现在它要满足员工在娱乐、教育、自我开发等方面的发展需要上。总之，员工薪酬水平的高低对于员工及其家庭的生存状态和生活方式所产生的影响是巨大的。

2. 激励功能

从心理学的角度来说，薪酬是个人和组织之间的一种心理契约，这种契约通过员工对薪酬状况的感知来影响员工的工作行为、工作态度以及工作绩效，即产生激励作用。根据马斯洛的需求层次理论，我们可以发现，员工对于薪酬的需求在五个层次上都有所表现：第一，员工期望所获得的薪酬能够满足自己的基本生活需要；第二，员工期望自己的薪酬收入更加稳定或者稳定的薪酬收入部分有所增加；第三，员工期望自己所获得的薪酬与同事之间具有一种可比性，得到公平对待；第四，员工期望自己能够获得比他人更高的薪酬，以作为对个人的能力和所从事工作的价值的肯定；第五，员工期望自己能够获得过上更为富裕、质量更高的生活所需要的薪酬，从而进入一种更为自由的生存状态，充分实现个人的价值。一般情况下，在员工的低层次薪酬需求得到满足以后，通常会产生更高层次的薪酬需求，并且员工的薪酬需求往往是多层次并存的。因此，企业必须注意同时满足员工的不同层次的薪酬需求。

从激励的角度来说，员工的较高层次薪酬需求得到满足的程度越高，则薪酬对员工的激励作用就越大；反之，如果员工的薪酬需求得不到满足，则很可能会产生消极怠工、工作效率低下、人际关系紧张、缺勤率和离职率上升、组织凝聚力和员工对组织的忠诚度下降等多种不良后果。事实上，从在中国很多企业所做的员工满意度和组织承诺度调查的统计结果来看，在现阶段，中国员工对企业薪酬制度以及薪酬水平的满意度总体上来说都不是很高。这种情况不仅在薪酬水平不高的企业中存在，在一些薪酬水平已经很高的企业中也同样存在。例如，在内蒙古的一家平均工资相当于当地平均工资水平 1.5 倍的企业中，员工对薪酬的总体满意度水平在一个 5 分尺度中只能达到 2.86 分，满意度最低的营销人员只有 2.36 分。这说明，薪酬问题不仅是一个薪酬水平的问题，它还涉及员工对薪酬的心理期望与企业实际薪酬状况之间的差距问题。经验表明，在其他条件相同的情况下，不能满足员工的合理薪酬期望的企业很容易出现员工满意度低和流动率高的现象。

3. 社会信号功能

对于员工来说，薪酬所具有的信号传递功能也是一种非常重要的功能。这是因为，在现代社会中，由于人员在企业之间甚至在地区之间频繁流动，因此在相对稳定的传统社会中用来确定一个人的社会地位的那些信号，如年龄、家族势力等，逐渐变得衰弱，而薪酬作为流动社会中的一种市场信号，很好地说明了一个人在社会上所处的位置。换言之，员工所获得的薪酬水平的高低除了其具有的经济功能以外，实际上还在向其他人传递着一种信号，人们可以根据这种信号来判断特定的员工的家庭、朋友、职业、受教育程度、生活状况，甚至宗教信仰、政治取向等。不仅如此，在一个组织内部，员工的相对薪酬水平的高低往往也代表了员工在组织内部的地位和层次，从而成为识别员工的个人价值和成功的一种信号。因此，员工对这种信号的关注实际上反映了员工对自身在社会以及组织内部的价值的关注。从这方面来说，薪酬的社会信号功能也是不可忽视的。事实上，习惯和传统力量之所以能在薪酬决策中占据一席之地，其主要原因也在于地位问题。在存在集体谈判的市场经济国家中，工会对薪酬问题的特殊关注实际上也是工会对自身地位关注的一个体现。

（二）薪酬的功能：企业方面

1. 促进战略实现，改善经营绩效

一方面，人与人的状态是企业经营战略成功的基石，也是企业获得优良经营绩效的基本保障；另一方面，不谈薪酬，我们就无法谈及人和人的工作状态。薪酬对员工的工作行为、工作态度以及工作业绩具有直接的影响，薪酬不仅决定了企业可以招募到的员工的数量和质量，以及企业中的人力资源存量，同时，它还决定了现有员工受到激励的状况，影响他们的工作效率、缺勤率、对组织的归属感以及组织承诺度，从而直接影响企业的生产能力和生产效率。薪酬实际上是企业向员工传递的一种特别强烈的信号。通过这种信号，企业可以让员工了解，什么样的行为、态度及业绩是受到鼓励的，是对企业有贡献的，从而引导员工的工作行为和工作态度以及最终的绩效向着企业期望的方向发展。相反，不合理和不公正的薪酬则会引导员工采取不符合企业利益的行为，从而导致企业经营目标难以实现和价值观混乱。因此，如何通过充分利用薪酬这一利器来改善企业经营绩效，是企业薪酬管理的一个重大课题。

2. 塑造和强化企业文化

如上所述，薪酬会对员工的工作行为和态度产生很强的引导作用，因此，合理的和富有激励性的薪酬制度有助于企业塑造良好的企业文化，或者对已经存在的企业文化起到积极的强化作用。但是，如果企业的薪酬政策与企业文化或价值观之间存在冲突，那么，它就会对组织文化和企业的价值观产生严重的消极影响，甚至会导致原有的企业文化土崩瓦解。举例来说，如果组织推行的是以个人绩效为基础的可变薪酬方案（如计件工资制），则会在组织内部起到强化个人主义的作用，使员工崇尚独立、注重彼此之间

的相互竞争，结果是导致一种个人主义的文化；反之，如果薪酬的计算和发放主要以小组或团队为单位，则会强化员工的合作精神和团队意识，使得整个组织更具有凝聚力，从而支持一种团队文化。事实上，许多公司的文化变革往往都伴随着薪酬制度和薪酬政策的变革，甚至是以薪酬制度和薪酬政策的变革为先导的。这从一个侧面反映了薪酬对企业文化的重要影响。

3. 支持企业变革

随着经济全球化的趋势愈演愈烈，变革已成为企业经营过程中的一种常态，正所谓当今世界“唯一不变的是变化”。为了适应这种情况，企业一方面要重新设计战略、再造流程、重建组织结构；另一方面，还需要变革文化，建设团队，更好地满足客户的需求。总之是要使企业变得更加灵活，对市场和客户的反应更为迅速。然而，这一切都离不开薪酬，因为薪酬可以通过作用于员工个人、工作团队和企业整体来创造出与变革相适应的内部和外部氛围，从而有效推动企业变革。首先，企业的薪酬政策和薪酬制度与重大组织变革之间存在内在联系。据统计，在企业流程再造的努力中，50%~70%的计划都未能达到预期的目标，其中的一个重要原因就是再造后的流程与企业的薪酬体系之间缺乏一致性。其次，作为一种强有力的激励工具和沟通手段，薪酬如果能够得到有效运用，它就能够起到沟通和强化新的价值观和行为、支持对结果负责的价值观的作用，同时它还直接成为为新绩效目标的实现提供报酬的重要工具。这样，薪酬就会有利于强化员工对变革的接受和认可程度。从这个意义上来说，薪酬更多的是对目前以及将来的一种投资，而不仅仅是一种成本。

4. 控制经营成本

由于企业所支付的薪酬水平的高低会直接影响企业在劳动力市场上的竞争能力，因此，企业保持一种相对较高的薪酬水平对于企业吸引和保留员工来说无疑是有利的。但是，较高的薪酬水平又会对企业产生成本上的压力，从而对企业在产品市场上的竞争产生不利影响。因此，一方面，企业为了获得和保留经营过程中不可或缺的人力资源而不得不付出一定的代价；另一方面，企业出于产品或服务市场上的竞争压力又不能不注意控制薪酬成本。事实上，虽然劳动力成本在不同行业和不同企业的经营成本中所占比重不同，但是对于任何企业来说，薪酬成本都是一项不容忽视的成本支出。通常情况下，薪酬总额在大多数企业的总成本中要占到40%~90%的比重。例如，薪酬成本在制造业的总成本中很少低于 20%，而在服务行业中薪酬总额占总成本的比重则更大，往往高达80%~90%。通过合理控制企业的薪酬成本，企业能够将自己的总成本降低 40%~60%。由此可见，薪酬成本的可控程度是相当高的。因此，有效地控制薪酬成本支出对于大多数企业的经营成功来说都具有重大意义。

薪酬除了对于员工个人和企业具有重大意义之外，它对于整个社会也具有独特的作用。事实上，在各国的国民生产总值（GNP）中，大约有 60%是以薪酬的形式体现出来的。因此，薪酬水平的高低会直接影响到国民经济的正常运行，同时，一国劳动者的总体薪酬水平还是该国总体社会和经济发展水平的一个重要指标。合理的薪酬可以满足人们的多种需要，不断提高人民的生活质量。如果薪酬的分配不合理，它所提供的保障功能不足，则有可能引发社会动荡，带来许多社会问题。

第二节　薪酬形式和薪酬模型

一、薪酬形式

总薪酬或全面薪酬包括基本薪酬、激励薪酬、福利和服务等形式。在这里，我们着重介绍一下总薪酬体系中最重要的三个部分，即基本薪酬、激励薪酬以及间接薪酬或福利与服务①。

（一）基本薪酬

基本薪酬是指一个组织根据员工所承担或完成的工作本身或者员工所具备的完成工作的技能或能力而向员工支付的相对稳定的经济性报酬。基本薪酬在很多时候又被称为“工资”或“固定薪酬”。在英语中有两个与之有关的概念，即 salary 和 wage。在美国，适用 salary 这种基本薪酬的主要是管理人员以及专业人员，他们的基本薪酬通常采取年薪或者月薪的形式。这些人如果加班，企业是不需要支付加班工资的。而 wage 则是以小时或周来计算的基本薪酬，以这种方式得到基本薪酬的人主要是一些蓝领工人。

大多数情况下，企业是根据员工所承担的工作本身的重要性、难度或者对企业的价值来确定员工的基本薪酬的，即采取职位工资制。此外，对于组织中的一些特殊人员或者全体员工，企业根据他们完成工作的技能或能力高低来确定基本薪酬，即采用技能工资制或者能力工资制。

基本薪酬是一位员工从企业那里获得的较为稳定的经济性报酬，它不仅为员工提供了基本的生活保障和稳定的收入来源，而且往往是确定激励薪酬的一个主要依据。如前所述，员工基本薪酬的确定依据通常是员工所从事的工作本身或者员工所具备的完成工作的技能或能力。其变动的主要依据有：①总体生活费用的变化或者通货膨胀的程度；②市场上同质劳动力的基本薪酬；③员工本人所拥有的知识、经验、技能的变化及由此导致的绩效变化。此外，企业所处的行业、地区以及产品占有率等，都会对员工的基本薪酬水平产生影响。

在员工基本薪酬的变化中，最重要的一种基本薪酬增长方式是与员工的绩效有关的加薪。根据员工的实际工作绩效确定的基本薪酬增长被称为绩效加薪（merit pay）。由于这是一种用来承认员工过去的令人满意的工作行为以及业绩的基本薪酬增长方式，因此，绩效加薪往往是与企业的绩效管理制度紧密联系在一起的。许多企业有类似的规定，在年度绩效评估中被评为优秀的员工，会在下一年获得基本薪酬增加 8%~10%的待遇，而绩效达到要求的员工则可以在下一年获得 3%~5%的绩效加薪。另外，根据美国一些相关机构的调查，90%的美国企业在薪酬制度中包括绩效加薪的做法。

---

① 刘昕. 薪酬管理. 第二版. 北京：中国人民大学出版社，2009：7-8.

（二）激励薪酬

激励薪酬是薪酬系统中与绩效直接挂钩的经济性报酬，有时也被称为浮动薪酬或奖金。实行激励薪酬的目的是在绩效与薪酬之间建立起一种直接的联系，而这种业绩既可以是员工个人的业绩，也可以是企业中某一业务单位、员工群体、团队甚至整个公司的业绩。由于在绩效与薪酬之间建立起了这种直接的联系，因此，激励薪酬对于员工具有很强的激励性，对于企业绩效目标的实现起着非常积极的作用。它有助于企业强化员工个人、员工群体乃至公司全体员工的优秀绩效，从而达到节约成本、提高产量、改善质量以及增加收益等多种目的。

通常情况下，我们可以将激励薪酬划分为短期激励薪酬和长期激励薪酬两种。短期激励薪酬或短期奖金一般都是建立在非常具体的绩效目标基础之上的。而长期激励薪酬或长期奖金的目的则在于鼓励员工努力实现跨年度或多年度的绩效目标。事实上，许多企业的高层管理人员和一些核心的专业技术人员所获得的与企业长期目标（如投资收益、市场份额、净资产收益等）的实现挂钩的红利等，都属于长期激励薪酬的范畴。与短期激励相比，长期激励能够将员工的薪酬与企业长期目标的实现联系在一起，并且能够对一个企业的组织文化起到更为强大的支持作用。

在这里需要说明的一点是，虽然绩效加薪和激励薪酬都与员工的绩效联系在一起，但是两者之间存在两个重要的区别：首先，绩效加薪是对员工过去的绩效和优秀表现的一种奖励，它是以员工的基本薪酬为基础的，绩效加薪的百分比往往取决于企业当年的经营业绩以及员工个人的绩效评价等级。因此，绩效加薪的百分比是不需要而且往往也不可能去与员工事先协商或沟通的。但是，激励薪酬及奖金则往往是以影响员工的未来行为或业绩为目的的，所以，奖金的多少、收益分享的比率以及股权授予的日期等都是事先约定好的。其次，更为重要的一个区别是，绩效加薪一旦确定，就会永久地增加到基本薪酬之上，第二年的绩效加薪会在上一年已经加过的基本薪酬的基础上再加薪。这样，绩效加薪就会产生一种累积作用。而激励薪酬往往不存在这种累积作用，它只适用于员工和企业约定的某一个绩效周期。一旦绩效周期结束，奖金已经兑现，过去的约定就不复存在，双方必须开始下一轮新的约定，员工也必须重新努力工作才能有望获得新的绩效奖励。因此，由于绩效加薪的累积效应，即使它在较短的时间内不会对企业的成本开支构成太大的问题，但是在一段较长的时间内很有可能给企业带来较大的成本压力，尤其是当企业面临困境的时候，绩效加薪有可能会对企业的资金流量和运营成本构成威胁。而激励薪酬则基本上没有这方面的问题，由于它是与员工的业绩或者企业的整体经营业绩联系在一起的，因而具有较强的灵活性，一般不会对公司的成本构成持续性的影响。因为一旦员工的绩效或者企业的绩效下滑，员工可以得到的奖金数量也会随之下降。

（三）间接薪酬或福利与服务

与基本薪酬和激励薪酬不同的是，员工福利与服务不是以员工为企业工作的时间为计算单位的，它一般包括非工作时间付薪、向员工个人及其家庭提供的服务（如儿童看护、家庭理财咨询、工作期间的餐饮服务等）、健康及医疗保健、人寿保险以及法定和企业补充养老金等。作为一种不同于基本薪酬的薪酬支付手段，福利这种薪酬支付方式有其独特的价值。首先，由于减少了以现金形式支付给员工的薪酬，因此，企业通过这种方式能达到适当避税的目的；其次，福利为员工将来的退休生活和一些可能发生的不测事件提供了保障（有些间接薪酬被员工看成是“以后可以用的钱”）；最后，福利亦是调整员工购买力的一种手段，它使得员工能以较低的成本购买自己所需的产品，如健康保险、人寿保险等。因此，近年来，福利和服务成本在国外许多企业中的上升速度是相当快的，许多企业采取了自助餐式的福利计划来帮助员工从福利和服务中获取更大的价值。

然而在我国，由于在计划经济下企业福利和国家福利相混淆，因此许多人将国有企业的生产率低下部分地归咎于企业的福利制度，结果导致许多企业对福利的看法消极多于积极。在现实中的一个重要表现就是，我国的许多企业只愿意多发工资，不大愿意去搞福利，从而从一个极端走入另一个极端，陷入了“福利工资货币化”的陷阱。事实上，读者在后面的章节中将看到，福利的特殊作用是薪酬的其他组成部分所无法取代的，如何吸取国外企业在福利方面的一些好的做法，从而帮助企业在吸引、保留人才方面确立有利地位，是我国企业需要学习和思考的一个重要问题。

二、薪酬模型

图 1-1 所示的薪酬模型既可以作为现行薪酬体系的检验框架，又可以作为本书大部分内容的阅读指南。它主要包含三个模块：①薪酬目标；②构成薪酬体系基础的政策；③构建薪酬体系的技术。因为薪酬目标是整个薪酬体系的驱动力，所以我们首先对这些目标进行讨论。

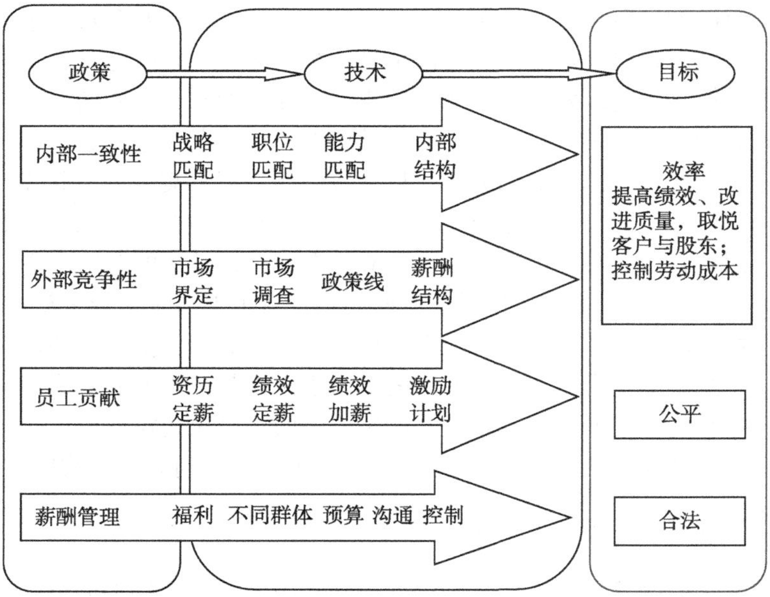

图 1-1 薪酬模型

资料来源：米尔科维奇 J T，纽曼 J M. 薪酬管理. 第 9 版. 成得礼译. 北京：中国人民大学出版社，2008：12

（一）薪酬目标

设计薪酬体系是为了达到某些特定的目标。在薪酬模型右边列出的基本目标包括效率、公平和合法。可以将效率（efficiency）目标进一步细化为：①提高绩效、改进质量，取悦客户与股东；②控制劳动成本。

薪酬目标还要为其他一些目的服务。例如，设计薪酬体系的指导方针：如果雇主的薪酬目标是提高客户的满意度，就会使用激励工资计划和绩效加薪计划对员工的绩效付酬。如果另外一个雇主的薪酬目标是开发新产品和进行技术革新，就要通过工作设计、培训和团队建设来达到这一目标，与这个目标相适应的薪酬体系可能包括这样一种薪水，即至少不低于竞争对手（外部竞争性），并且随着员工知识和技能的提高而增长（内部一致性）。这种薪酬体系与我们列举的第一个例子有很大的不同，因为前者关注的是客户满意度的提高。需要注意的是，薪酬政策和技术是实现薪酬目标的手段。

因此，薪酬目标指导着薪酬体系的设计。薪酬目标还可以作为衡量薪酬体系成功与否的标准。如果薪酬目标是吸引和留住那些最优秀和最能干的员工，高技能的员工却正打算跳槽到其他雇主那里谋求高薪职位，这种薪酬体系就是失败的。虽然员工跳槽也许还有许多非薪酬因素，但是薪酬目标提供了评价薪酬体系有效性的标准。

（二）四种政策选择

每个雇主都必须关注薪酬模型左边所列的四种薪酬政策——内部一致性、外部竞争性、员工贡献、薪酬管理。这些政策是建立薪酬体系的基石，也是指导薪酬管理达到既定目标的行动纲领。

1. 内部一致性

内部一致性是指同一组织内部不同工作之间或者不同技能水平之间的比较。这种对比是以各自对完成组织经营目标所作贡献的大小为依据的。例如，程序师的工作如何与系统分析员、软件工程师、软件架构师的工作比较？在使客户和股东满意方面，谁的贡献更大？内部一致性不仅与从事同类工作的员工的工资率相关，而且与从事其他类工作的员工的工资率相关。事实上，如何合理地拉开从事不同工作的员工之间的薪酬差距，是管理者面临的重大挑战。

2. 外部竞争性

外部竞争性指的是与竞争对手的薪酬比较。我们如何参照其他竞争对手的薪酬水平给自己的薪酬水平定位？外部竞争性除了比较薪酬水平外，还要考虑薪酬组合。相对于我们采用的薪酬组合，竞争对手使用了怎样的组合——基本工资、激励、股票、福利？

有些公司为了吸引最好的求职者，有可能支付比竞争对手更高的薪酬。当然，前提是雇主能从劳动力大军中甄选和招聘到最优秀的员工。那么，适合的市场是什么？例如，在什么时候应该考虑国际工资率？

外部竞争性决策——薪酬水平与薪酬组合——对薪酬目标具有双重影响：①确保薪酬足以吸引和留住员工——一旦员工发现他们的薪酬水平低于业内的其他同行，他们就很有可能会离开；②控制劳动力成本以使本公司的产品或服务的价格在全球经济中具有竞争力。由此可见，外部竞争性直接影响着公司的效率和公平。当然，公司必须采用符合法律规定的富有道义的方式参与竞争。

3. 员工贡献

应该如何强调对绩效的付酬？某个程序员绩效突出或工龄较长，是否应该比其他人得到更多薪酬？或者对所有程序员实施单一工资率？公司应该与员工分享利润吗？应该与包括临时工在内的所有员工分享利润吗？

对员工贡献的重视是一项重要的薪酬决策，因为它直接影响着员工的工作态度和工作行为。通用电气公司针对不同的员工、部门和范围使用不同的绩效工资计划。因为员工为了确保获得公平的薪酬需要理解绩效评价的依据，所以绩效工资也会影响公平性。

4. 薪酬管理

薪酬管理的政策是薪酬模型的最后一块基石。管理意味着要确保那些“以正确的方式完成正确目标的员工能够获得正确的报酬”。缺乏有效的管理，世界上再完美的薪酬体系也会毫无用处。

管理薪酬意味着要回答“结果又怎样”的问题——特定的薪酬政策、技术和决策的影响是什么？虽然公司有可能基于内部一致性、外部竞争性、员工贡献设计一种薪酬体系，但它的意义在哪里？这一决策能够帮助组织实现预定的目标吗？

薪酬管理的基础是变革。大地震不常有，微震却总是存在。过去对如何管理各种薪酬技术的关注，目前已经显得过时，它已经被更加战略性的思考取代——将薪酬管理作为企业经营管理的一部分。即将到来的震动将超越那种只把薪酬管理作为一种成本控制方法的做法，而是更好地理解、分析薪酬决策对员工行为和组织绩效的影响。薪酬决策对成本的影响是比较容易理解和测算的。但是，对于薪酬在吸引和留住人才、促进员工提高生产率等方面的影响的测算方法，目前还没有被广泛应用于薪酬管理当中。目前朝这些方向的努力正在不断增加，薪酬管理视角也正逐步从“如何做”转向努力回答“结果又怎样”的问题。

（三）薪酬技术

图 1-1 薪酬模型的其余部分给出了薪酬体系的设计技术。因为本书其余的内容都是围绕着这些技术展开的，所以图 1-1 所示的只是一个概览。薪酬体系设计技术把四种基本政策与薪酬目标联系起来。

薪酬设计技术举不胜举，其中的许多技术我们都将在本书中加以讨论。大多数咨询公司都在自己的网站上兜售它们的调查结果和薪酬技术，在网上可以很容易地获得各种最新的薪酬实践信息。

薪酬这个话题非常博大而又引人注目，其内容不是本书所能完全囊括的。本书重点关注的是薪酬体系的设计与管理。为了帮助读者理解薪酬体系运作的过程和缘由，我们的薪酬模型提供了本书大部分内容的安排结构。

第三节 薪酬管理面临的挑战与未来发展趋势

一、面临的挑战

从 1992 年开始，随着改革开放的不断发展，市场竞争日趋激烈，企业人才的价值越来越重要。企业之间竞争的核心就是人才竞争，而如何完善薪酬管理制度，激励员工对企业的忠诚度与劳动创造热情，保留关键人才，都对企业提出了更高的要求。现代企业在对薪酬管理制度与员工激励的不断探索中，出现了以下一些现象。

（一）人力资源成本逐步上升

随着市场经济的不断发展，企业之间的市场竞争日益激烈，国家对企业不再控制工资总额，但企业人才对企业财富资本的关键作用日趋显现，各企业也越来越看重对人才的竞争与培养。而留住人才最关键的措施，就是要对其进行资本投入，以高额的薪资或丰厚的实物体现人才的价值。在此过程中，甚至开始出现许许多多所谓“猎头公司”，以专门吸收高技术、高能力的专业人才，让人才的价值增值，获取较高的薪酬福利，激励人才在智力、知识、科学技术等方面对企业有更多的产出。事实证明，企业 80%的效益是由 20%的人才创造的，各企业都为了留住人才而不断加大对人才的资本投资。而“科学技术是第一生产力”，在人才培养上，各企业也不断加大对员工的知识培训力度，投入大量的财富资本，以使企业员工的知识结构得到不断提高，使企业获得更大的产出。这一切都使得人力资源的成本逐步上升。

（二）现代薪酬管理理念和技术开始出现

随着市场经济的不断深入、改革开放力度的不断加大，中国加入了国际贸易组织工作。而就在中国企业走出国门的同时，国外的大型跨国公司逐步进入中国，大量的外资企业、中外合资企业、中外合作企业开始出现在国内的各个地区、各个领域，带来了许多先进的管理制度与经验。这些制度对国内企业带来了巨大的冲击，使得跨国公司与国内企业的竞争更趋激烈。当然，作为竞争核心之一的人才竞争也不可避免。国内企业要加快对薪酬管理制度的改革步伐，以适应市场竞争的需求。在这种特殊的市场环境下，一大批管理咨询公司开始迅速发展，国内企业也由于管理咨询公司提供的专业化经验而将一些全新的薪酬管理理念与管理模式逐步导入管理之中，而现代发达国家的诸如“战略薪酬”“谈判工资”“薪酬包”“弹性福利”等薪酬模式也将在不久的将来被应用于国内企业。

（三）多样化和个性化发展薪酬制度设计的挑战

随着我国企业由计划经济向市场经济的转化，企业的薪酬制度设计由国家统一制定逐步转向多样化、个性化，从原来简单的工资支付转向适应现代企业的多元化薪酬制度，与企业的发展战略、经营战略、竞争战略相适应。企业根据自身的战略要求，采取多种形式的薪酬结构水平，并由计划经济时的工资模式转变为更加关注企业人才的薪酬激励机制，对企业员工薪酬采用弹性设计及更多形式的薪酬管理制度，激励员工的劳动生产积极性。

二、未来发展趋势

（一）宽带薪酬制度的兴起

传统的以官僚等级为特征的垂直型薪酬体系在 20 世纪 90 年代以后被水平型的宽带薪酬体系取代。许多企业将原来数十个薪酬等级压缩成几个级别，同时将每个级别所对应的薪酬浮动范围扩大，从而形成一种新的薪酬管理系统及操作流程。一般来说，每个薪酬等级的最高值和最低值之间的区间变动比率要达到 100%或更高。一种典型的宽带薪酬体系可能只有不超过四个等级的薪酬级别，每个薪酬级别的最高值与最低值之间的区间变动率则可能达到 200%~300%，而在传统薪酬结构中，浮动范围通常只有 40%~50%。这种薪酬体系将原来报酬各不相同的多个职位进行大致归类，每类的报酬相同，使同一水平工资的人员类别增加，一些下属甚至可以享受与主管一样的工资待遇，薪酬浮动幅度加大，激励作用加强。这种薪酬模式突破行政职务与薪酬的联系，有利于职业发展管理的改善，建立一种集体凝聚力，适应组织扁平化造成晋升机会减少的客观现实。

（二）薪酬体系向以技能与业绩考核为基础转变

20 世纪 90 年代以来，面对技术人才的独立性，各公司的对策就是制定有竞争力的薪酬计划来同其他公司竞争，吸引更多人才，其途径是改变传统以职务或工作价值确定报酬的做法，采用以“投入”（包括知识、技能和能力）为衡量依据的薪酬制度，鼓励员工自觉掌握新的工作技能和知识。这种做法适应了知识经济的本质与特征。同时，为了更好地激励员工，大量企业也采用了以业绩为基础的收益分享薪酬体系。据调查，美国有 70%的大型企业采用了这种制度，英国的不少企业也正在改善和尝试与业绩挂钩的薪酬制度，为高级主管提供奖金和股票期权。这种政策的出发点不仅是为了降低成本，而更多的是为了强化员工的归属感和团队意识。

（三）泛化的薪酬政策

John E. Tropman 于 1990 年提出定制性和多样性整体薪酬计划。他提出应该把基本工资、附加工资、福利工资、工作用品补贴、额外津贴、晋升机会、发展机会、心理收入、生活质量和个人因素等统一起来，作为整体薪酬体系来考虑。在这种方法的背后必须把“以业绩为主”的薪酬理念作为基础，在投资和奖励之间实现合理平衡，以满足员工对非现金薪酬成分的要求。这种非常规薪酬模式刚提出时，没有企业敢进行尝试，后来为“美国薪酬协会”所接受，并逐步得到推广。这表明，非货币薪酬的作用越来越受到西方企业的重视。

（四）弹性化的福利制度

随着时代的发展，不同员工会有不同的需求和爱好，采用统一的福利形式并不一定能够满足大多数人的要求。展望未来，员工需求将多元化，传统的福利制度已不能满足需要，人力资源部门就要提供多样化的福利项目，使福利的效用最大化，以最终实现薪酬管理的支持和激励功能。因此，弹性福利强调让员工依照自己的需求从企业所提供的福利项目中来选择组合属于自己的一套福利“套餐”。每一个员工都有自己“专属的”福利组合。弹性福利非常强调“员工参与”的过程，希望从别人的角度来了解他人的需要。当然，弹性福利并不会意味着让员工毫无限制地挑选福利措施，通常公司都会根据员工的薪水、年资或家眷等因素来设定每一个员工所拥有的福利限额，在福利清单上所列出的福利项目都会附一个金额，员工只能在自己的限额内购买喜欢的福利。

（五）薪酬管理制度的其他新特点

为了留住关键的人才和技术，稳定员工队伍，企业开始实施雇员激励长期化，即让薪酬股权化。其方式主要有：员工持股计划（employee stock ownership plan，ESOP）、股票增值权、虚拟股票计划、股票期权等。开始重视薪酬与团队的关系，以团队为基础开展项目，强调团队内协作的工作方式越来越流行，与之相适应，应该针对团队设计专门的激励方案和薪酬计划，其激励效果比简单的单人激励效果好。团队奖励计划尤其适合人数较少，强调协作的组织。企业应抓住现代薪酬管理的新趋势和特点，充分发挥薪酬管理制度的优势，调动员工工作积极性和有效性，从而达到利润的最大化和成本的最小化，提高竞争力。

【复习思考题】

1. 薪酬和报酬有什么区别？
2. 薪酬的主要功能包括哪些？
3. 薪酬有哪些形式？
4. 简述薪酬模型。
5. 薪酬管理面临哪些挑战？
6. 薪酬管理未来的趋势有哪些？

【实例经验与启示】

浅论联想的国际化挑战——并购 IBM PC 的薪酬软着陆①

（一）国际化战略的多舛之途

自 20 世纪末，联想集团就开始了对不同的战略发展模式的探索。随着 2004 年年底联想将重心放到了整合全球市场的资源、开拓海外市场上，才逐步将个人电脑及相关产

① 刘雯雯. 浅论联想的国际化挑战——并购 IBM PC 的薪酬软着陆. 考试周刊，2009，（3）：228-229.

品确定为核心业务，而将其他业务板块转让剥离。联想通过并购 IBM PC 正式开动了国际化战略的马达，而这起震惊全球 IT 界的并购，正是中国本土化强势企业通过并购海外亏损巨头开启国际化发展的典型例子。

联想在致力于成为真正的国际化企业的过程中走了不少弯路，而自 2004 年确定的国际化道路至今仍然不甚顺利和明朗。标志着联想在国际化战略上迈出第一步的大事就是 2004 年 12 月对 IBM PC 的并购。其中，薪酬政策的变动在短期内无疑是作为双方尤其是被并购方员工最关心的利益问题。作为并购方，联想面对的问题既有内部公平性的建立，又有外部竞争性的维持，同时还有薪酬成本的控制，实质上是薪酬政策制定原则之间的平衡博弈，需要准确拿捏其中的“度”。

（二）解读并购中的薪酬对接

联想在选择 IBM PC 业务作为并购对象时，非常看重其素质一流的优秀员工和全球的服务、管理经验，所以联想要想取得并购的成功，必须重点规划好人力资源的整合问题。在并购初期，与员工利益最切实相关的是薪酬的整合。两个公司在薪酬政策、奖励重点、福利待遇等方面均不在同一个档次上。从薪酬政策来看，IBM 实行的是市场领先的薪酬政策，而联想的薪酬政策属于市场跟随型。在奖金激励方面，IBM 的理念是重奖不重罚，而联想是奖惩并重。IBM 还实行一种全面报酬，非常看重员工的个人发展和带薪休假等人性化福利项目的落实；而联想则着重提供基本的福利和服务项目。由此，妥善处理并购双方的薪资变动问题是联想在这起并购中难以回避的关键问题。

1. 风险解读

联想在并购后的薪酬对接过程中，面临着三大风险：

（1）生产率下降。在并购前联想和 IBM 双方都采取了严格的保密措施，对 IBM 的员工来说，他们在心理上一时难以接受与理解，继而产生对薪酬待遇、工作机会、工作地点、职位等是否会变更的忧虑。在这种情况下，若高层没有给予及时的、合理可信的解释说明甚至承诺，中层和基层员工就会丧失工作积极性，转而寻求自己的各种可能的出路，生产效率必然下降。

（2）员工流失严重。通常，在“蛇吞象”式的并购中，并购方从规模、技术、管理、人才各方面都与被并购方的实力相去甚远，因此可能产生的最大损失是被并购企业中关键人员包括高管在内的人员流失。这是由于高管及拥有核心技术的专业研发人员担心薪酬降低、地位降低而对新的股东产生质疑甚至抵触。有研究表明，并购后经理人员会成批地离去，像多米诺骨牌一样。

（3）薪酬成本的骤增。在“蛇吞象”式的并购中，采取裁员、降低被并购方员工薪酬水平等措施来降低企业的成本支出的做法，往往在短期内是不利于保留被并购企业的核心人才和高级管理人员的。对被并购员工薪酬待遇问题的处理上，通常采取保持与原有薪酬水平相当的措施。在被并购企业仍处于亏损状态的情形下，就不可避免地给企业带来短期内成本的上升，带来压力，若在较长时间内不能扭亏为盈，则可能会引起资金链的问题。

2. 措施解读

联想在这起并购中最为人熟知的就是其“三年内保证原 IBM 人员基本薪酬不降低”

的承诺。然而，这只能算是短期的稳定政策，联想欲通过持续整合 IBM PC 而获得海外市场份额，在公司内部必然要逐步完成建立国际化薪酬构架的转变。这个新的构架，既不是国内联想模式的简单承袭，也不是 IBM 薪酬体系的照搬，联想应该根据未来的发展战略兼顾双方当前的特点构建一套完善的国际薪酬体系。那么在并购初期，联想具体采取了怎样的薪酬政策及辅助措施来稳定团队？在过渡期联想是否采取了有助于建立全球化薪酬构架的措施，并起到了怎样的作用呢？

（1）并购前的薪酬调查。联想在并购前所成立的谈判小组内部有许多任务小组的划分，其中就有专人负责与咨询公司合作，对 IBM 的薪酬状况进行调查。薪酬调查在整合 IBM 历史数据、调查当前员工期望值的循环中进行。薪酬调查，有利于联想全面而完整地把握各个地区薪酬平均水平下 IBM 的薪酬状况，估算并购后的薪酬开支；有利于制定并购 IBM 后的薪酬政策和调整国内团队的薪酬结构水平。

（2）并购时的积极承诺。联想对原 IBM PC 的员工承诺三年内不降基薪的举动，起到了一定的稳定人心和缓冲作用，也为联想下一步制订调整方案争取了时间。除了口头的承诺，联想的实际行动或许要给 IBM 员工服一颗定心丸。

（3）组建工作委员会。工作小组除了与员工进行面谈沟通以外，更重要的事情是就当前并购双方在薪酬水平、薪酬激励等方面的差异进行比较权衡，并制定解决策略。同时，与薪酬相关的绩效评估体系也是需要被考虑的。这些调研工作，论证了未来薪酬改革和调整的方向、利弊、可行性，为进一步建立统一薪酬构架奠定了基础。

2005 年 5 月，联想宣布并购 IBM PC 取得初步成功。联想聘请美国薪酬专家 Ezara 担任专管薪酬的副总裁，在美国成立了薪酬福利项目组，负责设置全球薪酬体系。联想确立了薪酬调整的总体方向：在原联想薪酬体系上，增加固定工资比例，降低可变薪酬比例；在原 IBM 工资的体系上，降低固定工资比例，增加可变工资比例。同时，逐步上调联想员工整体收入。最终，所有联想员工实现薪酬一体化。

到 2007 年 8 月公布 2007 财年第一季度的业绩表现时，联想在美洲、欧洲、中东、亚太等地区已经获得持续赢利。

（三）总结与反思

三年的过渡期已过去，新的薪酬体系为联想带来了团队的融合与稳定。新的薪酬构架更多地考虑了外部竞争性，同时兼顾了不同国家的生活水平，在同一区域的不同职能部门之间实行不同的薪酬政策，并且向着有利于员工施展才能的宽带薪酬靠拢。应该指出，薪酬调整看似是薪酬技术的应用，实则是薪酬文化的融合，因此必定是一个比较漫长的过程，可能需要过渡更为长久的时间，在这段时间里需要持续沟通，解决新出现的问题，并就势对当前的方案进行微调。这对管理者形成了耐心与决策力的考验。如果把这起“蛇吞象”式的并购比作勇敢者的远航， 那么薪酬对接的问题只是水手们需要绕过去的无数暗礁中的一个，正像并购本身也只是联想国际化进程中选择的一个出海港。

第二章 战略性薪酬管理

学习目标

1. 掌握战略性薪酬管理的相关概念。
2. 掌握战略性薪酬体系设计的基本步骤。
3. 了解薪酬战略和企业战略之间的匹配性。
4. 掌握传统薪酬战略存在的主要问题。
5. 掌握全面报酬战略的要素。

【导入案例】

某钢铁集团公司战略性薪酬决策的实践

某集团公司为特大型钢铁联合企业，产品畅销国内外。目前，公司处于以战略管理为中心的阶段，制定的公司发展战略是“跻身世界500强、拥有自主知识产权和强大综合竞争力、适度相关多元化发展的世界一流跨国公司”。

该公司薪酬管理的总目标确定为适应公司发展战略需求，全面构建市场领先、激励充分、利益共享、一体化的战略薪酬体系，确保公司吸引、留住和激励各层次人才，促进公司和员工的共同发展。在这一总目标的导引下：

一是致力于吸引和保留最优秀的人才，使公司成为人才向往的公司；

二是公平地、一贯地对待员工；

三是给予优秀绩效者比差绩效者更高的回报；

四是提供具有市场竞争力的现金收入水平；

五是提供一个“目标”报酬；

六是提供内在的（非物质的）回报以提高员工的忠诚度。

公司战略确定以后，在战略导向下进行组织机构设置，依据战略和工作分析的结果进行岗位设置，开展科学岗位价值度评估，建立、完善整个公司绩效标准和指标系统，建立员工能力素质模型，提升员工能力，相应提高员工薪酬，进而提升整个公司的能力，为公司战略的实现提供坚实的支撑。随着公司发展战略和公司实际发展状况的变化，相应地提供动态的人力资源战略支撑，进行动态的薪酬决策。该企业的薪酬确定方式体现了战略性薪酬决策的基本内核，同时也在很大程度上提升了企业的竞争能力。

第一节 战略性薪酬管理与企业战略

一、战略性薪酬管理的内涵

通常情况下，企业需要首先做出一系列根本性决策，即确定我们应该进入并停留在什么行业？我们靠什么赢得并保持在本行业或相关产品市场上的竞争优势？企业的整体人力资源政策应该如何设计？一旦企业的战略确定下来，企业需要接着回答的一个问题就是：我们如何才能依靠薪酬决策来帮助企业立于不败之地。这些关于如何帮助组织赢得并保持竞争优势的相关薪酬决策就是我们所说的战略性薪酬决策。它主要回答以下几个方面的问题[①]。

第一，薪酬管理的目标是什么，即薪酬如何支持企业的经营战略；当企业面临着经营和文化压力时，应该如何调整自己的薪酬战略。

第二，如何实现薪酬的内部一致性，即在本企业内部，如何对不同职位和不同的技能或能力支付不同的薪酬。

第三，如何实现外部竞争性，即相对于企业的竞争对手，企业在劳动力市场上的薪酬水平应该如何定位。

第四，如何体现员工的贡献，即基本薪酬调整的依据是什么，是个人或团队的绩效，还是个人的知识、经验增长以及技能的提高，或者仅仅是生活成本的变化；是否需要根据员工的不同表现及其业绩状况制订不同的绩效奖励计划。

第五，如何管理薪酬系统。对于所有的员工而言，薪酬决策的公开和透明程度应该是怎样的；应该由谁来设计和管理薪酬体系。

第六，如何提高薪酬成本的有效性，即如何有效控制薪酬成本；如何提高薪酬的成本有效性等。

在当今这种变革激烈的经营环境中，薪酬管理早已不再只是人力资源管理体系中的一个末端环节或者仅仅充当一种保健因素。它的作用和影响已经超越了人力资源管理乃至企业管理框架的局限，直接影响到企业的经营战略本身。我们可以发现，几乎所有人力资源教科书或咨询报告都在以浓重的笔墨阐述如何用薪酬系统来支持组织战略的问题。在实践中，越来越多的企业在探讨如何通过加强薪酬战略与组织的战略目标之间的联系，让企业的经营变得更为有效。

综上所述，企业必须从战略的层面来看待薪酬以及薪酬管理，必须清醒地认识到，虽然薪酬与薪酬管理对员工以及企业都具有重大的影响作用，但是薪酬本身并不能领导企业的变革过程，不能界定应当进行何种变革，也不能决定应当建立何种价值观，更不能取代有效的领导。因此，在大多数情况下，薪酬制度和薪酬政策应当是服从于而不是领导企业的总体经营战略以及与之相关的其他人力资源管理政策。作为企业赢得竞争优势的一个重要源泉，薪酬以及薪酬管理必须能够支持企业的经营战略，与企业的文化相容，并且具有对外界压力做出快速反应的能力。

---

① 刘昕. 薪酬管理. 第二版. 北京：中国人民大学出版社，2009：50-51.

二、战略性薪酬体系设计的基本步骤

企业的竞争实力在很大程度上取决于其是否制定了适应市场环境的战略，是否具备实施这种战略的能力以及所有的员工是否认同这一战略，而当薪酬战略与企业的战略相适应时，它就能有效地实现对员工的激励，增强他们对组织目标的承诺，促使他们帮助组织成功实现这种经营战略。因此，战略性薪酬管理的第一要义就是要在薪酬战略和组织的战略目标之间建立起一种紧密的联系。

组织中的薪酬管理并不是一个独立的系统。在薪酬管理系统中，我们可以有很多可供选择的工具和方法，但选择薪酬工具和方法的主要依据是企业的总体战略以及相应的分阶段战略目标。由于企业的战略可能会在不同时期适应不同经营环境的要求而不断调整，因此，企业的薪酬管理实践也必须加以灵活的变通，以适应企业战略及经营环境的要求。在这个世界上并不存在所谓的最优薪酬战略以及薪酬管理实践，一切都要视企业的具体情况而定。规范、灵活并且能够因时而变，从而帮助企业达到既定目标的薪酬以及薪酬管理系统才是企业希望得到的。

要想建立这样一种战略性薪酬体系，就需要遵循不断循环的以下四个步骤：

第一，全面评价组织所面临的内部和外部环境及其对薪酬的影响。如前所述，企业的薪酬管理是以企业的战略和经营目标为导向的，而无论是企业的战略和经营目标还是薪酬本身都会受到诸多因素的影响。其中包括：企业所处的社会、政治和经济背景，全球竞争压力；企业的文化和价值观；员工的需要；工会的压力；等等。因此，企业首先必须全面、准确地了解自己所处的环境，才能确定为了在特定的环境中取得竞争优势所需要采纳的薪酬方案。

第二，制定与组织战略和环境背景相匹配的战略性薪酬决策。薪酬决策的内容包括薪酬体系决策、薪酬水平决策、薪酬结构决策、薪酬管理过程决策等诸多方面的问题。薪酬决策的核心是使企业的薪酬系统有助于企业战略目标的实现、具备外部竞争性以及内部一致性、合理认可员工的贡献以及提高薪酬管理过程的有效性。由于不同类型的薪酬决策支持不同的企业战略，因此企业必须根据组织的经营环境和既定战略来做出合理的薪酬决策。

第三，将薪酬战略转化为薪酬实践。薪酬战略实际上是企业在做薪酬设计时所坚持的一种导向或基本原则，因此下一步企业所要做的是将这些原则用一定的薪酬系统或薪酬组合体现出来，或者运用一定的技术来实现企业的战略导向要求。这一步骤实际上是从理念和原则到操作层面的跳跃，一种好的薪酬战略能否不折不扣地被贯彻执行，薪酬技术的选择、薪酬系统的设计及其执行过程是至关重要的。

第四，对薪酬系统的匹配性进行再评价。薪酬系统的设计和实施并不是一件一劳永逸的事情。管理者必须不断地对其进行重新评价并适时调整，以使之与变化了的经营环境和企业战略相适应。为了确保这一点，阶段性地对企业薪酬系统的匹配性和适应性进行重新评价就显得十分必要。

三、战略性薪酬管理对人力资源管理职能的新要求

与行政事务和以传统管理为主要内容的传统薪酬管理实践相比，在实行战略性薪酬管理的企业中，人力资源管理部门以及薪酬管理人员的角色也要发生相应的转变。具体来说，应当达到以下几个方面的要求。

（一）减少事务性活动在薪酬管理中所占的比重

从薪酬管理的活动内容及其性质来看，薪酬管理活动可以划分为常规管理活动、服务与沟通活动以及战略规划活动三种类型。在那些传统组织中，薪酬管理人员往往把他们三分之二以上的时间消耗在一些常规性的管理活动上，如更新职位说明书，分析劳动力市场供求状况，分发、填写以及汇总绩效评价表格，收集、分析、汇报薪酬数据等。在这种情况下，他们能够用来向员工提供个性化服务、就薪酬系统进行沟通以及制定薪酬战略规划的时间可谓少之又少。而在战略性薪酬管理的思路下，薪酬管理人员的时间将会被重新分配，日常管理型活动所占的时间比重下降，而在服务和沟通以及战略规划方面所花费的时间则有上升。在传统组织中日常管理活动、服务与沟通活动以及战略规划活动三者之间所花费的时间比重分别大约是 70%、20%和 10%；而在实行了战略性薪酬管理的组织中，三者之间的时间比重则分别转变为 20%、50%和 30%左右。

（二）实现日常薪酬管理活动的自动化

在战略性薪酬管理理念下，高效率的组织往往把有关职位、能力、角色、员工以及市场的数据整合到同一个计算机系统中，在相当大的程度上实现自动化管理。事实上，常规性薪酬管理活动的自动化和系统化，是确保人力资源管理部门以及人力资源专业人员减少在日常管理活动中的时间耗费的一个主要途径。

以编制职位说明书和完成工作评价这项工作为例。传统上，职位说明书通常首先由直线管理人员负责完成，他们先把初稿送至主管工作分析的人力资源管理专业人员处征求意见，再由后者将其呈报给工作评价委员会，由该委员会集中对职位的价值进行审查与评价。几个星期甚至几个月之后，经过审定的职位说明书终稿以及职位的相应薪酬等级才会被返回到直线管理者那里。而在自动化管理的情境下，管理者只需要把相关数据输入并保存在电脑当中或者直接通过在线的专业人力资源管理软件，就可以很轻松地得到严格的、合乎规范的、经过专家认可的职位说明书。而工作评价的任务也可以通过在线操作来实现，经过大量的统计分析才能得出最需品，许多薪酬管理软件的功能早已超出了对职位进行对比、编写职位说明书、记录薪酬福利数据的范围。一些先进的薪酬福利管理软件还可以建立组织的薪酬模型，对不同员工和职位进行薪酬比较，从而协助管理者做出最优的薪酬决策。

（三）积极承担新的人力资源管理角色

在传统组织中，薪酬管理者包括其他人力资源管理者在企业中所能发挥的作用并不是很大，尤其是许多业务部门的人将人力资源管理部门看成是一个专业狭窄、跟不

上变革、功能失常的破落机构，其中的管理者大都是一些知识面极窄而又目光短浅的人。造成这种状况主要有以下两个方面的原因：①企业中的人力资源管理者，包括薪酬管理者，不能迅速地感知组织内外环境和经营策略发生的变化，不了解企业的经营和业务流程，因而提不出能够对企业的战略实现产生支撑和推动作用的建议，结果只能是从本职工作而不是企业的战略出发来做人力资源管理工作，包括薪酬管理工作。②他们由于承担了很多本来应该由直线管理者承担的事务性工作，消耗了大量的精力和时间，因而难以超越事务性的工作去进行战略性的思考，与处于业务一线的其他管理人员显得格格不入。

而在战略性薪酬管理这一全新管理理念之下，对薪酬的管理与组织的其他所有管理职能都实现了整合，薪酬管理并不仅仅是那些所谓的薪酬专家的专利，直线管理者甚至普通员工都要参与其中，企业让薪酬管理者能够及时和准确地获知组织中所发生的所有变化（而不仅仅是薪酬方面的变化），同时使他们从繁杂的管理事务中解脱出来，使他们由官僚体制的捍卫者转变为真正可以提供建议和支持的、具有全局眼光的专业领域专家。

对于现在企业中的薪酬管理人员而言，有一点特别需要注意，那就是能够确保组织独特的战略或目标得以实现的薪酬管理体系并不一定是非常复杂的。在薪酬管理体系的战略上，应当力求简单、明了，向员工传递非常明确的战略导向或行为和价值观信号。而我国的一些企业界人士尤其是一部分薪酬管理专业人员，往往认为薪酬体系越复杂、越难以理解就越科学、越合理，也越能够显示出自身的专业水平。例如，笔者曾经跟中关村一家公司的人力资源经理有过短暂的沟通，这位数学系的硕士研究生一方面试图降低 IT 产品销售人员的提成比例，另一方面又害怕员工感到不满，最后竟然在琢磨如何玩数字游戏来骗过员工。其实这种复杂的东西只能骗自己，员工只要比较一下自己的业绩在两种不同薪酬制度下的薪酬水平的高低，马上就明白一切了。可是我们的管理人员在很多时候却会犯这种可笑的错误。

此外，人力资源管理以及薪酬管理人员还必须清醒地认识到，企业的薪酬制度本身并没有先进与落后之分，只有适合与不适合之分。企业一定要根据自己的环境、使命、战略、价值观、业务要求等来制定个性化的薪酬制度，而不要盲目追求所谓的国际先进经验。有些看似“落后”的东西，在某些特定的时间或特定的场合能够帮助企业解决员工的吸引、保留、激励等方面的问题，有助于企业经营目标的实现，我们就没有理由跳过去，紧追那些薪酬“时尚”。例如，我国大部分企业目前连基于职位的薪酬管理都没有做到位，在这种情况下，如果将职位评价技术弃置不用，急于追随所谓的能力薪酬模式，或者大搞薪资宽带，其结果是可想而知的。事实上，因地制宜、实事求是地思考并创新出适合本企业的薪酬模式，然后再随着本企业的发展阶段和面临的问题不断调整自己的薪酬模式，这种做法不仅是最理智的，而且也是最有效的。中国企业是这样，外国企业也同样如此。

第二节　薪酬战略与企业战略之间的匹配性

在不考虑具体的职能战略的情况下，企业战略通常可以划分为两个层次：一是企业的公司战略；二是企业的竞争战略。前者所要解决的是企业是扩张、稳定还是收缩的问题；后者所要解决的则是如何在既定的领域中通过一定的战略选择来战胜竞争对手的问题。公司战略通常包括成长战略、稳定战略、收缩战略三种；而竞争战略则可以被划分为创新战略、成本领袖战略和客户中心战略三种。企业所采取的战略不同，其薪酬水平和薪酬结构也必然会存在差异。

一、公司战略与薪酬战略

（一）成长战略

成长战略是一种关注市场开发、产品开发、创新以及合并等内容的战略，它又可以被划分为内部成长战略和外部成长战略两种类型。其中，前者是通过整合和利用组织所拥有的所有资源来强化组织优势的一种战略，它注重的是自身力量的增强和自我扩张；而后者则试图通过纵向一体化、横向一体化或者多元化来实现一体化战略，这种战略往往是通过兼并、联合、收购等方式来扩展企业的资源或者强化其市场地位。

对于追求成长战略的企业来说，它们所强调的重要内容是创新、风险承担以及新市场的开发等，因此与此相联系的薪酬战略往往是企业通过与员工共同分担风险，同时分享企业未来的成功来帮助企业实现自己的目标，同时使得员工有机会在将来获得较高的收入。这样，企业需要采用的薪酬方案就应当是：在短期内提供水平相对较低的固定薪酬，但是同时实行奖金或股票期权等计划，从而使员工在长期中能够得到比较丰厚的回报。例如，在IT行业中的许多企业都采取这种报酬策略。此外，成长型企业对于灵活性的需要是很强的，因此它们在薪酬管理方面往往会比较注意分权，赋予直线管理人员较大的薪酬决定权。同时，公司的扩张导致员工所从事的工作岗位本身在不断变化，因此，薪酬系统对员工的技能比对他们所从事的具体职位更为关注。

当然，内部成长战略与外部成长战略之间的差异决定了两者在薪酬管理方面也存在一定的不同。其中，采用内部成长战略的企业可以将薪酬管理的重心放在目标激励上，而采用外部成长战略的企业却必须注意企业内部薪酬管理的规范化和标准化。

（二）稳定战略或集中战略

稳定战略是一种强调市场份额或者运营成本的战略。这种战略要求企业在自己已经占领的市场中选择出自己能够做得最好的部分，然后把它做得更好。采取稳定战略的企业往往处于较为稳定的环境之中，企业的增长率较低，企业维持竞争力的关键在于能否维持自己已经拥有的技能。从人力资源管理的角度来说，主要是以稳定已经掌握相关工作技能的劳动力队伍为出发点，因而这种企业对于薪酬的内部一致性、薪酬管理的连续性以及标准化有比较高的要求。因此，在薪酬管理方面，薪酬决策的集中度比较高，薪酬的确定基础主要是员工所从事的工作本身。从薪酬的构成来看，采取稳定战略的企业往往不强调企业与员工之间的风险分担，因而较为稳定的基本薪酬和福利所占的比例较大。就薪酬水平来说，这种企业一般追求与市场持平或者略高于市场水平的薪酬，但是从长期来看，由于增长速度不快，这种企业在长期中的薪酬水平不会有太大的增长。

（三）收缩战略或者精简战略

收缩战略通常会被那些由于面临严重的经济困难因而想要缩小一部分经营业务的企业采用。这种战略往往是与裁员、剥离以及清算等联系在一起的。根据采用收缩战略的企业本身的特征，我们不难发现，这种企业对于将员工的收入与企业的经营业绩挂起钩来的愿望是非常强烈的。除了在薪酬中稳定薪酬部分所占的比重之外，许多企业往往还力图实行员工股份所有权计划，以鼓励员工与企业共担风险。此外，像我们在后面将要讨论的斯坎伦计划那样的收益分享计划，也是在那些面临财务困难的企业中率先开始实行的。

二、竞争战略与薪酬战略

（一）创新战略

创新战略是以产品的创新以及产品生命周期的缩短为导向的一种竞争战略。采取这种战略的企业往往强调风险承担和新产品的不断推出，并把缩短产品由设计到投放市场的时间看成是自身的一个重要目标。这种企业的一个重要经营目标在于充当产品市场上的领袖，并且在管理过程中常常会特别强调客户的满意度和客户的个性化需要，而对于企业内部的职位等级结构以及相对稳定的工作评价等不是很重视。因此，这种企业的薪酬系统往往特别注重对产品创新和新的生产方法及技术的创新给予足够的报酬或奖励，其基本薪酬通常会以劳动力市场上的通行水平为基准并且会高于市场水平，以帮助企业获得勇于创新、敢于承担风险的人。同时，这种企业会在工作描述方面保持相当的灵活性，从而要求员工能够适应不同环境的工作需要。

（二）成本领袖战略

成本领袖战略，实际上就是低成本战略，即企业在产品本身的质量大体相同的情况下，以低于竞争对手的价格向客户提供产品这样一种竞争战略。因此，追求成本领袖战略的企业是非常重视效率的，对操作水平的要求尤其高。它们的目标则是用较低的成本去做较多的事情。因此，对于任何事情，它们首先要问的是“这种做法的成本有效性如何”。为了提高生产率，降低成本，这种企业通常会比较详细地对员工所从事的工作进行描述，强调员工工作岗位的稳定性。在薪酬水平方面，这种企业会密切关注竞争对手所支付的薪酬状况，本企业的薪酬水平既不能低于竞争对手，最好也不要高于竞争对手，宗旨是在尽可能的范围内控制薪酬成本支出，这种企业通常会采取一定的措施来提高浮动薪酬或奖金在薪酬构成中的比重。这一方面是为了控制总体的成本支出，不至于薪酬成本失控导致产品成本上升；另一方面也为了鼓励员工降低成本，提高生产效率。

（三）客户中心战略

客户中心战略是通过提高客户服务质量、服务效率、服务速度等来赢得竞争优势的战略。采取这种战略的企业所关注的是如何取悦客户，它希望自己以及自己的员工不仅能够很好地满足客户提出来的需要，而且能够帮助客户发现一些他们自己尚未明晰的潜在需要，并且设法帮助客户去满足这些潜在需要。客户满意度是这种企业最为关心的一个绩效指标。为了鼓励员工持续发掘服务于客户的各种不同途径，以及提高对客户需要做出反应的速度，这类企业的薪酬系统往往会根据员工向客户所提供服务的数量和质量来支付薪酬，或者根据客户对员工或员工群体所提供服务的评价来支付奖金。例如，在一些服务行业，通常是根据员工所服务的客户数量按照一定的单价来实行计件工资制，但是当客户主动寻求某一位员工的服务时，企业就会将计件单价上浮一定的百分比，这样实际上就起到了鼓励员工积极满足客户需要、吸引客户的作用。

第三节 传统薪酬战略

一、传统薪酬战略下几种薪酬构成的主要特征

我们在第一章中已经提到过，企业的薪酬系统可以划分为基本薪酬、激励薪酬、间接薪酬或福利与服务三大部分，还有与之相关的一些更为细致的划分。而新的薪酬战略与传统薪酬战略之间的差异并不是薪酬构成本身有什么变化，而是这些相同的薪酬构成所扮演的角色以及所起的作用有所不同。下面我们来看一看在传统薪酬战略下这些薪酬构成的特征。

（一）基本薪酬

在传统薪酬战略下，基本薪酬是员工为企业工作所获得的绝大部分报酬，而基本薪酬的决定因素主要依赖于以下三个方面：一是员工所从事的特定的工作；二是在组织内维持员工薪酬公平性的需要；三是与市场上、行业中或地区内的其他雇主相比，支付具有竞争力薪酬的需要。其中特定工作的价值是决定员工薪酬水平的最关键因素，而对工作价值的评价通常是通过计点法等工作评价方法来完成的。在传统薪酬战略下，企业的基本薪酬往往划分成很细的数量较多的等级，以适应员工在企业内部的职位提升和获得加薪的需要。因此，在这种薪酬导向下，员工所关注的主要是职位的提升，而不是技能的增长。即使涉及技能的问题，员工所重视的往往也只是本岗位所需要的技能的增长，而不是多种技能的增长。对于我们今天认为非常重要的那些内在个人能力特征（如灵活性、实践判断能力以及与他人合作的能力）也不支付报酬。这种薪酬战略所透露出的一个隐含契约就是，只要踏实工作，企业就将回报员工。

（二）加薪

由于在传统薪酬战略下，基本薪酬在员工的总体薪酬收入中占据非常大的比重，

所以在最初的基本薪酬确定以后，基本薪酬的增长对于员工来说就显得至关重要。传统上，员工基本薪酬的增长主要取决于晋升、绩效加薪或生活成本加薪。虽然后两种基本薪酬增长的依据是完全不同的，但是在传统薪酬体系中，两者之间的界限却变得越来越模糊。尤其是在企业的薪酬预算水平不高时，绩效加薪的水平可能仅仅比生活成本加薪高出一点点。这样，绩效奖励的含义就被弱化了，员工会逐渐将绩效加薪也看成是一种像生活成本加薪一样天经地义的权利，而不考虑个人或组织的绩效水平是否达到可以加薪的程度。

（三）激励薪酬：奖金

在许多传统的美国企业中，除了组织的高层管理人员和销售部门的人有资格获得不确定的奖金或参与年度奖金计划之外，大多数其他人只能拿基本工资，再加上绩效加薪和生活成本加薪。事实上，这是传统薪酬战略的最重要特征之一。我国的计划经济体制基本上废除了奖金制度，改革开放以后，虽然许多企业也实行了浮动工资或者绩效工资计划，但是由于绩效管理难以落实，绩效工资也往往演化成一种形式。对于员工而言，他们也同样将这种浮动工资或者绩效工资当成是自己的一种既得权利，而不是一种真正的绩效奖励或者与企业分担风险的一种报酬。

（四）福利

从国际上来看，员工福利和额外补贴主要是在第二次世界大战以后发展起来的。起初数量不大，发展也比较缓慢，但是后来已经成为雇主的一个重要成本开支项目，而对员工来说则成为一种重要的价值来源：用于儿童看护、卫生保健、学费报销以及弹性支出账户的成本有相当一部分是由企业承担的。但是，过去存在的一个主要问题是，许多企业在福利上花了不少钱，但是并未将这种支出作为薪酬的一个重要组成部分来看待，没有认真研究和分析福利如何为公司的人力资源管理目标乃至公司战略目标服务，结果导致企业在福利上花钱很多，但是所起的效果并不明显。

二、传统薪酬战略存在的主要问题

20世纪90年代以来，传统薪酬战略的弊端越来越明显，这主要表现在以下几个方面。

（一）目标问题

传统薪酬战略往往将目标界定在“吸引、保留和激励”员工方面，所采取的战略通常是支付市场化薪酬工资。由于不同的企业在目标以及结构方面存在很大的差异，因此仅仅说薪酬必须能够吸引、保留、激励员工，是无法保证薪酬战略成为企业的经营战略、财务战略以及人力资源管理战略的一种直接延伸的。其结果往往是无法在组织中保持目标的一致性，薪酬系统“自己过自己的日子”，或者是薪酬体系成为对竞争对手进行简单拷贝的一种结果。此外，传统薪酬战略下的薪酬系统大多以利润最大化为单一目标，只关注生产率和市场占有率等一些可量化的指标，对于处于激烈竞争环境当中，从而需要实现多元目标的现代企业来说存在很大的局限性。

（二）薪酬形式问题

基本薪酬加上绩效加薪的战略对于强调稳定性和一致性的职能组织来说是非常适用的，但是这种将基本薪酬与特定的、单个的职位紧紧联系在一起的做法，对于强调流程和速度的组织来说却不适用，这是因为这种组织所依赖的是要求团队成员共同分享工作角色的跨职能团队。对于这种团队来说，强调单个职位价值的薪酬系统显然是不适用的。

（三）与组织结构的适应性问题

20 世纪 90 年代以后的一个重大变化就是，企业的组织结构开始从原来的金字塔状职能型结构向扁平结构转移。而传统薪酬战略的基本薪酬部分所强调的却是保障性和职位的持续晋升。显然，这种薪酬导向是不符合扁平型组织的要求的。这是因为，在扁平型组织中，员工向上垂直流动或晋升的机会是十分有限的，个人和组织的成功也主要取决于绩效和员工的“横向成长”——新技能和能力的获得，而不是所谓的保障性。

（四）激励性和灵活性问题

新的竞争环境要求企业不断改善绩效和生产率，改善产品或服务的质量，同时改善员工的工作和生活质量，从而谋取竞争优势。而传统薪酬战略的激励性和灵活性较差，虽然其中也有绩效加薪的成分，但是加薪的幅度很多时候仅仅维持在每年 3%~4%这种几乎接近生活成本上升率的水平上，所以对员工和组织绩效的影响实际上并不明显。不仅如此，在传统薪酬系统中，除了福利部分之外，其他部分为员工所带来的价值增值是停滞的或者下降的，这对于追求生活质量的新一代劳动者来说也很缺乏吸引力。

第四节　20 世纪 90 年代的全面薪酬战略

一、全面薪酬战略的基本内涵

由于传统的薪酬战略无法适应企业和员工的需要，因此必须根据新的经营环境和企业战略制定新的薪酬战略，这种新的战略就是全面薪酬战略。全面薪酬战略摒弃了原有的科层体系和官僚结构，以客户满意度为中心，鼓励创新精神和持续的绩效改进，并对娴熟的专业技能提供奖励，从而在员工和企业之间营造出一种双赢的工作环境。

与传统薪酬战略相比，它强调的是外部市场敏感性而不是内部一致性；是以绩效为基础的激励薪酬而不是年度定期加薪；是风险分担的伙伴关系而不是既得权利；是弹性的贡献机会而不是工作；是横向的流动而不是垂直的晋升；是就业的能力而不是工作的保障性；是团队的贡献而不是个人的贡献。因此，在全面薪酬战略下，不同的薪酬构成所扮演的角色和发挥的作用也出现了变化。

（一）基本薪酬

在企业支付能力一定的情况下，尽量将基本薪酬水平紧密地与竞争性劳动力市场保持一致，以保证组织能够获得高质量的人才——利用基本工资来强调那些对企业具有战略重要性的工作和技能。同时，基本薪酬还起着充当激励薪酬的一个平台的作用。

（二）激励薪酬

全面薪酬战略非常强调激励薪酬的运用。这是因为，与基本薪酬相比，激励薪酬更容易通过调整来反映组织目标的变化。在动态环境中，面向较大员工群体实行的激励薪酬能够针对员工和组织所面临的变革和较为复杂的挑战做出灵活的反应，这样不仅能够以一种积极的方式将员工和企业联系在一起，从而为在双方之间建立起伙伴关系提供便利，而且还能收到鼓励团队合作的效果。此外，激励薪酬一方面能够为员工所达成的有利于企业成功的绩效提供灵活的奖励；另一方面，在企业经营不利时，激励薪酬还有利于控制成本开支。

事实上，集体激励薪酬、利润分享、一次性奖励以及个人激励薪酬等多种激励薪酬形式的灵活运用，以及由此产生的激励性和灵活性，恰恰是全面薪酬战略的一个重要特征。

（三）福利

全面薪酬战略下的福利计划也是针对企业的绩效并强调经营目标的实现的，而并非像过去那样单纯为了追随其他企业。全面薪酬战略强调为迎接未来的挑战而创造性地使用福利计划，要求企业必须重视对间接薪酬成本进行管理以及实行合理的福利成本分担，企业必须认识到，间接薪酬只是作为全面薪酬管理的核心要素的基本薪酬和激励薪酬的一种补充，而不是其替代者。因此，在全面薪酬战略的引导下，许多企业的收益基准制养老金计划已经被利润分享计划或缴费基准制养老金计划取代，原有的许多针对性不强的福利计划也逐渐被弹性福利计划取代。

二、全面薪酬战略的主要特征

具体来说，全面薪酬战略具有以下几个方面的特征。

（一）战略性

传统的薪酬战略往往只着眼于薪酬的外部竞争力和内部公平性，采用的工具也较为简单，主要是要素计点法等工作评价技术以及绩效加薪方案。而全面薪酬管理的关键在于根据组织的经营战略和组织文化制定全方位薪酬战略，它着眼于可能影响企业绩效的薪酬的方方面面。它要求运用各种可能的“弹药”——基本薪酬、激励薪酬、福利、工作体验来达到适当的绩效目标，从而力争最大限度地发挥薪酬对组织战略的支持功效。

因此，全面薪酬战略实际上是企业经营战略、财务战略以及组织文化的一种延伸，它强调薪酬管理是与组织的战略联系在一起的。关于财务结果、产品或服务、客户、市场份额、营销以及质量等方面的特定战略目标，成为企业制订薪酬方案以及进行薪酬沟通的重要基础。无论是直接薪酬计划还是间接薪酬计划，都要根据组织的特定经营状况以及所面临的人力资源挑战（质量、劳动力成本）进行及时调整。此外，企业还必须全面审查总的薪酬成本，其中包括薪酬的分配方式以及从每一单位薪酬支出中所获得的价值，从而从总体上在薪酬和组织绩效之间得出一条明确的线索。

（二）激励性

全面薪酬管理关注企业的经营，是组织价值观、绩效期望以及绩效标准的很好的传播者。它会对与组织目标保持一致的结果和行为给予报酬（重点是只让那些绩效足以让组织满意以及绩效优异的人得到经济回报，对于绩效不足者，则会诱导他们离开组织）。实际上，关注绩效而不是等级秩序是全面薪酬战略的一个至关重要的特征。新的薪酬方法与之形成鲜明对比，它突出员工与公司业绩之间的联系，员工所获得奖励的多少是与他们自己的努力奋斗和公司业绩的节节上升相关的。纵观整体薪酬前景，新的薪酬体制将确保每个元素——基本薪酬、激励薪酬和福利都起作用。

在全面薪酬战略下，竞争性的薪酬是与竞争性的绩效结果直接联系在一起的。企业在制定直接和间接薪酬政策时总是力求从花在薪酬上的每一分钱上获得某些经营或财务收益。企业在全面薪酬战略中可能会采取多种奖励计划，以对员工个人以及员工群体的绩效给予补偿，员工的薪酬升降取决于其个人的绩效、所在团队或群体的绩效以及整个组织的绩效。组织用来进行绩效衡量的指标则可能包括生产率、市场份额的增长、客户满意度、质量、经济附加值、新能力的开发、新产品的创造、全球市场的渗透等各种定量和定性指标以及过程和结果指标。

（三）灵活性

全面薪酬战略强调薪酬系统的灵活性，这是因为，虽然有效的全面薪酬战略将注意力集中在组织希望达到的目标上，但是它还必须保持一定的弹性，以便在组织遇到未能预见到的困难，从而不得不进行变革或者出现需要强调的新重点时，能够快速地做出反应。不仅如此，企业所需要的这种对经营与财务战略提供支持的全面薪酬战略还应当是简单、直接和富有弹性的，因为简单和富有弹性的战略更容易鼓励行动，而复杂和严格的战略则可能会带来困惑和消极的行动。

全面薪酬战略认为，在公司的短期和长期经营计划与薪酬之间并不存在某种不可更改的联系，一旦公司的发展方向发生变化，薪酬系统应当随时变化，并不存在适用于所有企业的所谓最佳薪酬方案，甚至也不存在对一家企业长期有效的薪酬计划。随着经营环境的变化，企业的种类越加多样化，企业的战略目标和组织性质也日益多元化。因此，全面薪酬战略要求企业能够根据不同的要求设计出不同的薪酬应对方案，以充分满足组织对灵活性的要求，从而帮助组织更加适应不断变化的环境和客户的需求。

（四）创新性

与旧的薪酬制度类似，全面薪酬管理也沿袭了诸如收益分享这样一些传统的管理举措，但在具体使用时，管理者却采取了与以往不同的方式，以使其适用于不同的环境，并因时因地加以改进，从而使它们重新焕发出生机，更好地支持企业的战略和各项管理措施。与以往相比，全面薪酬管理更强调各种薪酬技术和管理手段的互补性与匹配性。一旦过去的那些单一薪酬管理手段不能奏效，它就要求企业通过提供混合搭配的解决之道，将收益分享和弹性福利计划与技能工资以及福利分享等薪酬方案结合起来，从而反映组织的经营战略，传播组织的目标。全面薪酬战略非常强调的一点是，薪酬制度的设计必须取决于组织的战略和目标，充分发挥良好的导向作用，而不能机械地照搬原有的一些做法，或者简单地复制其他企业的薪酬计划。

（五）沟通性

20 世纪 90 年代以来，经营环境和企业管理实践的变化已经使得员工成为企业能否保持竞争力的一个主要原因，企业的管理过程也已经被看成是为员工提高绩效和生产率以及进行创新提供便利的服务手段，而不是一种简单的控制过程。

管理本身的含义也已经从过去的层级制度和官僚主义演变成为领导。在这种情况下，企业与员工之间能否建立起一种积极的、双赢的关系，能否进行有效的沟通，就成为组织成功与否的关键。

虽然员工除了所获得的薪酬之外还有许多其他的工作理由，但是薪酬仍然是组织与员工之间的一个关键沟通要素。薪酬为组织向员工清晰地、积极地传达信息提供了一种极为宝贵的沟通机会和许多必要的工具，因此，有效的薪酬管理可以确保组织所发出的信息是准确的、恰当的，从而为组织通过员工来谋取竞争优势提供了一个新的机会。理想的全面薪酬战略必须能够将组织的价值观、使命、战略、规划以及组织的未来前景传递给员工，界定好员工在上述每一种要素中将要扮演的角色，从而实现企业和员工之间的价值观共享和目标认同。此外，全面薪酬战略非常重视制定和实施全面薪酬管理战略的过程，这是因为它把制订计划的过程本身看成是一种沟通的过程。企业必须通过这样一个过程使员工能够理解，组织为什么要在薪酬领域采取某些特定的行动。

第五节　面向 21 世纪的全面报酬战略

如前所述，20 世纪 90 年代，面对剧烈的工作场所变化、严峻的竞争环境、急速的技术变革以及转瞬即逝的商业机会，企业越来越清楚地认识到，战略性地设计和管理薪酬福利体系有助于企业在快速变化的环境中赢得竞争优势。因此，在薪酬管理方面，薪酬福利管理专业人员一方面承担着控制成本的责任，另一方面还必须考虑为了实现组织目标而如何做出自己的贡献。在这一阶段，绩效与薪酬挂钩的方法、福利成本的控制以及各种有价值的对员工提供报酬的方案都得到了长足的发展。然而，随着人才争夺战的日益激烈，一些比较灵活的和一些刚刚开办的新兴企业敏感地发现，虽然薪酬和福利方案依然十分重要，但是仅仅依靠非常有效的战略性薪酬福利方案设计，已经不足以打赢人才争夺战了。相反，企业必须用一个更为开阔的眼界来看待人才的吸引、保留以及激励。它们必须学会充分运用各种可能的要素来赢得自己的战略优势。在这种情况下，全面报酬的概念逐渐浮出了水面。

这一全面报酬体系是根植于组织文化、经营战略和人力资源战略之中的，这些因素也会对一个组织的人才吸引、保留和激励产生影响，主要包括薪酬、福利、工作与生活的平衡、绩效管理与赏识和认可、开发和职业发展机会。

一、薪酬

薪酬是指雇主向一位员工支付的用来换取其提供的服务（时间、努力、技能等）的薪资。薪酬包括如下四大核心要素。

第一，固定薪资（fixed pay），也被称为基本薪资。固定薪资是不随业绩或工作结果的实现情况而变化的，是一种不能随意变动的薪酬。固定薪资水平的高低通常取决于一个组织的薪资理念以及薪资结构。

第二，浮动薪资（variable pay），也被称为风险薪资。它是直接随绩效水平或工作结果的实现程度而变化的薪资项目。浮动薪资是一次性的，浮动薪资水平必须在每一个绩效期间不断地重新加以确定，员工必须不断努力才能挣回这种薪资。

第三，短期奖励薪资（short-term incentive pay）。浮动薪资的一种，是针对一年或一年以内的特定绩效提供奖励的一种薪资计划。

第四，长期奖励薪资（long-term incentive pay）。浮动薪资的一种，是针对一年以上的特定绩效提供奖励的一种薪资计划。典型的长期奖励薪资包括股票期权、绩效股份以及现金奖励。

二、福利

福利是雇主为补充员工所获得的现金薪酬而提供的一些计划。这些计划的目的是保护员工及其家庭避免各种经济风险。福利可以分为三大类：

第一，社会保险（social insurance）。其中包括失业保险、工伤保险、社会保障、伤残保险（职业性的）。

第二，集体保险（group insurance）。其中包括医疗保险、牙医保险、视力保险、处方药、精神健康、人寿保险、意外事故死亡险、残疾保险、退休保险、储蓄等。

第三，带薪非工作时间（pay for time not worked）。当员工没有积极从事工作活动时也为他们提供的收入保护计划。其中包括两部分：一是工作期间的带薪休假（工休时间、打扫卫生时间、换装时间）；二是非工作期间的带薪时间（休假、公司假日、事假）。

三、工作与生活的平衡

工作与生活的平衡（work-life）是指为帮助员工在工作和家庭中都取得成功而提供支持活动的一系列组织管理实践、政策、计划以及理念。这些类型的计划涉及薪酬、福利以及其他一些人力资源计划。总的来说，它主要针对的是员工、员工家庭、社区以及工作场所之间的交接点。这类计划主要包括七大类，即工作场所的灵活性、带薪和不带薪的假期、身心健康、对家人的照顾、财务支持、社区活动参与、参与管理或文化变革等。

现代社会的发展使得越来越多的人开始将关注的重点从工作和经济收入，转变为重新关注个人和家庭生活质量，对于很多经济收入水平较高的真正有能力的高层次人才来说尤其如此。在这种情况下，如果企业试图像过去那样，通过提供高水平的薪酬福利来换取员工的拼命工作，作为对员工家庭生活损失的一种补偿，其效果会越来越差，那些不能使员工保持家庭生活和工作生活平衡的企业将无法留住自己所需要的人才。这样，企业就必须在灵活的工作安排以及为员工提供便利的各种计划等方面进行大量的投入。其中，前者包括弹性工作时间安排、远程工作、非全日制工作、更短的日工作时间或周工作天数等；后者则包括儿童看护、老人看护、锻炼和保健、洗车、购物等各种服务。

四、绩效管理与赏识和认可

绩效管理是组织成功的一个关键要素，它是为了明确已经达到什么结果以及如何达到这种结果，而对组织、团队以及个人的绩效进行的整体评价。绩效管理涉及使组织团队及个人所付出的努力协调一致，从而实现经营目标以及保证组织发展。

第一，绩效管理（performance management）包括绩效计划、绩效执行以及绩效反馈三个最主要的环节。其中，绩效计划是指为将个人的目标与团队目标和组织目标联系在一起而制定绩效期望的过程。特别需要注意确保各个层次上目标的一致性，同时要让员工看到，其个人的绩效期望与组织高层制定的组织目标和战略之间可见的联系。绩效执行是一种展示技能或能力的方式。而绩效反馈是对照绩效期望、绩效标准和目标，就一个人完成一项工作或工作任务的好坏情况进行的沟通。绩效反馈能够激励员工改善绩效。

第二，赏识和认可（recognition）指对员工表示感谢，或者对员工的行动、努力给予特别的关注。它满足了人们对自己的努力受到欣赏的内在心理需要，可以通过强化有助于组织取得成功的某些特定行为（如特别出色的工作完成情况）来支持企业战略。无论是正式的还是非正式的，认可计划都要在事实发生后立即对员工的贡献表示感谢。这种认可计划通常没有事先制定一个期望员工目标或绩效标准。奖励可以是现金，也可以不是现金（如口头表扬、颁发奖品、颁发证书、墙上告示、晚餐宴请、音乐会或球赛票等）。

各个组织、各个层级的员工都需要感到自己所做的工作是被组织看重的，被视为有价值的，从而能够从中获得工作的成就感。而使员工有这种感觉的并不仅仅是与绩效挂钩的个人加薪或者奖励等。能够达到类似效果，但是成本可能更低并且可以更经常给予的，反而是上级做出的及时、具体、真诚的认可和赞赏，还有组织以发放奖品或礼物、召开庆功会等各种非货币形式，对员工个人及其群体的努力和成绩所给予的认可和鼓励。这一方面要求企业的各级管理人员必须学会如何在日常工作中有效地赞赏和鼓励自己的员工；另一方面也要求企业必须在传统的薪酬和福利之外，去寻找能够对员工进行奖励和认可的更加丰富多样的形式和手段。赏识和认可的价值体现在：能够强化绩效改善的价值；促进绩效持续改进；提供积极和直接的反馈；促进对有价值的行为和活动的沟通；

等等。

五、开发和职业发展机会

开发（development）是指为了强化员工的应用技能和能力而提供的一整套学习经历。开发使得员工能够更好地完成工作，领导者能够更好地推进组织的人员战略。职业发展机会（career opportunities）是指以员工在实现职业目标方面——可能包括晋升到组织中承担更多职责的岗位上的目标——取得进步为目标而制订的计划。组织对员工的内部职业发展机会提供支持的目的是，确保有才能的员工被安排到能够使他们对组织的价值最大化的岗位上去。

开发和职业发展的具体形式包括三种。

第一，各种学习机会，包括：学费报销；就读公司大学；新技术培训；参加外部研讨会、会议以及虚拟教育；自我开发工具和技术；在职学习；在更高的职位上轮换；为获取特定技能而休学术假；知识和经验。

第二，组织内或组织外得到指导和辅导的机会，包括：领导力培训；接触专家或信息网络——协会成员；在一个人的专长领域之外参加会议或发表演讲的机会；让当地专家了解的机会；正式或非正式的导师计划。

第三，组织内或组织外取得进步的机会，包括：实习；当专家的助手；海外工作派遣；内部职位空缺公告；职位晋升；职业阶梯和通道；接班计划；提供整个职业生命周期中确定的、受人尊重的上下阶梯。

由于企业和员工之间的契约早已从传统的终身雇佣转变为长期就业能力的培养，因此，一家仅仅能够提供高薪但是不能为员工提供长期发展机会的企业，会越来越难以留住人才。这是因为，如果在一家企业得不到这种发展的机会，员工就会到其他能够提供这种机会的企业中去工作。然而，随着组织的扁平化，传统的晋升阶梯的数量被大量削减，仅仅依靠级别晋升来对员工进行激励的做法所受到的约束会越来越大。在这种情况下，企业就必须寻找一些创新性的方法来对员工进行开发。例如，由资深员工或管理人员担任员工的教练或导师，对他们的职业发展和进步进行指导和帮助；给员工更大的授权；对员工进行跨职能或跨地区的调动，增加员工的工作内容，丰富员工的工作经历；在企业内部为员工提供创业的平台，让员工进行内部创业，充分发挥他们的能力，为他们提供一个不断进步的平台等。

【复习思考题】

1. 战略性薪酬管理的内涵是什么？
2. 公司战略与薪酬战略如何匹配？竞争战略如何与薪酬战略匹配？
3. 传统薪酬战略存在的主要问题有哪些？
4. 全面薪酬战略的内涵是什么？
5. 全面报酬战略包括哪些要素？

【实例经验与启示】

关于烟草商业企业从传统薪酬向全面薪酬战略转变探讨①

当前，烟草行业正加速推进从传统商业企业向现代流通企业转变，新的经营模式的逐步确定为行业带来了新的活力，但同时我们也发现一些滞后的配套管理机制却逐渐成为营销新模式进一步提升的瓶颈，特别是传统的薪酬分配制度已经不能适应行业一体化整体的需要，适应快速变化的改革环境的要求。为此，笔者从以把脉烟草商业企业从传统薪酬体系为突破口，对实施全面薪酬战略提出建议。

（一）当前烟草行业薪酬体制现状分析

作为政企合一的企业，烟草商业在薪酬设计方面遵循传统的结构模式，不仅具有行政部门强烈的层级模式，而且具有国有企业普遍的特征。经分析，下面明确列示出传统薪酬结构及其弊端。

1. 等级多

一般有十几个甚至二十几个岗位（即职位，下同）工资级别。频繁的岗位工资级别调整导致大量的行政工作，并导致员工将注意力集中在调整级别工资上而非注重自身技能和所做绩效的提高。

2. 级差小

相邻的两个岗位工资级别的差异很小。员工晋升一级，所获得的激励作用并不大，高级别岗位的薪酬与基层岗位的薪酬拉不开差距。

3. 级幅小

级幅是指每个岗位级别内的工资浮动范围。通常每个岗位级别只有一个工资点，没有浮动范围，即“一岗一薪”。这样，同一岗位的不同员工中，绩劣者可与绩优者共“享”同一薪酬，而绩优者无论多么突出，则只能与绩劣者同“忍”一样的回报。

4. 无叠幅

传统的薪酬结构中相邻岗位级别的工资没有重叠的部分。这就意味着员工不管工作多少年、绩效多优秀，如未能获得岗位级别的晋升，工资都是一成不变的，因而不利于鼓励员工优秀的工作表现以及多技能的培养。

5. 等级结构森严

传统薪酬结构因缺乏弹性，致使企业面对行业竞争、市场状况、人才流动等局面常常束手无策。

（二）全面薪酬体系的理论基础及其特征

全面薪酬是指企业在员工充分参与的基础上，建立起每个员工不同的薪酬组合系统，并定期根据他们的兴趣爱好和需求的变化，做出相应的调整。全面薪酬包括了传统薪酬体制的构成要素，是一个比较全面的薪酬构成划分：①基本工资；②一次性奖金；③个人激励薪酬；④收益及利润分享；⑤员工持股计划；⑥股票分享计划；⑦法定保障福利；⑧退休及养老计划；⑨医疗保险福利；⑩安全健康保险；⑪财产保险；⑫个人特殊保险；

① 林立波. 关于烟草商业企业从传统薪酬向全面薪酬战略转变探讨. 中小企业管理与科技旬刊，2009，（8）：49-50.

⑬工作津贴；⑭外部额外津贴；⑮个人特殊津贴；⑯满意的工作；⑰职位晋升；⑱技能提升；⑲能力发挥；⑳非工作时间报酬；㉑公休及法定假日；㉒心理收入等；㉓工作条件；㉔生活质量；㉕个人特殊需求。

作为现代薪酬管理思想，相比以往的薪酬管理模式，全面薪酬有其自身的特点，分析和掌握这些特点，对于全面薪酬管理体系的建立和实施具有指导意义。主要表现在：①全面性，全面满足员工需求；②关注绩效，使薪酬福利与绩效紧密挂钩；③以人为本，把人的利益和人的全面发展放在首位；④弹性，能要求企业根据不同要求设计不同的薪酬应对方案，提高组织的灵活性，帮助组织适应不断变化的劳动力市场环境；⑤战略性，它要求运用各种可能的基本薪酬、可变薪酬、间接薪酬来达到适当的绩效目标；⑥激励性，它会对与组织目标保持一致的结果和行为给予报酬；⑦灵活性，全面薪酬战略认为，并不存在适用于所有企业的所谓最佳薪酬方案；⑧创新性，在具体使用时，管理者采取了不同于以往的方式，以使其应用于不同的环境，并因时因地加以改进，从而使它们更好地支持企业的战略和各项管理措施；⑨沟通性，全面薪酬战略把制订计划的过程本身看成是一种沟通的过程。

（三）实施全面薪酬建设激励因素分析

薪酬体系外在表现是利益的获取，而更深层次的价值在于对员工行为的激励与强化，形成一种价值导向，成为推动企业发展的动力所在。为此，笔者从全面薪酬体系内外薪酬角度分析解答激励因素的作用。

1. 外在薪酬激励因素分析

外在激励因素是指企业（组织）直接控制的激励资源，主要体现为物质激励。从根本上说，是为了谋求一定的物质上的好处。物质激励就是通过满足或限制个人的物质利益的需求，来激发人们的积极性和创造性。外在激励因素主要有如下三个方面。

（1）基本薪酬因素激励分析。在企业支付能力一定的情况下，尽量将基本薪酬水平紧密地与竞争性劳动力市场保持一致，以保证组织能够获得高质量的人才——利用基本工资来强调那些对企业具有战略重要性的工作和技能。同时，基本薪酬还起着充当可变薪酬的一个平台的作用。

（2）可变薪酬因素激励分析。全面薪酬战略非常强调可变薪酬的运用，这是因为与基本薪酬相比，可变薪酬更容易通过调整来反映组织目标的变化，在动态环境下，面向较大员工群体实行的可变薪能够针对员工和组织所面临的变革和较为复杂的挑战做出灵活的反应，从而不仅能够以一种积极的方式将员工和企业联系在一起，为在双方之间建立起伙伴关系提供了便利，同时还能起到鼓励团队合作的效果。

（3）福利因素激励分析。全面薪酬战略强调为迎接未来的挑战而创新性地使用福利计划，要求企业必须重视对间接薪酬成本进行管理以及实行合理的福利成本分担，必须认识到，间接薪酬只是作为全面薪酬管理的核心要素的基本薪酬和可变薪酬的一种补充，而不是其替代者。

2. 内在薪酬激励因素分析

内在激励是通过精神的满足来强化个体行为的，人的精神需要比较宽泛，因此激励的方法较多，有的是有形的，有的是无形的。

（1）目标激励因素。明确的目标是激励员工的重要手段。那么又如何通过目标激励职工呢？首先，让每个人的目标与组织目标有机结合。管理者应与下属进行沟通，使职工理解个人目标与组织目标的关系。其次，使用图表引导目标。图表是一种引导个体目标向组织目标迈进的最佳途径。最后，目标一定要有期限，人们总是关注明确期限和明确要求的事情，而对没有明确期限的事情会无限期地拖下去。

（2）情感激励因素分析。情感具有极大的激励作用，是人的行为最直接的一种激励因素，领导者的情感感染力能够控制和影响下属的情感，形成激励。因此，领导者要善于运用自己的情感去打动和征服下属的感情。同时，管理者应表现出对员工的诚挚关心和热情；多从员工的角度想问题，最重要的是信任，理解他们的需要。因此，基层管理者更要注意感情的投资，对职工要有深厚的感情。要真心实意地关心和爱护自己的职工，增强职工对企业的凝聚力和向心力。

（3）职工参与激励因素分析。职工参与能使下级和员工与企业的高层管理者处于平等的地位研究和讨论组织的重大问题，他们可以感到上级主管的信任，从而体验出自己的利益与组织发展密切相关而产生强烈的责任感；同时，参与管理为员工提供了一个取得别人重视的机会，从而给人一种成就感。

（4）荣誉激励因素分析。荣誉是贡献的象征，每一个职工都有一种强烈的荣誉感，当获得某种荣誉时，就能增强信心，就会对企业满腔热情，体会到自己生活在这个社会中的价值，因此，满足员工的荣誉感，可以激发出强大的能量。许多企业从职工这种特殊需求出发，通过给予职工各种荣誉，收到了调动职工积极性的最佳激励效果。

（5）升降激励因素分析。升降激励通过职务和级别升降来激励人的进取精神，对业务表现突出的优秀职工要适当给予提升，激励他们发挥自己的工作热情，努力工作，这是正激励。对于那些落后的职工要采取一些诸如降工资、降级别的惩罚，这是负激励。每个职工都有被尊重的需要，也有自我实现的需要，通过升降激励，可以形成一种激励机制，激发职工为实现目标而努力，达到自我实现的目的。

（6）成就与承认因素分析。成就是最有利的激励因素，从而也是最有用的激励因素。更为重要的是，当成就与承认联系起来的时候，就会使其激励的作用增强许多倍。有时承认是激励作用的关键环节，一个职工完成了他的工作，取得了成绩，而管理者应该发现职工的成绩，发现他们的工作闪光点，及时给予肯定和表扬或奖励，这将极大地激发职工的积极性。

（7）企业文化激励因素分析。企业文化的核心是确立共同的价值观，优秀的企业文化会形成一种尊重人、关心人、培养人的良好氛围。一种精神振奋、朝气蓬勃、开拓进取的良好风气，能够激发成员的创造热情。企业领导应当明确员工的职位升迁不应是企业对员工的酬谢和赏赐，而是双方共同的目标，最好是建立完善的、以人为本的企业文化。

（8）职业培训激励因素分析。培训是企业获得高质量人力资源的重要手段，也是帮助员工职业生涯发展的重要举措。对于员工来说，职业发展是人生大事，企业如果能够给予帮助和指导，并且帮助员工实现自己的理想，那么员工就会为企业尽自己最大的努力，用忠诚和业绩来回报企业。所以，利用员工培训和员工职业生涯开发来激励员工是员工激励的最有效的方法之一。

（四）结语

任何改革取得突破首先取决于观念的突破。从传统薪酬体系向全面薪酬体系的跨越，除了制度安排上要推陈出新，更要在全体员工的价值观念上进行教育，不仅能认同而且能接受这一转变，为制度安排与制度落实奠定基础。同时，全面薪酬体系要求人力资源部门成为企业的业务伙伴、内部咨询员和员工益友，只有这样，才能更好地达成提高绩效、促进员工发展、优化企业文化的目标。

第三章 基本薪酬

学习目标

1. 掌握薪酬结构的内涵。
2. 掌握基于职位的基本薪酬。
3. 掌握基于技能的基本薪酬。
4. 掌握基于能力的基本薪酬。

【导入案例】

某企业员工的薪酬由基本工资和绩效工资两部分组成。最近，该企业进行了市场薪酬调查，并将本企业的薪酬状况与市场薪酬调查结果进行了比较，其各个薪酬等级的基本工资及薪酬总和与市场平均薪酬水平的比较结果见图 3-1。

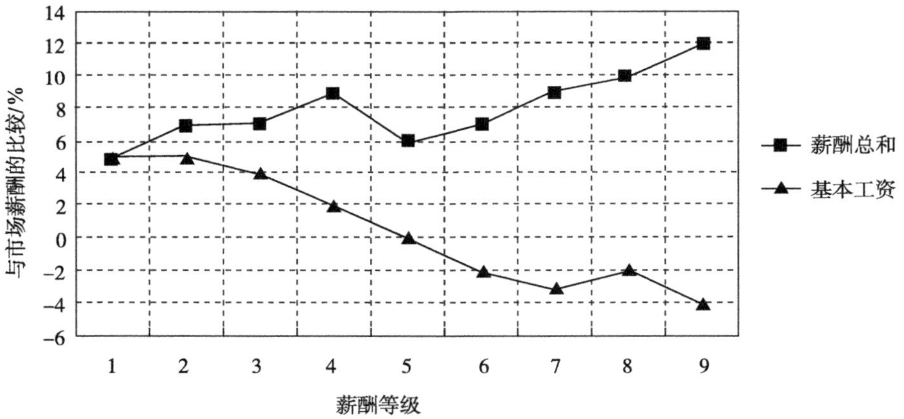

图 3-1 某企业薪酬与市场薪酬的比较情况

根据图 3-1 请思考下列问题：①该企业的薪酬水平和薪酬结构各有什么特点？②试对该企业的薪酬结构进行评价。

第一节 基本薪酬结构的原理及其设计方法

一、基本薪酬结构定义

基本薪酬结构是指单个组织内部不同工作或技能的工资率组合。主要通过薪酬等级的数量、不同等级之间的薪酬级差以及确定这些差异的标准来描述薪酬结构。

基本薪酬结构的优点包括：便于沟通和薪酬管理；便于识别不同的岗位组群；有利于设计员工的职业发展通道；有利于控制薪酬成本。

需要注意事项：级别过多，致使权责界限清晰而影响效率；但是过少也有可能影响员工的积极性；建立或维护不当也会影响管理上的弹性和决策上的困难。因此，有关管理人员需要加强交流，监控评估结果的质量，与市场薪酬情况保持紧密联系，并对体系做出定期的回顾和更新。

二、基本薪酬结构设计的首要前提是岗位群落的科学划分

通常我们看到的岗位性质分类有以下 5 大类别①。

第一类：管理序列，从事管理工作并拥有一定管理职务的职位。通俗的理解是“有下级人员，因其承担的计划、组织、领导、控制职责而成为主要的企业付薪依据”，如在一般企业中使用的比较粗放的“中层和高层”的概念。

第二类：职能序列，从事职能管理、生产管理等职能工作且不具备或不完全具备管理职责的职位。与上述“管理序列”的区别在于该岗位下可能有下级人员，但企业付薪的主要依据是其辅助、支持的职责。

第三类：技术序列，从事技术研发、设计、操作的职位，表现为需要一定的技术含量，企业付薪的主要依据是该岗位所具备的技能，一般付薪的项目不体现为计件的形式，但不排除少量的项目奖金。

第四类：销售序列，指在市场上从事专职销售的职位，一般工作场所不固定。

第五类：操作序列，指在公司内部从事生产作业或销售的职位，一般工作场所比较固定。

三、基本薪酬结构设计的步骤

我们将对建立薪酬结构的 6 个步骤分别进行讲述。

（一）步骤 1：通观被评价职位的点值情况，根据职位评价点数对职位进行排序

这一步骤的目的在于从整体上观察一下通过计点法所得到的被评价职位的点值情况，看一看有没有明显有出入的点值。例如，可以通过将同一职位族中的职位或者是属

① 田华珍. 如何设计企业薪酬结构. 中国劳动保障报，2007-11-10，（003）.

于其他职能但是明显属于同一级的职位的点数进行对比和分析，对于那些与本职位族中的上下级职位或者是其他职能中的同一级职位所获得的点数相比明显不合理的点数，可以考虑予以调整，以准确反映该职位在内部一致性价值评价中所应当得到的点数。

（二）步骤 2：按照职位点数对职位进行初步分组

通过对职位评价点数的观察我们可以发现，虽然不同的职位所得到的评价点数不同，但是有些职位的评价点数与另一些职位相当接近。因此，我们可以初步判断，点数接近的职位应当是属于同一个级别的。我们可以利用自然断点来划定职位的等级。

（三）步骤 3：根据职位的评价点数确定职位等级的数量及其点数变动范围

前面根据职位的评价点数进行了初步的等级划分，但是在实际操作过程中，由于不可能对企业的所有职位都进行职位评价，因此，在划分职位等级的时候还要考虑到其他未被评价的非典型职位的情况。这时，我们就需要仔细考虑到底应当划分多少个职位等级比较合适，并且确定每一个职位等级的最低点数和最高点数。显然，最终划定的等级数量有赖于企业中的职位数量以及职位之间的差异大小，但是企业的报酬哲学和管理理念也会起一定的作用。

（四）步骤 4：将职位等级划分、职位评价点数与市场薪酬调查数据结合起来

假定我们通过外部市场薪酬调查得到了相应职位的市场薪酬水平，这样，我可以得到与被评价职位有关的两列数据，一列是点数值，另一列是薪酬水平数。根据这两列数据，我们可以制成散点图，其中纵轴表示职位的市场薪酬水平，横轴表示职位评价点数。

我们可以运用最小二乘法来对两列数据进行拟合，以得到一条能够体现不同职位等级的薪酬趋势的直线。根据数学计算的要求，设 X 为职位评价点数，Y 为来自薪酬调查的市场薪酬水平数据，那么只要从下列联合方程中解出 a 和 b 的值，便可推出回归直线方程 $Y=a+bX$：

$$\sum Y = na + b\sum X$$
$$\sum XY = a\sum X + b\sum X^2$$

解上述方程组可以得到

$$a = \frac{\sum X^2 \times \sum Y - \sum X \sum XY}{n\sum X^2 - \left(\sum X\right)^2}$$

$$b = \frac{n\sum XY - \sum X \sum Y}{n\sum X^2 - \left(\sum X\right)^2}$$

（五）步骤5：考察薪酬区间中值与市场水平的比较比率，对问题职位的区间中值进行调整

在通过上述步骤得出每一职位等级的薪酬中值之后，我们通常还需要对薪酬区间中值与外部市场薪酬数据之间的比率（即比较比率）进行分析，以发现可能存在问题的特定职位等级的薪酬定位。这是因为，理想的薪酬结构应该体现两方面的关系：一是所评价职位之间的关系；二是推导出的职位所对应的薪酬区间中值与外部市场薪酬之间的关系。一般来讲，比较比率减去100%之后结果在10%以内都是可以接受的，这表明该职位等级的薪酬内部一致性和外部竞争性是比较协调的。对于结果超过10%的职位，企业可以考虑适当予以调整。

（六）步骤6：根据确定的各职位等级或薪酬等级的区间中值建立薪酬结构

最后，只要在考虑到各职位等级内部各种职位的价值差异大小及相应的外部市场薪酬水平的情况下，确定各个薪酬区间的变动比率，我们就可以建立起一个薪酬结构。有时，为了管理的方便，薪酬管理人员会在一个薪酬等级内部再划分几个小的层级，这些层级之间可以是相互重叠的，也可以是相互衔接的。此外，在整体薪酬框架中，同一家企业中可以采用多种薪酬结构，以反映企业的管理哲学和经营状况。例如，企业在设计销售人员和技术研发人员的薪酬结构时，完全可以采用两种不同的模式。

第二节　基于职位的基本薪酬

一、职位薪酬体系的特点、实施条件和操作流程

（一）职位薪酬体系的特点及其适用性

所谓职位薪酬体系，就是首先对职位本身的价值做出客观的评价，其次根据这种评价的结果赋予承担这一职位的人与该职位的价值相当的薪酬这样一种基本薪酬决定制度。职位薪酬体系是一种比较传统的确定员工基本薪酬的制度，它最大的特点是员工担任什么样的职位就得到什么样的薪酬。与新兴的技能薪酬体系和能力薪酬体系相比，职位薪酬体系在确定基本薪酬时重点考虑职位本身的价值，很少考虑人的因素。这种薪酬制度是建立在这样一种假设前提基础之上的，即每一个职位上的人都是合格的，同时也不存在人和职位不匹配的情况，也就是说，担任某种职位工作的员工恰好具有与工作难易水平相当的能力。这种薪酬制度并不鼓励员工拥有跨职位的其他技能。因此，在这种薪酬制度下，我们可能会看到，虽然有些员工的个人能力大大超过了其所担任的职位本身所要求的技术或资格水平，但是在职位没有变动的情况下，他们也只能得到与当前工作内容对等的薪酬水平。

虽然传统上的那种严格、细致的职位薪酬体系在很多时候已经无法适应现代企业所

面临的复杂多变的市场环境及其对员工的灵活性要求，但不可否认的是，对于大多数企业来说，职位薪酬体系仍然具有很强的实用性，在薪酬决策中具有不可替代的作用。实际上，从世界范围来看，采用职位薪酬体系的企业的数量要大大超过采用技能薪酬体系和能力薪酬体系的企业的数量，即使是那些采用了技能薪酬体系和能力薪酬体系的企业，也大多是从职位薪酬体系转过来的。事实上，曾经实行过科学、完善的职位薪酬体系的企业在转而实施技能薪酬体系和能力薪酬体系时会感到更为舒适和顺利，这是因为即使采用了技能薪酬体系和能力薪酬体系，仍然要依赖职位薪酬体系所强调的职位的概念，尤其是不同的职位或不同体系员工的任职资格的差异性要求。

从一定程度上来说，职位薪酬体系在操作方面比技能薪酬体系和能力薪酬体系更简单，而且适用的范围也比较广，因此对于我国的许多企业和大部分工作岗位来说还是比较实用的。但是，从当前我国企业的薪酬管理实践来看，由于我国没有经历过大规模的科学管理阶段，所以许多企业对职位的了解和分析还不深入，大多数企业还没有制定规范、系统和具有实效性的职位说明书，再加上没能很好地掌握职位评价的技术，结果在实践中犯了许多明显的错误。许多企业的岗位工资制（即我们所说的职位薪酬体系）实际上是根据岗位的行政级别或者员工的资历，而不是根据真正意义上的岗位或职位来确定基本薪酬的。

（二）实施职位薪酬体系的前提

企业在实施职位薪酬体系时，必须首先对以下几个方面的情况做出评价，以考察本企业的环境是否适合采用职位薪酬体系。

1. 职位的内容是否已经明确化、规范化和标准化

职位薪酬体系要求纳入本系统中的职位本身必须是明确、具体的。因此，企业必须保证各项工作有明确的专业知识要求、有明确的责任，同时，这些职位所面临的工作难点也是具体的、可以描述的；换言之，必须具备进行职位分析的基本条件。

2. 职位的内容是否基本稳定，在短期内不会有大的变动

只有当职位的内容保持基本稳定的时候，企业才能使工作的序列关系有明显的界线，不至于因为职位内容的频繁变动而使职位薪酬体系的相对稳定性和连续性受到破坏。

3. 是否具有按个人能力安排职位或工作岗位的机制

由于职位薪酬体系是根据职位本身的价值向员工支付报酬的，因此，如果员工本人的能力与所担任职位的能力要求不匹配，必然会导致不公平的现象发生。故而企业必须保证按照员工个人的能力来安排适当的职位，既不能存在能力不足者担任高等级职位的现象，也不能出现能力较强者担任低等级职位的情况。当个人能力发生变动的时候，他们的职位也应该随之发生变动。

4. 企业中是否存在相对较多的职级

在实施职位薪酬体系的企业中，无论是比较简单的工作还是比较复杂的工作，职位

的级数应该足够多，从而确保企业能够为员工提供一个随着个人能力的提升从低级职位向高级职位晋升的机会；否则，如果职位等级很少，大批员工在上升到一定的职位之后就无法继续晋升，其结果必然是阻塞员工的薪酬提升通道，加剧员工的晋升竞争，影响员工的工作积极性以及进一步提高技能和能力的意愿。

5. 企业的薪酬水平是否足够高

这是因为即使处于最低职位级别的员工，也必须能够依靠其薪酬来满足基本的生活需要。如果企业的总体薪酬水平不高，职位等级又很多，处于职位序列最底层的员工所得到的报酬就会减少。

（三）职位薪酬体系设计的基本流程

职位薪酬体系的设计步骤主要有五个：第一步是了解一个组织的基本组织结构和职位在组织中的具体位置；第二步是收集与特定职位的性质有关的各种信息，即进行职位分析工作；第三步是整理通过职位分析得到的各种信息，按照一定的格式把重要的信息描述出来并加以确认，编写成包括职位职责、任职资格条件等信息在内的职位说明书；第四步是对典型职位的价值进行评价，即完成职位评价工作；第五步是根据职位的相对价值高低来对它们进行排序，即建立职位等级结构，这一职位等级结构同时也就形成了基本薪酬的等级结构。

二、职位评价

（一）职位评价的内涵及职位评价方法的类型

对于以职位作为基本薪酬确定基准的薪酬体系来说，其核心工作是对职位本身的价值及其对组织的贡献度进行评价，然后再根据这种评价以及外部劳动力市场的薪酬状况来确定应当对不同的职位支付的薪酬水平的高低，而能够帮助企业确定不同职位在企业中的重要程度的技术就是职位评价。所谓职位评价，就是指系统地确定职位之间的相对价值，从而为组织建立一个职位结构的过程。它是以工作内容、技能要求、对组织的贡献、组织文化以及外部市场等为综合依据的。不仅如此，职位评价计划实际上还是一个有力的沟通和管理工具，它告诉员工：组织的治理结构是怎样的，承担不同工作的员工对于组织的成功所扮演的角色有何不同。

职位评价基于这样一些基本假设：第一，根据职位对组织目标的实现所作贡献的大小来支付薪酬的做法是合乎逻辑的；第二，在基于员工所承担职位的相对价值来确定员工报酬的情况下，员工们会感到比较公平；第三，组织能够通过维持一种基于职位相对价值的职位结构来促成企业目标的实现。

需要说明的是，职位评价过程本身要达到的结果只是对职位的相对价值进行排序。这种排序是一种相对的判断，而不是绝对的或者科学的。即使是量化的职位评价方法所得到的结果也仍然是相对的，职位最终所得到的评价点数或分数本身是没有任何绝对意义的，只能用来进行职位价值的相对比较。事实上，有多人参与的职位评价是一种寻找大家对职位价值的共同看法的过程，它与奥运会中的一些项目，如跳水、花样游泳、体操等的评分规则是类似的。只不过在体育比赛中，若干评委是在对运动员的表现好坏进行评分，而在职位评价中，诸位评价者则是对职位本身的价值做出评价，但最终的评价结果都是以相对的形式来排序的。

此外，还需要注意的一点是，在评价的过程中，一定要根据职位本身的职责和任职资格条件来评价，而不是过多考虑职位上目前任职者的能力、绩效等状况。这是因为，它只是在假设所有职位上的人都称职的情况下对职位的价值进行判断。如果任职者不合格，则需要通过职位调配系统来加以调整。如果完全根据当前任职者的情况做出评价，那么，将来一旦其他人来到这个职位上，就会出现其薪酬水平过低或过高的问题。

职位评价的方法有量化评价法和非量化评价法两种。所谓非量化评价法是指那些仅仅从总体上来确定不同职位之间的相对价值顺序的职位评价方法。而量化评价法则试图通过一套等级尺度系统来确定一种职位的价值比另一种职位的价值高多少或低多少。非量化的评价方法有两种，即排序法（ranking method）和分类法（classification method）；量化评价方法也有两种，即要素比较法（factor comparison method）和要素计点法（point-factor method）。其中，排序法是指职位评价者先对职位说明书进行审查，然后根据它们对公司的价值对其进行排序；分类法是通过界定职位的等级来对一组职位进行描述和分类的评价方法。在要素比较法中，评价者通过对被评价职位的各个方面与基准职位的各个方面分别进行比较，然后试图估计出被评价职位在每一方面的货币价值，最后以货币为单位直接确定不同职位之间的相对价值顺序。在要素计点法中，首先要对职位的每一构成要素赋予等级不同的量化价值，其次将某一职位在不同要素上的价值加起来，从而确定不同职位之间的量化价值差距。与要素比较法不同，要素计点法最后得到的职位结构不是根据职位的货币价值来排列的，而仅仅是根据分数或点数对职位所作的一种排序。

（二）职位评价工作的几个主要步骤

在具体的职位评价环节，可以按以下步骤来操作。

第一，挑选典型职位。如果组织中的职位数量不多，当然可以将所有职位都拿来进行评价。但是在很多时候，由于一方面受到管理成本的限制，另一方面也没有必要对所有的职位都进行评价，因此，可以组织相关人员在企业中挑选有代表性的基准职位作为评价对象，其他职位的价值则可以通过与这些典型职位之间的比较得出。这些典型职位不仅要能够代表所要研究的职位序列中的绝大多数职位，而且必须是广为人知的。在具体操作时，可以请各职能领域的管理者自行决定本职能领域中的职位大概可以划分为多少个级别，然后找出相应级别中的代表性职位。人力资源管理专业人员可以在这一过程中给他们提一些合理的建议，尤其要注意避免选取的典型职位太少，导致未来的职位等级对应困难的情况。

第二，确定职位评价方法。企业必须决定采取哪种评价方法来对本企业的职位进行评价，是选择单一的职位评价方法还是将多种评价方法相结合。因为每一种评价方法都有其优点和不足，所以企业可能要根据实际情况来选择符合自己需要的评价方法。此外，在职位评价方法中还有两种不同的类型：一种是通用性的，即可以在任何组织中使用的职位评价方法，如合益公司和美世公司的职位评价系统；另一种是可以根据本企业的实际特点自行设计的职位评价系统。这两种系统各有利弊。通用性评价系统的优点是，可以就评价结果在不同的组织之间加以对比，即使是不同组织中的职位，只要评价分数一致，则在薪酬水平上也应当是大体相当的；其缺点是，由于通用性过强，因此很难比较贴切、相对具体地反映一个组织自身的职位特点，评价比较模糊。自行设计评价系统倒是可以很好地满足企业的职位特点和战略甚至价值观，但是又无法在不同企业之间进行职位评价结果的比较。

第三，建立职位评价委员会。根据国外的经验，职位评价委员会有 5~10 人即可，这些人最好是能够站在整个企业的高度来理解被评价职位的人。但是，在国内操作时，我们通常都会建立一个规模相对较大的评价委员会，将企业的中高层管理人员和部分一线主管，甚至部分资深员工和工会代表都吸收进来。这样做的原因是，职位评价是以常人的判断为基础的，无法像科学那样精确，所以要想使评价结果能够被广大员工认可，就需要使职位评价委员会的组成具有更为广泛的员工基础。同时，这也有助于降低职位评价中个人误差因素的影响。其潜在的缺点是，层次较低的员工可能无法理解某些职位对组织的真正价值。

第四，对职位评价人员进行培训。在进行职位评价之前，必须让这些评价人员了解职位评价的目的以及评价中可能会出现的误差。除此之外，还应在正式评价之前对一些职位进行模拟试评，进行一些练习。

第五，对职位进行评价。首先，评价委员会要根据已经确定好的职位评价方法对典型职位进行评价；其次，根据其他职位与典型职位的关系确定其职位等级；最后，根据总体的职位评价结果建立职位等级表，确定每一个职位的相对位置和价值。

第六，与员工交流，建立申诉机制。职位评价的结果对每一位员工都很重要。在整个职位的分析和评价过程中，组织应该正式与员工进行交流，确保员工理解和接受职位评价的过程和结果。另外，组织应该建立申诉机制和程序，以便整个评价得到员工的认可和支持。

第三节　基于技能的基本薪酬

一、技能薪酬体系的概念

所谓技能薪酬体系或技能薪酬计划，是指组织根据一个人所掌握的与工作有关的技能、能力以及知识的深度和广度支付基本薪酬的一种报酬制度。这种薪酬制度通常适用于所从事的工作比较具体而且能够被清晰界定的操作人员、技术人员以及办公室工作人员。技能薪酬计划通常可划分为深度技能薪酬计划和广度技能薪酬计划两种。

从国际上来看，关于技能薪酬或技能薪酬计划也没有一个统一的定义。既有技能薪酬计划（pay for skills，skill-based pay）的说法，也有知识薪酬（pay for knowledge，

knowledge-based pay）、能力薪酬计划，甚至学习薪酬计划（pay for learning）的说法。然而，无论叫什么名字，这种基本薪酬决定体系都有一个基本的特征，即员工所获得的薪酬是与知识、一种或多种技能以及能力而不是职位联系在一起的。换言之，组织更多的是依据员工所拥有的工作相关技能而不是其承担的具体工作或职位的价值来支付薪酬的，并且员工的薪酬上涨也取决于员工个人所掌握的技能水平的提高或者已有技能的改善。

最初，技能薪酬计划首先在工厂中和其他一些蓝领工作占主导地位的场合赢得了广泛的运用。当时实施技能薪酬计划的一个主要目的是，借助它来拆散一些工作范围过于狭窄的职位以及打破一些过于严格的工作规则（如“只有电工才能换灯泡”之类的规定）。后来，技能薪酬在另一个方面的价值也显示了出来，那就是在流程型组织中为员工提供报酬并增强对他们的激励，因为在这种组织中，速度、灵活性和生产率是至关重要的。此外，随着竞争的加剧，国际企业界自 20 世纪 80 年代以后就开始逐步从根本上修正自己的管理哲学和薪酬哲学，而技能薪酬至少在表面上适应了 80 年代以后开始流行的那种向员工授权的战略。

近年来，技能薪酬计划已经被广泛应用于电信、销售、银行、保险以及其他一些服务行业的公司，成为一种重要的薪酬决定模式。调查发现，技能薪酬计划在以下几类行业中有比较高的使用率：一是运用连续流程生产技术的行业，如食品加工业、林产品行业以及冶金和化学行业；二是运用大规模生产技术的行业，如电子行业、汽车及其零部件制造行业以及计算机生产行业等；三是服务行业；四是运用单位生产或小批量生产技术的行业，如加工工业等。技能薪酬体系的覆盖范围也扩展到白领和专业技术工人领域。实践证明，它能够在任何类型和任何规模的组织中存在。

调查发现，1985 年，只有大约 8%的美国企业报告说自己至少在下属的某一个工厂中实行了技能薪酬计划。而到 1990 年左右，对《财富》500 强制造企业以及《财富》500 强服务企业进行的调查发现，51%的企业报告说自己实行了某种形式的技能薪酬计划。此外，调查表明，技能薪酬体系确实可以提高企业的绩效水平。一项对《财富》1 000 强企业所进行的调查发现，在实行技能薪酬体系的企业中，60%的企业认为该体系在提高组织业绩方面是成功的或非常成功的，只有 6%的企业认为是不成功的或非常不成功的。

导致技能薪酬体系变得日益普遍的一个主要因素是组织变革以及组织对员工的灵活性的更高要求。市场的日益全球化以及在工作场所出现的越来越多的技术，已经导致组织结构发生了重大变化。今天，组织的层级比过去更少了，结构也更加灵活了，工作团队、适时生产系统、基于项目的工作组织、矩阵式管理组织变得越来越普遍。这些变化一方面要求企业采用更为灵活的工作方式，另一方面也要求员工必须不断学习，增强自己的知识和技能，从而能够对顾客的要求做出更为敏感的反应。在这种情况下，员工仅仅拥有当前的技能往往是不够的。组织需要根据不断变化的工作要求对他们的技能进行经常性的评估，并根据评估结果进行报酬体系的设计，以鼓励员工不断学习和改进技能。从员工的角度来说，组织层级的减少导致很多员工无法在传统的那种职业发展道路上继续走下去，如何对他们提供替代性的激励就成为企业必须关心的问题。而技能薪酬体系在留住和鼓励那些受过良好的教育和培训，拥有丰富的知识、经验和多种技能的核心员工方面，往往能够发挥重要的作用。

二、技能薪酬体系的基本类型

技能通常可以被划分为深度技能和广度技能两种类型。

（一）深度技能

深度技能即通过在一个范围较为明确的具有一定专业性的技术或专业领域中不断积累而形成的专业知识、技能和经验。在这种情况下，员工要想达到良好的工作绩效，一开始可能需要胜任一些相对比较简单的工作，如清洁以及将准备使用的零部件摆放在生产线上等，然后逐渐还要从事一些需要运用较为复杂技能的活动，如需要运用经过严格训练的体力操作以及需要运用推理、数学、语言等方面脑力活动的工作内容。这种深度技能的培养往往是一个沿着某一专业化的职业发展通道不断上行的过程。事实上，典型的大学教师的技能和职业发展就是一种深度技能的积累过程。这是因为，由于专业化的要求，大学教师的教学和研究领域通常是相对较窄的，他们往往在某一个领域（如人力资源管理、财务管理、刑法、民法、产业政策等）中不断积累和提高自己的水平，而不是什么课程都去教，什么研究都去做。

（二）广度技能

与深度技能不同，广度技能往往要求员工在从事工作时，需要运用其上游、下游或者同级职位上所要求的多种一般性技能。它往往要求任职者不仅能够胜任在自己的职位族范围内需要完成的各种任务，而且能够完成本职位族之外的其他职位需要完成的那些一般性工作任务。例如，在大型医院中，医生往往有非常严格的专业分工，如儿科、妇科、内科、外科甚至脑外科等，因此，他们所走的往往是深度技能的职业发展轨迹。但是，在一些基层医疗单位或社区医疗机构，医疗服务人员却需要具备非常广泛的各类医疗知识，因为他们的主要工作不是从事专业化水平很高、难度很大的研究和治疗工作，而是完成一些基本的医疗诊断和处理工作。所以，这些医生往往更需要具备一些广度技能。

三、实施技能薪酬体系的前提

技能薪酬体系能否在一个组织中得到应用，最终还是取决于管理层对员工的看法，因为这种看法会影响组织和员工之间心理契约的性质乃至薪酬将采取何种形式。

图 3-2 描述了一个组织的组织形式以及管理层对企业与员工之间关系的看法的各种不同组合方式。其中，横向维度所体现的是管理层对员工的态度，有敌对的态度，也有合作的态度：一种情况是，在敌对的管理哲学下，管理层把员工看成是组织利益的竞争者，因而会想方设法控制员工在组织中所能够发挥的作用，尽量使其最小化，而员工也

会采取一系列的报复行为，如摆出敌对的姿态，一旦组织不对其工作行为立即付酬，员工就会拒绝继续为组织作贡献；另一种情况是管理层对员工持合作态度，即组织通过积极地与员工合作来达到组织的目标。从纵向维度来看，组织可以划分为有机组织和官僚组织两种形式，其中后者是指具有严格职位描述的高度结构化的官僚主义组织，而前者是指结构松散的一个有机系统。在这个系统中，组织成员的责任是变化的，有时甚至是重叠的。当然，我们在图 3-2 中所描述的仅仅是一种抽象的关系，它并不意味着组织和员工只会采取这些态度。

		雇佣关系	
		敌对的	合作的
组织形式	有机的	1	2
	官僚的	3	4

图 3-2　技能薪酬计划适用的组织与管理类型

对于图 3-2 中四个象限中的组织来说，它们都可以采用职位薪酬体系，但是如果它们想要采用技能薪酬体系，则需要具备特定的心理环境和职位结构。最适合实施技能薪酬体系的组织是那些管理层和员工都愿意进行合作，并且职位结构也允许员工可以不受传统的工作描述束缚而自由发展的组织（即图 3-2 中位于方框 2 中的组织）。组织应该赋予员工独立决策，与同事一起寻找并纠正质量和其他生产问题，在所要从事的工作、薪酬以及工作满意度方面做出选择的权利。技能薪酬体系的实施需要管理层和员工对二者之间的关系持有一种长期的态度，只有这种长期观点才能保证对技能的长期重视。而这恰恰是技能薪酬体系运转的一个前提条件。同时，在技能薪酬体系设计和实施的过程中，组织和员工双方需要共同承担相应的责任和风险。

四、技能薪酬体系与组织中的工作设计

技能薪酬体系带来的绝不仅仅是薪酬决定机制的变化，事实上，许多企业的技能薪酬体系设计的过程也同时是组织中的工作再设计过程。

与传统的职位薪酬体系相适应的工作设计方式强调的是每一个人做好自己分内的工作，不要去过问别人的事情。在这种情况下，人是严格与职位或工作相对应的。

而在实行技能薪酬体系的组织中，企业所强调的已经不再是每一个人完成自己的职位描述所严格界定的工作内容；相反，它更强调员工完成多种不同工作的能力，要求员工具备完成多种不同的工作任务而不是某种单一、固定的工作任务的能力。这种新的工作设计方式打破了传统本位主义思考问题的方式，鼓励员工从工作流程的角度去看待自己所从事的工作，以及自己所从事工作与同事所从事工作之间的关系，同时鼓励员工不断地学习新的技能。这种新的工作设计方式与工作丰富化和工作扩大化的思路应该是一脉相承的。

第四节 基于能力的基本薪酬

一、能力的概念以及能力模型的建立

（一）能力的基本概念

我们这里所谓的能力是指胜任能力（competency），它是指可以达到高绩效的个人的内在特性。胜任力描述了在给定岗位上高绩效者的行为表现。它明确了一般绩效者和高绩效者之间的行为差别。换言之，胜任力就是一个绩效优秀者在较多情况下更经常表现出来的行为，具备这些胜任力素质的人才比一般人员会取得更好的工作绩效。

胜任能力这一概念由哈佛大学心理学家大卫·麦克莱兰在20世纪70年代初期首先引入之后，已经成为一种有效的经营工具。近年来，它已经成为成功经营战略中的一个普遍性的关键组成部分。尤其是进入90年代以后，随着许多企业风光不再，兼并、流程再造、精简裁员等随之而来，企业不得不密切关注如何激励员工以及使他们关注企业的战略。在这种背景下，强化能力成为企业实现价值的一个重要途径。许多组织发现，自己对这样一些员工的需求变得越来越紧迫：他们不仅具有很强的能力，而且能够与团队共同工作，能够自己做出决策，同时也能承担更多的责任。此外，对于现代企业中的员工而言，他们需要掌握的不再仅仅是传统的、单纯的知识和技术，更重要的是那些无法显性化的能力——团队协同工作的能力、实现特定目标的能力、快速解决问题的能力、理解并满足客户需要的能力。因此，能力模型在企业中得到了越来越广泛的关注和运用。

冰山模型是最具有影响力的胜任力模型之一。如图3-3所示的冰山模型中，知识和技能处于冰山的顶部，比较容易发现和测量。水平线下的素质，包括社会角色/价值观、自我形象、个性特点和动机等内容，尽管它们难于被发现，但对表面的行为有很大的直接的影响。其中，社会角色/价值观和自我形象存在于意识的水平；个性特点和动机在更深的层次下，往往离人的“核心”最近。

知识：指个人在某些领域内掌握的有用信息。例如，了解管理的科学和艺术，知道如何去激励下属。

技能：个人职业化和专业化的一种表现——把事情做好的能力。例如，有效地面试挑选应聘者、明确有效地分配工作任务等。

社会角色/价值观：是一个人基于对社会规范的认知和理解，在他人面前表现出的形象——“给他人的形象”。例如，一个领导者或追随者，或发起变革或抵制变革等。

自我形象：个人对自己身份、心理特质等方面的自我认识和知觉。例如，把自己看成一个老师或领导。

个性特点：相对可以持续较长时间的个人行为特点。例如，“善于倾听他人”“做事持之以恒”等。

动机：决定外显行为的自然而稳定的想法。例如，总想把事情做得尽善尽美的成就型动机，总想控制别人的权力型动机，总想让别人理解、接纳和喜欢自己的亲和型动机。

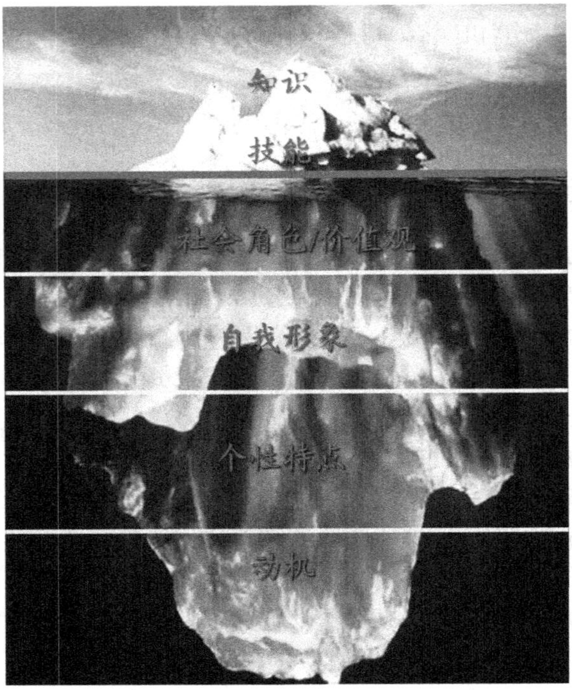

图 3-3　冰山模型

（二）能力模型的类型以及能力指标的界定和分级

1. 能力模型的类型

胜任力模型的建立，根据不同的工作性质和特点、不同的时空范围、目标和需求，分为以下四类：

（1）组织性胜任力模型。它是从一个组织发展战略出发，与组织文化紧密结合，为实现公共部门或企业总体发展战略目标而确立起来的胜任力模型。它高于其他层次的胜任力模型，以角色性胜任力模型为基础，涵盖了所有职能和业务部门，适用于在组织内不同工作领域、不同层次和不同岗位上工作的所有人员。

（2）角色性胜任力模型。它是从组织中个人所扮演的角色出发，通过深入比较研究总结概括出来的一种胜任力模型。它跨越了某类岗位人员的专业性和单一性，是对功能性胜任力模型的进一步提升，如政府高级公务员的胜任力模型、普通公务员的胜任力模型、企业家的胜任力模型。由于这种模型涵盖了各个具体的管理功能，它更适合于以团队为基础的组织核心胜任力模型的设计。

（3）功能性胜任力模型。它是根据某职能部门中专业性非常强的某类岗位人员的成功实践，总结归纳出来的胜任力模型，如人力资源管理、行政后勤管理、行政执法、技术研发等人员的胜任力模型。

（4）岗位性胜任力模型。它是胜任力模型中范围最狭窄的一种模型，仅适用于一个特定的工作岗位。

2. 胜任力层级

依据胜任力对应行为的努力程度、复杂程度和完整程度的高低，把每个胜任力分为四个层级，这些层级按照素质发展的顺序排列，层级一为缺乏这项胜任力，层级四为杰出水平。胜任力层级的划分能够帮助人才反思和评估每个胜任力所处水平，并明晰胜任力发展的递进路径。

层级一——缺乏：缺乏这项胜任力素质。

层级二——基础水平：一般任职者的最基本层级要求。

层级三——优秀水平：优秀任职者努力为完成本职工作所体现的行为特征。

层级四——杰出水平：杰出任职者努力为实现组织战略目标过程中呈现的最佳表现。

3. 关键行为事件描述

为了完整和科学地将胜任力描述清楚，减少理解的歧义，避免在未来评估应用中的主观性，需要对每一项胜任力的每一个层级进行关键行为事件描述说明，关键行为事件包括：①事件的主题或名称；②导致事件发生的原因和背景；③个人的特别有效或多余的行为；④关键行为的后果；⑤个人能否自己支配或控制上述后果。

二、能力薪酬方案设计及管理要求

（一）能力薪酬体系的实施前提

近年来，很多企业都建立起了自己的基于能力模型的人力资源管理系统。然而，虽然许多公司已经将能力作为绩效管理、人员配置或培训开发系统的一个不可分割的组成部分，但是只有很少的企业以非常正式的方式将能力和薪酬决策明确挂钩（当然，很多企业在制定薪酬决策时，都会以隐含的方式综合考虑员工的能力和他们对组织的贡献）。即使是在实行能力薪酬方案的企业里，大家也在能力的定义、将能力与薪酬挂钩的目的及方式、覆盖的员工类型以及执行的力度等方面存在较大差异，并且企业实行这种薪酬方案的失败率也比较高。因此，将能力模型应用于薪酬的做法到目前为止仍然处于一种不成熟的探索阶段。虽然从理论上来说，通过针对企业看重的技能、能力以及行为改变支付的薪酬是非常有意义的，但是像其他薪酬体系一样，能力薪酬能否发挥作用，也同样要看它的设计和管理是否得当。

事实上，有些人对能力薪酬持明确的反对意见。他们认为，薪酬的确定应当建立在更为客观的基础之上，依据主观、抽象的能力评估来制定薪酬的做法只会导致不公平、无效以及歧视性的后果。这就提醒企业，在实施能力薪酬体系之前，必须非常慎重地考虑一些问题，其中最主要的是以下两点：

第一，是否有必要实行能力薪酬。企业必须从经营的角度认真考虑，自己是否真的需要从原来的薪酬体系转移到能力薪酬体系。如果现有的薪酬体系运转良好，能够满足组织和员工两个方面的需要，企业可能就没有必要大张旗鼓地去实行能力薪酬。这是因为，一方面，能力薪酬的效果到底如何还没有定论，从目前的情况来看，它只适合于某些特定的行业和企业。通常情况下，能力薪酬体系比较适合于技能和行为对于强化组织的竞争力至关重要的一些行业或企业，如药品研发、计算机软件以及管理咨询等行业。在这些行业中，知识型员工以及专业人员占了较大的比重，传统的绩效薪酬计划往往无法在这些人员身上非常有效地发挥作用。同时，这些行业的组织结构往往比较扁平，对灵活性的要求非常高，并且十分强调员工的持续开发和能力的不断提升。另一方面，向能力薪酬转变会导致企业必须进行多项重大变革，而变革本身是要付出代价的。因为存在额外的管理和人力资源方面的其他要求，所以如果管理不善，能力薪酬计划的优点很可能会被抵消。例如，能力薪酬计划要求组织建立起对工作或者角色进行评价的系统，获得确定薪酬水平的市场数据，能够灵活追踪各种浮动薪酬的管理系统等。此外，由于现在不是根据员工的职位而是根据能力等级来确定薪酬水平，因此，一些职位等级暂时不高的员工，薪酬水平反而有可能涨上去。这样，实施能力薪酬方案很有可能会导致成本上升。所以，企业必须确保能力薪酬能够给企业带来经济价值，然后再引入能力薪酬体系。

第二，必须将能力薪酬作为整体人力资源管理领域的重大变革的一部分来实施。也就是说，整个人力资源管理体系必须同时向以能力为中心转移，而不能仅仅靠薪酬方案单兵突进，然后直接把它嫁接在原有的人力资源管理系统之上了事。换言之，对能力的强调必须贯穿到企业的员工招募、晋升、绩效管理、培训开发以及薪酬管理的各个人力资源管理环节当中。单纯采用能力薪酬或以能力薪酬为先导进行能力模型建设，成功的可能性都是非常小的。

首先，采用能力薪酬体系的企业必须注意制订综合性的培训和教练计划，同时让员工们充分理解如何利用这些培训开发计划，因为能力增强是确定基本薪酬以及加薪的基础。其次，企业还必须注意将对能力的这种强调融入新员工甄选以及绩效评价过程之中。这是因为，与传统的绩效评价方式不同，强调能力的绩效评价系统不仅重视结果，而且重视结果的达成过程；不仅依靠上级对下级的绩效判断，而且参考员工的同级或下级对员工的行为和能力的评价。此外，企业必须确保企业基于能力模型要求的绩效管理体系已经得到成功实施，以确保大多数员工已经充分理解了能力的要求并且认同这种能力模型。最后，企业还必须注意，能力薪酬并非绩效奖励计划的一种替代；相反，它必须与绩效奖励计划以及某些特定技能和能力的开发联系在一起。

当然，如果以能力为中心的整体人力资源管理模式（包括能力薪酬体系）导致能力更强的人得到雇用和晋升，并且受到不断学习和改善绩效的激励，那么，它不仅能够使员工带到工作中或角色上来的附加价值得到报酬，而且有助于组织更好地关注其使命以及卓越绩效对组织使命所产生的重要价值。即使在成本增加的情况下，企业仍然有可能获得更高水平的利润。

（二）能力与薪酬挂钩的几种不同方案

由于能力薪酬本身存在很多尚未解决的难题，因此，在将能力和薪酬挂钩的问题上，真正像技能薪酬那样直接将能力与基本薪酬完全挂钩的做法其实并不常见。企业常常采取多种不同的形式将能力与薪酬挂钩。其中主要的模式有五种。

1. 职位评价法

将能力与薪酬挂钩的最常见方法是借助职位评价过程来实现，即在传统的要素计点法中，用与能力相关的部分或全部要素替代传统的报酬要素。例如，传统评价要素在衡量管理责任时往往根据管理职位下属的人数或管理的预算规模来进行判断，而与能力有关的职位评价要素则会考虑管理方面的要求以及需要具备什么样的技能才能满足这些管理要求。例如，职位 A 与职位 B 相比，可能管理的人数较少，但是下属人员的多元化程度比较高或比较分散。这样，对职位 A 上的任职者所需具备的计划能力、决策能力以及影响力的要求就会比职位 B 上的任职者更高。如果根据能力要素来进行职位评价，就会比单纯根据下属人数来进行职位评价更有利于反映职位对组织的真正贡献，而不是鼓励管理者刻意扩大自己的下属人员规模。

2. 直接能力分类法

这种方法与上面所说的职位评价法几乎完全相反。它完全根据个人的能力情况而不是职位的情况来进行基本薪酬等级的划分，是真正意义上的能力薪酬体系。在这种情况下，分类者往往根据员工所扮演的角色（如普通员工、经理、高级经理），把他们放进某个单一的薪酬宽带中。在每个薪酬宽带中都划分出三四个高低不同的区域，每个区域代表着一种不同的能力水平并且对应着一个特定的薪酬浮动上限和下限。例如，假定某公司普通员工所在的薪酬宽带的总浮动范围是 1 200~4 200 元/月，这个薪酬宽带又划分为三个区域：区域 A 是能力水平较高的员工所在的薪酬区间（3 001~4 200 元/月），区域 B 是能力处于平均水平的员工所在的薪酬区间（2 001~3 000 元/月），而区域 C 则是能力尚未达到平均水平的员工所在的薪酬区间（1 200~2 000 元/月）。这样，评价者就可以很容易地根据某位普通员工的能力水平把他放到其应属的宽带当中的某个区域（如区域 B）。而在进入某个区域之后，员工的薪酬仍然存在上涨的空间，这时的薪酬增长往往就是由他们的实际工作结果或绩效决定的。不过，一旦员工开发了新的或更高水平的能力，就可以从一个区域上升到相邻的上一个区域。由于在同一个宽带当中，薪酬的浮动范围可以达到 100%或 150%，因此，如果员工通过不断开发自己的能力从入门职位一直进入熟练级职位的话，他们的薪酬可能会出现较大范围的上涨。

然而，仅凭开发技能，员工还不能进入更高一级的宽带，这是因为要想进入下一个宽带当中，必须承担更为困难的角色，如成为经理。对于员工来说，这种薪酬体系传递的信息是非常明确的——组织是高度重视能力的。基于角色建立的能力模型是最适合这种能力薪酬模式的。

3. 传统职位能力定薪法

在这种方法中，员工依然会因为开发能力而获得报酬，但是关于职位和薪酬的概念都更为传统，即某一个职位仍然会被确定在某一个薪酬等级之中，这个薪酬等级的薪酬浮动范围不会超过 50%或 60%。在这样一种狭窄的薪酬区间中，组织会根据员工的能力决定员工的薪酬水平处于这一区间的哪一个位置上。例如，能力高于平均水平的员工所获得的薪酬可能会位于本薪酬区间中薪酬水平最高的 1/3 处；能力正好达到平均水平的员工的薪酬则会位于中间的 1/3 处（即恰好等于市场水平）。与上一种方法相比，员工如果没有机会进入职位等级的更高阶梯上去，那么，他们可能获得的薪酬增长的空间要小得多。这样，能力就只能在一个较小的薪酬浮动范围内发挥作用，但是薪酬与能力之间的关系仍然是直接的。职能能力模型或职位能力模型最适合采用这种方法。

4. 行为目标达成加薪法

这是一种根据基于能力的行为目标达成度来确定加薪水平的做法。在这种情况下，组织是通过运用实现拟定的行为目标，而不是整体能力评价结果来对能力进行评价的，然后根据评价结果确定加薪幅度。例如，有一种能力是团队合作能力，这种能力可以用五种特定的行为指标来加以描述。在由多位评价者评估（如 360 度反馈）中，一位员工的团队合作能力被判定为较差，即在五种团队合作行为特征中，只能在员工的身上找到两种行为特征。假定这位员工和他的上级将重点放在这样一种行为特征上，即“承认他人的观点所具有的价值”，于是，这位员工决定实施一项有助于利用他人的意见和建议并搜集反馈情况的计划，并制订了相应的行动方案。最后，虽然他的总体能力得分仍然处于二级，但是他一旦实现了自己制定的特定行为目标，就能得到相应的奖励。

5. 能力水平变化加薪法

这种方法将员工的薪酬水平直接与对其总体能力水平的变化情况所做的评价挂钩，即企业首先通过多位评价者对员工的总体能力水平进行评估，其次根据员工的能力水平变化情况，直接决定员工的加薪幅度。这可能是将能力和薪酬进行挂钩的意思最为明显的形式，但同时可能也是问题最多的一种挂钩方式。这是因为，将加薪这样一件严肃的事情建立在这样一种过于主观的评价结果之上，会导致一些个人偏见进入评价过程。对于那些还将多位评价者的评估结果运用于人力资源开发目的的企业来说，这种挂钩方式的问题尤其突出，因为一旦能力变化情况直接与薪酬挂钩，评价者们可能会有意控制评价结果。

根据美国原薪酬学会在 1996 年所做的一项调查，最为常见的能力薪酬模式有两种：第一种是能力加薪决定法，即在年终薪酬调整时将能力作为一个重要的考虑因素，有 42%的企业采取这种做法；第二种是能力加薪决定加职位评价法，有 42%的企业采取这种做法，只有 15%的企业仅仅采用职位评价法。

【复习思考题】

1. 如何理解薪酬结构？
2. 如何设计基于岗位的基本薪酬？
3. 如何设计基于技能的基本薪酬？
4. 如何设计基于能力的基本薪酬？

【实例经验与启示】

某二级综合医院要素计点法岗位评价案例研究①

岗位评价是建立在岗位分析基础上的基础性人力资源管理活动，其主要的目的是建立医院岗位价值序列和设计医院薪酬体系。岗位评价有两个假设前提：一是岗位内容有相对固定的价值，可以通过客观标准确立岗位价值；二是对纷繁复杂的岗位，不宜确定客观的价值标准，只能通过比较确立各个岗位之间的相对价值差异②。所以，岗位评价是为了实现医院内部不同岗位在价值衡量上的内部均衡。

（一）对象与方法

1. 评价对象

本次岗位评价针对某二级综合医院含院级领导在内的全部岗位。

2. 评价方法与工具

本次岗位评价选用要素计点法，充分考虑了岗位所要求的知识技能、工作本身的特点以及职责要素，评价适当向临床一线风险大、责任大、技术含量高的岗位倾斜。全部点数设计为 1 000 点，在上述 3 个维度上均分。岗位评价量表的构成要素及其点值范围见表 3-1。

表 3-1 岗位评价量表的构成要素及其点值范围

评价要素	点值范围/点
1.知识技能（330）	
（1）专业知识技能	20~120
（2）资格证书	0~30
（3）管理知识技能	0~30
（4）综合能力	5~50
（5）最低学历要求	5~30
（6）沟通能力	5~20
（7）文字应用能力	5~20
（8）计算机知识	0~30
2.工作本身（330）	
（1）工作复杂性	10~80
（2）开拓与创新	5~50
（3）脑力辛苦程度	10~50
（4）工作压力	5~30
（5）工作的灵活性	5~30
（6）危险性	5~50
（7）工作的时间特征	5~40
3.职责因素（340）	

① 王秋宇，张戬. 某二级综合医院要素计点法岗位评价案例研究. 中国医院管理，2013，33（10）：41-43.

② 彭磊，李双明. 医院岗位评价指标体系的应用研究. 中国医院管理，2011，31（4）：32-33.

续表

评价要素	点值范围/点
（1）责任轻重	15~80
（2）经营损失责任	10~70
（3）工作结果责任	5~70
（4）指导监督	0~60
（5）外部协调责任	5~30
（6）内部协调责任	10~30

3. 岗位评价流程

（1）人力资源部首先对全院的岗位进行梳理，每个部门负责本部门岗位分析及岗位说明书的编写，最后提交人力资源部汇编定稿。

（2）医院成立了由22人组成的岗位评价小组，岗位评价小组成员的纳入和排除标准如下：一是全面了解全院各岗位的基本情况；二是看待问题公平、公正，无历史积怨；三是看问题比较偏激、唯我正确的人员不得选入；四是不是利益分配中某一群体的代表；五是直接利益相关者在岗位评价中回避。

（3）在第三方专家指导小组的指导监督下，首先从全部岗位中选出副院长、急诊科护士长和外科主任等13个具有代表性和很高分析价值的岗位作为标杆岗位进行集体讨论，使用岗位评价量表打分。在确保每个岗位评价小组成员对岗位评价工具的使用、理解没有疑问的情况下，开始对全院岗位进行评价。

（二）结果与分析

1. 标杆岗位评价结果

从评价的结果看，岗位价值最高的是院长916点，最低的是后勤氧气管理员岗150点，岗位价值倍差是6倍。13个标杆岗位的岗位评价结果见表3-2。

表3-2 13个标杆岗位的评价结果

序号	岗位名称	点值/点
1	医疗业务副院长	747
2	行政副院长	619
3	外科主任	689
4	五官科主任	639
5	妇产科护士长	497
6	内科护士长	504
7	手术麻醉科护士长	513
8	急诊科护士	347
9	急诊科护士长	531
10	办公室主任	597
11	主管会计	442
12	医务处干事	247
13	医保办主任	421

2. 岗位评价结果的横向比较

（1）医疗业务副院长与行政副院长岗位价值的比较。在此次岗位评价后我们发现，医疗业务副院长的岗位价值高出行政副院长 117 点，见表 3-3。首先，医疗业务副院长分管全院的医疗、护理和医技等科室的工作，需要深入科室了解和检查诊断、治疗和护理的情况；而行政副院长则分管全院的行政和总务工作，相对来讲在工作复杂性与工作压力上面要低于业务副院长。其次，医疗业务副院长在必要时还需要领导组织重危的会诊和抢救工作，因此在危险性、脑力辛苦程度、开拓与创新方面也要高于行政副院长。

表 3-3 部分岗位评价结果列示（单位：点）

评价要素	医疗业务副院长	行政副院长	内科护士长	急诊科护士长
1.知识技能（330）				
（1）专业知识技能	120	100	80	80
（2）资格证书	30	30	10	10
（3）管理知识技能	22	20	14	16
（4）综合能力	32	26	21	20
（5）最低学历要求	30	30	20	20
（6）沟通能力	18	18	16	17
（7）文字应用能力	16	15	11	12
（8）计算机知识	13	10	13	12
2.工作本身（330）				
（1）工作复杂性	62	54	44	45
（2）开拓与创新	34	29	20	22
（3）脑力辛苦程度	41	31	26	29
（4）工作压力	21	18	16	16
（5）工作的灵活性	19	19	12	13
（6）危险性	35	13	43	45
（7）工作的时间特征	15	5	5	15
3.职责因素（340）				
（1）责任轻重	55	37	44	49
（2）经营损失责任	44	43	21	25
（3）工作结果责任	50	42	28	27
（4）指导监督	45	45	30	30
（5）外部协调责任	21	21	11	13
（6）内部协调责任	20	20	15	14

（2）内科护士长与急诊科护士长岗位价值的比较。未进行岗位评价前，护士长这个职位的固定工资是相同的，但是岗位评价后，我们选择价值评价结果差异较大的两个科室举例分析。由表 3-3 可知，急诊科护士长岗位价值高出内科护士长近 30 个点。上述岗位在知识技能方面的要求差别不大，差异主要产生在工作本身以及工作职责和时间上。

3. 岗位评价结果的纵向比较

即使在同一个科室内，不同岗位的价值差别也是很大的。以内科岗位为例，首先，由于医生的知识技能、工作本身的因素以及职责要素都要高于护师，所以医生的岗位价值高于本科室的护师，见表3-4。其次，在医师系列里，科室的副主任本身要求的专业技能、资格证书要高于其他两类医师，且由于需要协助科主任做好科室日常管理，所以对管理知识技能的要求也明显高于后两者。副主任作为科室骨干还要参与科内疑难病例的诊治，所以在工作复杂性、开拓与创新和脑力辛苦程度上也比较高。最后，我们发现医、护两个系列岗位价值的相互对照点。例如，内科护士长的岗位价值与主治医师的岗位价值相近，内科护师的岗位价值与内科住院医师的岗位价值相近。所以，有了科学的岗位评价，各个岗位之间也就不要再轻言哪个岗位更重要了。

表3-4　内科岗位各岗位价值比较（单位：点）

评价要素	科室副主任	主治医师	住院医师	护士长	护师
1.知识技能（330）					
（1）专业知识技能	100	80	50	80	50
（2）资格证书	30	20	10	10	10
（3）管理知识技能	18	9	4	14	3
（4）综合能力	26	15	13	21	13
（5）最低学历要求	30	30	30	20	10
（6）沟通能力	17	14	13	16	11
（7）文字应用能力	12	10	10	11	8
（8）计算机知识	12	13	12	13	11
2.工作本身（330）					
（1）工作复杂性	52	40	32	44	26
（2）开拓与创新	24	18	8	20	5
（3）脑力辛苦程度	33	26	19	26	12
（4）工作压力	17	13	9	16	7
（5）工作的灵活性	14	11	6	12	6
（6）危险性	44	50	44	43	50
（7）工作的时间特征	40	40	40	5	40
3.职责因素（340）					
（1）责任轻重	64	50	46	44	40
（2）经营损失责任	31	21	17	21	14
（3）工作结果责任	34	20	7	28	5
（4）指导监督	30	10	0	30	0
（5）外部协调责任	16	9	8	11	5
（6）内部协调责任	16	11	10	15	10

（三）讨论

（1）在岗位分析的基础上，采用要素计点法对医院所有岗位进行评价是可行的。这种评价方法除了考虑传统的岗位价值决定要素，如职称、职务、学历和工作年限外，还增加了工作本身的要素和责任要素，并且每一个维度都有详细的衡量指标，从而使岗位评价建立在更加科学的基础上。

（2）这种岗位评价为构建内部公平的薪酬体系建立了基础，而且也会引导所有员工建立起对岗位的科学认识：第一，不是同类职务就有相同的价值和薪酬。第二，医师系列岗位价值高于护士系列是因为医师的知识技能养成需要更多的投入，在工作本身和职责要素的很多方面也要高于后者。第三，不同职系的岗位价值具有参照性，所以不存在哪个岗位养活了哪个岗位的问题。

（3）岗位评价对岗不对人，它只解决岗位内部相对价值高低，并不代表薪酬的高低。如果在一个价值高的岗位上干得不好，那么他所领的薪酬也可能低于一个岗位价值低但是干得更出色的同事。

第四章 薪酬水平及其外部竞争性

学习目标

1. 掌握薪酬水平及其外部竞争性的内涵和作用。
2. 掌握薪酬水平及其外部竞争性决策的类型。
3. 了解薪酬水平决策的主要影响因素。
4. 了解市场薪酬调查的概念、实施步骤和结果分析。

【导入案例】

某外资公司进入中国大陆后，为了有效发挥薪酬的激励功能，其薪酬制度随着外界环境和公司战略的变化而不断变化。刚进入中国大陆，由于资金上不是很充裕，为了控制成本支出，公司决定对核心骨干采用高薪，而对普通员工则采用与市场持平的薪酬政策。

为了获得准确的市场薪酬信息，公司进行了一次彻底的行业薪酬调查，采用的是行业中几家同等级的公司数据。在调查过程中能够得到其他竞争对手的数据比较困难，经过一段时间的沟通才达到了薪酬信息共享的结果。经过对几家竞争对手的薪酬数据的分析，得到了基本的市场平均水平，于是该公司决定给20%的高管和技术人员发放相当于同级别 120%的市场薪酬，给其他 80%的员工发放与市场水平相当的薪酬。所有员工的薪酬构成主要包括基本工资、奖金、津贴和福利。薪酬政策比较强调内部均衡，管理人员和员工的工资差别较小，薪酬具有很强的平均主义色彩。奖金是公司根据员工绩效，经过考核后在年底向员工发放。

该项薪酬政策实施后，没有获得公司预期的效果，员工的招聘并不顺利，由于薪酬没有很大吸引力，一些已经工作的员工不愿意放弃现有的工作而投入一个新的环境中。该公司的管理层不清楚，已经做好了薪酬调查，难道就起不到什么作用?

第一节 薪酬水平及其外部竞争性内涵与作用

一、如何理解薪酬水平及其外部竞争性

我们在第一章中已经指出，薪酬水平是指组织之间的薪酬关系，组织相对于竞争对

手的薪酬水平的高低。而一个组织所支付的薪酬水平的高低无疑会直接影响到企业在劳动力市场上获取劳动力能力的强弱，因此，所谓薪酬的外部竞争性，实际上是指一家企业的薪酬水平的高低以及由此产生的企业在劳动力市场竞争能力的大小。

需要指出的是，我们在理解薪酬的外部竞争性时必须注意，在现代市场竞争中，薪酬的外部竞争性不是一个笼统的概念，而是一个具体的概念。更进一步把一个组织所有员工的平均薪酬水平与另一家企业的全体员工的平均薪酬水平比较的意义越来越小，薪酬的外部竞争性的比较基础更多地落在不同组织职位或者类似职位族之间。也就是说，笼统地说甲企业的平均薪酬水平会比乙企业高，因此甲企业的薪酬的外部竞争性一定比乙企业强，就有可能会犯错。这是因为，也许甲企业的平均薪酬水平确实很高，但是该企业的内部薪酬一致性差，重要职位和不重要职位之间的薪酬收入没有太大差异；而在乙企业中，平均薪酬水平低于甲企业，但是该企业对于重要职位所支付的薪酬水平远高于甲企业，而对不重要职位支付的薪酬水平则低于甲企业。如果此时在外部市场上存在大量能够从事不重要职位工作的人，那么，当乙企业到外部劳动力市场上去雇佣能够从事不重要职位工作的劳动者时，它不会因为支付的薪酬比甲企业低就雇不到人，即它在低技能劳动力的雇佣方面的薪酬竞争力不比甲企业低。但是，在雇佣能够从事重要职位工作的劳动者时，乙企业的薪酬竞争力比甲企业更强。这就说明，薪酬的外部竞争性应当落实到职位或职位族上，而非单纯地停留在企业层面。

我们在上面所谈到的这种情况，在我国国有企业中非常普遍，尤其是在一些所谓的"好行业"，如银行、电力、保险、证券等行业中，虽然企业的整体薪酬水平很高，但是往往会存在内部收入差距过小，对高技能者的报酬不足，而对低技能者的报酬又过高的现象，结果导致在市场化程度越来越高、外部市场的竞争压力越来越大、中国加入世界贸易组织以后对外资的准入限制越来越少的大背景下，我国国有企业中的许多精英纷纷离开，或投奔外企，或投奔其他新兴的股份制公司，或者自己创业。过去，我们的许多企业总经理总是解不开这样一个疑惑，为什么公司在薪酬方面的支出成本越来越高，但自己的人才却跑得越来越快。现在，通过我们上面的分析也许能够给这些总经理们一个大概的解释了。此外，外部竞争性是与外部劳动力市场联系在一起的，所以，外部竞争性这一概念又可以用"市场推动"来替代。然而，正如我们曾经讨论过的，薪酬的外部竞争性要求与内部一致性要求之间有时候会产生矛盾。例如，根据公司内部的职位评价，公司财务经理和人力资源经理的重要性和价值大小是类似的，因而两个职位的薪酬水平应当大体相同。但是，在此时的外部劳动力市场上，由于人力资源经理人员短缺，人力资源经理职位的劳动力市场价位超过了财务经理的市场价位，在这种情况下，企业就必须做出决策，到底是主要根据企业的内部职位评价来定薪酬，还是主要根据外部劳动力市场来定薪酬。在实践中，过去往往是更多地照顾薪酬的内部一致性，而在当前，薪酬的外部竞争性要求似乎比较占上风。

二、薪酬水平及外部竞争性的作用

具体来讲，薪酬水平及其外部竞争性的重要性主要体现在以下几个方面。

（一）吸引、保留和激励员工

薪酬水平在企业吸引和保留员工方面的重要性是显而易见的。美国某调查机构在对积累了 20 年的数据进行分析之后得出结论，管理人员、事务类人员以及小时工人都将薪酬看成是第一位的就业要素，只有技术人员将薪酬看成是第二位的就业要素，而将技能提高看成是第一位的就业要素。在我国当前经济发达程度不高的情况下，薪酬对于普通劳动者的重要性更是不言而喻。因此，如果企业支付的薪酬水平过低，企业在招募新人时将很难招募到合适的员工，而勉强招到的员工往往在数量和质量方面也不能尽如人意；不仅如此，过低的薪酬水平还有可能导致企业中原有的员工忠诚度下降，另谋他就的可能性上升。相反，如果企业的薪酬水平比较高，则一方面企业在招募人员时可以很方便地招募到自己所需要的人员，另一方面也有利于员工流动水平的降低，这对于企业保持自身在产品和服务市场上的竞争优势是十分有利的。

此外，较高水平的薪酬还有利于防止员工的机会主义行为，激励员工努力工作，同时降低企业的监督管理费用。这是因为，一旦这种偷懒或消极怠工行为以及对公司不利的其他行为被公司发现并导致员工被解雇，员工就很难再在市场上找到其他能够获得类似薪酬的新职位。新加坡政府所推行的“高薪养廉”政策的魅力也正在于此。

（二）控制劳动力成本

薪酬水平的高低和企业的总成本支出密切相关，尤其是在一些劳动密集型的行业和以低成本作为竞争手段的企业中。显然，在其他条件一定的情况下，薪酬水平越高，企业的劳动力成本就会越高；而相对于竞争对手的薪酬水平越高，则提供相同或类似产品和服务的相对成本也就越高，在市场上的竞争地位也就会越高（除非较高的薪酬水平导致生产率水平出现更高程度的增长）。因为较高的产品成本会导致较高的产品定价，所以在产品差异不大的情况下，消费者自然会选择较为便宜的产品。随着市场竞争的日益激烈，当今绝大多数产品市场已经由卖方市场转为买方市场，即大多数产品和服务是处于供过于求的状态，消费者对产品的价格是比较敏感的。在这样的情况下，劳动力成本控制对于企业来说就显得非常重要。

（三）塑造企业形象

薪酬水平对企业形象本身的意义也很大。它不仅直接体现了企业在特定劳动力市场上的相应定位，同时也显示了企业的支付能力以及对于人力资源的态度。支付较高薪酬的公司往往不仅有利于树立在劳动力市场上的良好形象，而且有利于公司在产品市场上的竞争。这是因为，公司的薪酬支付能力会增强消费者对企业以及企业所提供的产品和服务的信心，从而在消费者的心中造成一种产品差异，起到鼓励消费者购买的作用。此外，在大多数市场经济国家中，政府在最低薪酬水平等方面都有明文规定。为了确保自身经营的规范性和合法性，企业在确定薪酬水平的时候对这些规定也是绝对不可以忽视的。一旦在这些方面产生对企业形象不利的问题，对企业在劳动力市场和产品市场上的影响都将是极为恶劣的。

第二节　薪酬水平及其外部竞争性决策的类型

虽然企业在确定薪酬水平的时候会受到来自外部劳动力市场、产品市场的双重压力，但是它们仍然有一定的选择余地。这个选择余地的大小取决于组织所面临的特定的竞争环境：在选择余地较大的情况下，企业需要做出一个重要战略性决策就是，到底是将薪酬水平定在高于市场平均薪酬水平之上，还是将其定在与市场平均薪酬恰好相等或稍低一些的水平上。举例来说，将企业的薪酬水平定在高于市场水平这样一种位置上，其好处在于能够吸引和留住一流的高素质人才，进而确保企业能够保有一支高效率和高生产率的劳动力队伍。当然，这种战略也有缺点，最明显的就是它带来了成本的增加。下面，我们将对几种常见的市场薪酬水平定位进行进一步的分析。

一、薪酬领袖政策

薪酬领袖政策又被称为领先型薪酬政策。采用这种政策的企业通常具有如下特征：规模较大、投资回报率较高、薪酬成本在企业经营总成本中所占的比例较低、在产品市场上的竞争者少。首先，大型企业或投资回报率高的企业之所以能够向员工提供较高薪酬，一方面在于它们往往具有更多的资金和相应的实力，因而不会因为员工薪酬水平高而造成资金周转不灵；另一方面，这种做法能够提高组织吸引和保留高质量劳动力的能力，同时还可以利用较高的薪酬水平来抵消工作本身所具有的种种不利特征，如工作压力大或者工作条件差等。其次，当薪酬成本在企业总成本中所占的比例较低时，薪酬支出实际上只是企业成本支出中一个相对不那么重要的项目。在这种情况下，企业很可能会乐意通过提供高水平的薪酬来减少各种相关劳动问题的出现，从而把更多的精力投入到那些较薪酬成本控制更为重要和更有价值的项目中去。最后，在产品市场上的竞争者少，一般意味着企业面临的产品或服务需求曲线是弹性较小的甚至是无弹性的，用非学术语言来讲，就是说企业可以提高产品价格，而不用担心消费者会减少对自己的产品或服务的消费。换言之，这种企业实际上可以通过提高产品价格的方式将较高的薪酬成本转嫁给消费者。在这种情况下，企业支付较高的薪酬水平自然就是可行的了。

在实践中，像惠普、摩托罗拉这样的大型跨国企业的薪酬领袖的做法已经人尽皆知。在我国，许多企业也开始向这方面发展，其中较早采用这种薪酬领袖战略的企业之一是位于深圳的民营企业华为公司。这家以电话程控交换机及其相关产品的研发、生产以及营销为支柱的民营企业，在发展初期以及之后的相当长一段时间内，明确地提出了让在公司工作的员工拿到与在外企甚至国外工作的同类员工等值的收入的薪酬思想。实践证明，高薪政策帮助该公司获得了大量的创造性人才，从而为公司在产品市场上与同类外资企业抗衡起到了重要的作用。

当然，充当薪酬领袖的企业并不是为了出风头，它们往往都期望从自己的高支出中获得相应的收益。较高薪酬水平的可能收益包括：

第一，较高薪酬的水平往往能够很快为企业吸引来大批可供选择的求职者。高薪一方面有利于企业在较短时间内获得大量需要的人才，解决比较紧急的需求；另一方面还使得企业可以提高其招募标准，从而提高自己所能够招募和雇用的员工质量。

第二，较高的薪酬水平还能减少企业在员工甄选方面支出的费用，这是因为求职者通常清楚，较高的薪水平往往意味着企业对员工的能力有较高要求，或者未来的工作压力比较大，因此，那些低素质的和达不到任职资格要求的求职者往往会自动回避这种支付较高薪酬的企业。这样，企业在甄选方面所需要花费的人力物力就可以相应减少。

第三，较高的薪酬水平提高了员工离职的机会成本，有助于改进员工的工作绩效（努力工作以防止被解雇），从而降低员工的离职率并减少对员工的工作过程进行监督而产生的费用。

第四，较高的薪酬水平使得企业不必跟随市场水平经常性地为员工加薪，从而节省薪酬管理的成本。

第五，较高的薪酬有利于减少薪酬问题引起的劳动纠纷，同时有利于提高公司的形象和知名度。

不过，充当薪酬领袖的企业往往有很大的管理压力。这是因为，企业支付较高的薪酬雇用了大批有能力的员工，但是，企业如果不能通过工作的组织与设计以及对员工的管理实现较高水平的利润，即将高投入转化为高回报，那么高薪给企业带来的就不是资本，而是一种负担了。事实上，在我国外企工作的白领们虽然获得令人羡慕的高工资，但是他们所付出的代价也是很大的，其原因就在于此。

薪酬的市场领先政策的实现方式之一是，在每年年底调薪时，考虑到下一年度全年当中市场薪酬水平的变动走势，然后大体根据预测到的下年年底时的市场平均薪酬状况，来确定本企业下年度全年的薪酬水平。这样，就可以确保本企业薪酬水平在全年中都高于市场平均水平。

二、市场追随政策

所谓市场追随政策，又可以被称为市场匹配政策，实际上就是根据市场平均水平来确定本企业的薪酬定位的一种常用做法。事实上，这是一种最为通用的薪酬政策，大多数企业都是这种政策的执行者。

实施这种薪酬水平政策的企业往往是既希望确保自己的薪酬成本与产品竞争对手的成本保持基本一致，从而不至于在产品市场上陷入不利地位，同时又希望自己能够保留一定的员工吸引和保留能力，不至于在劳动力市场上输给竞争对手。采取这种薪酬政策的企业的风险可能是最小的，它能够吸引到足够数量的员工为其工作，只不过在吸引那些非常优秀的求职者方面没有什么优势。

一般来说，在竞争性的劳动力市场上，实施市场追随政策的企业由于没有独特的优势，因此在招聘员工时往往会去参加大型的招聘会，通过多花时间、广泛搜寻、精挑细选的方式来招募和雇用优质的员工。此外，采用这种薪酬政策的企业还要注意随时根据外部市场的变化调整薪酬水平，使之与市场薪酬水平保持一致。然而，这种调整在很多情况下是存在时滞的，企业往往在一些优秀的员工离职后才发现自己的薪酬水平已经落后于市场。因此，这种力图使本企业薪酬水平与市场薪酬水平保持一致的企业必须坚持做好市场薪酬调查工作，以确切掌握市场薪酬水平到底是多少。

市场追随薪酬政策的实现方式之一是，在每年年底调薪时，考虑到下一年度全年当中市场薪酬水平的变动走势，然后大体根据预测到的下年年中时的市场平均薪酬状况，来确定本企业下年度全年的薪酬水平。这样，就可以确保本企业的薪酬水平在年初高于市场水平，在年底略低于市场水平，而在年中等于市场平均水平，全年的薪酬水平与市场大致持平。

三、拖后政策

采用拖后政策的企业往往规模相对较小，大多处于竞争性的产品市场上，边际利润率比较低，成本承受能力很弱，很多这类企业属于中小型企业。由于产品的利润率较低，企业没有能力为员工提供高水平的薪酬，这是企业实施拖后型薪酬政策的一个主要原因。当然，有时拖后型薪酬政策的实施者并不是真的没有支付能力，而是没有支付意愿。

显然，拖后型薪酬政策对于企业吸引高质量员工来说是非常不利的，而且在实施这种政策的企业中，员工的流失率往往也比较高。这是因为，较低的工资率水平在短期内可能会由于信息不对称或信息流动速度较慢等而不被员工知道，但是在长期中，员工早晚会掌握这种信息。此外，员工由于存在获取收入的迫切需要，可能会临时性地接受一些比市场水平要低的薪酬，但是一旦他们的这种需要变得不那么迫切，就会试图寻找更有利可图的就业场所。

虽然滞后于竞争性水平的薪酬政策会削弱企业吸引和保留潜在员工的能力，但是如果这种做法是以提高未来收益作为补偿的，则这种做法反而有助于提高员工对企业的组织承诺度，培养他们的团队意识，进而改善绩效。例如，在信息以及其他一些高科技企业中，一些企业支付给员工的基本薪酬可能会低于市场水平，但是员工可以获得企业的股票或者股票期权。这种将拖后型的基本薪酬政策和未来的较高收入结合在一起的薪酬组合不但不会影响企业的员工招募和保留能力，反而有助于增强员工的工作积极性和责任感。此外，这种薪酬水平政策还可以通过与富有挑战性的工作、理想的工作地点、良好的同事关系等其他因素相结合而得到适当的弥补。

拖后型薪酬政策的实现方式之一是，在每年年底调薪时，考虑到下一年度全年当中市场薪酬水平的变动走势，然后大体根据预测到的下年年初时的市场平均薪酬状况，来确定本企业下年度全年的薪酬水平。这样，就可以确保本企业的薪酬水平在年初等于市场水平，在年中略低于市场水平，而在年底则低于市场平均水平。

四、混合政策

所谓混合政策，是指企业在确定薪酬水平时，是根据职位或员工的类型或者是总薪酬的不同组成部分来分别制定不同的薪酬水平决策，而不是对所有的职位和员工均采用相同的薪酬水平定位。例如，有些公司针对不同的职位族使用不同的薪酬决策，对核心职位族采取市场领袖型的薪酬战略，而在其他职位族中则实行市场追随型或相对滞后型的基本薪酬政策。换言之，对企业的关键人员（如高级管理人员、技术人员），提供高于市场水平的薪酬，对普通员工实施匹配型的薪酬政策，对于那些劳动力市场上随时可以找到替代者的员工提供低于市场价格的薪酬。此外，有些公司还在不同的薪酬构成部分之间实行不同的薪酬政策。例如，在总薪酬的市场价值方面处于高于市场的竞争性地位，在基本薪酬方面处于稍微低一点的拖后地位，同时，在激励性薪酬方面则处于比平均水平高很多的领先地位。举例来说，某公司可能会制订这样一项新的薪酬方案，员工的基本薪酬水平较市场上的平均薪酬水平降低 3%，但是如果员工所在部门的经营利润超过了某一目标，那么他们就有机会得到最高相当于一个月工资的奖金。这样，虽然这家公司的基本薪酬水平比市场水平偏低，但是在经营绩效较好的情况下，考虑到奖金的增加，该公司的薪酬水平实际上还是小幅领先于市场的。这种安排的目的在于鼓励员工注意企业的经营绩效，并激励他们提高生产率。同时，它还向本公司潜在的求职者发出一个信号，即公司希望员工能够将工作完成得更好，并且能够承担一定风险。

混合政策最大的优点就是其灵活性和针对性。对于劳动力市场上的稀缺人才以及企业希望长期保留的关键职位上的人采取薪酬领袖政策，对于劳动力市场上有富余劳动力以及鼓励流动的低级职位上的员工采取市场追随政策甚至拖后政策，既有利于公司保持自己在劳动力市场上的竞争力，又有利于合理控制公司的薪酬成本开支。此外，通过对企业薪酬构成中的不同组成部分采取不同的市场定位战略，还有利于公司传递自己的价值观以及达到自己的经营目标。

第三节　薪酬水平决策的主要影响因素

我们在上一节中讨论了薪酬水平及其竞争性决策对于企业的重要性，同时也阐明了几种可供选择的外部竞争性薪酬政策。在这一节中，我们将对企业薪酬水平决策产生影响的几个因素进行较为深入的分析。

一、劳动力市场对薪酬水平决策的影响

（一）劳动力市场运行的基本原理

劳动力市场是企业为了生存而必须参与的三大市场之一（另外两个市场是资本市场和产品市场）。企业在劳动力市场上对既定的具备技术和能力的劳动者所展开的竞争，是对企业的薪酬水平进而对薪酬的外部竞争性产生影响的一个非常重要的因素。因此，在这里我们首先介绍劳动力市场对企业薪酬水平决策的影响，其次讨论产品市场对企业薪酬水平决策的影响。

所谓劳动力市场，实际上是指配置劳动力并且协调就业以及雇佣决策的市场。劳动力市场运行的结果主要表现为雇佣条件（薪酬水平、工作条件等）和雇佣水平（雇佣人数）。正如任何市场都要有买方和卖方一样，劳动力市场也不例外。在劳动力市场上，买方即需求方，是企业或雇主，卖方即供给方，是员工或劳动者。劳动力市场的作用在于将稀缺的人力资源配置到各种不同的生产用途上去。

企业的目标是在预算一定的情况下获得数量和质量一定的最优劳动力组合；而劳动者的目标则是获得最高的劳动力价格，即获得最大的收入。由于在正常的情况下，劳动力市场上总是有众多的供给者和需求者，所以在特定的情况下，劳动力市场上任何一方所作的决策都会受到他人决策和行为的影响。举例来说，如果某个企业想保持其在特定劳动力市场上的竞争地位以吸引和保留人才，那么在劳动力市场上的供给水平没有变化而其他同类企业提高员工总体薪酬水平的情况下，它也一定得这么做。

不过，与产品市场相比，劳动力市场由于以下几个方面的原因而具有一定的特殊性：其一，劳动力无法储存。如果今天不被购买，其价值是不会自动累积到明天的。因为从理论上来说，在劳动力的质量一定的情况下，劳动者的唯一资源是他的时间，这种时间如果不被利用，是无法储存下来的。其二，劳动力每时每刻都在变化，它是随着劳动者的工作能力而变化的。其三，劳动力供给者与劳动力是无法分离的，劳动力供给者能够在工作的过程中控制自己实际提供的劳动力服务的数量和质量。在这种情况下，劳动力市场上的供求双方就劳动力的买卖所达成的契约（即劳动合同）实际上是一种不完善的供求契约，而劳动力价格也是一种不完善的价格。劳动力的购买者所遇到的困境是：劳动力服务的实际成本是通过单位产出成本决定的，因而无法事先定价；然而对于劳动力的出售者而言，又要求必须事先定价。因此，购买者必须在实际的讨价还价过程中确定一个价格。这种价格取决于购买者对劳动力服务的数量和质量价值所进行的一种估算，这种估算的准确性可以从今后单位产品的成本中推导出来。劳动力的出售者在决定接受何种价格的时候也同样面临困难，因为他们最多只能知道某种特定职位的现行工资率是多少，对于企业所能够提供的其他方面，如工作的设计、工作条件、上下级关系、工作联系、人力资源政策与实践等往往都不是很清楚。

当然，尽管如此，从总体上来说，在劳动力市场上供给方和需求方之间的相互作用仍然是薪酬水平以及雇佣数量的最重要决定因素。因此，有关劳动力市场的研究大多从劳动力的供给和需求分析开始，也以对劳动力的供给和需求的分析结束。所以我们接下来要对劳动力供给和劳动力需求的基本原理进行一个简短的讨论。

（二）劳动力需求

众所周知，企业的功能或者其存在的意义就在于将各种生产要素（其中主要量劳动力和资本）结合起来，生产消费者所需要的产品或者提供消费者所需要的服务。企业的总产出以及所使用的资本和劳动力组合方式，取决于产品需求数量、一定价格水平下可以利用的资本和劳动力数量、可以获得的技术选择等多种因素。研究劳动力需求的目的就在于解释企业的劳动力需求是如何受上述一个或多个因素的影响而变化的。

有关劳动力需求的理论一般都着重于解释企业在不同价位上对劳动力的需求程度，而其中最为广泛接受的一个理论是边际生产率理论。根据这个理论，由于企业对劳动力的需求是从消费者对产品或服务的需求中派生出来的，因而劳动力需求是关于劳动力价格和质量的函数。在短期劳动力需求决定中，最重要的两个概念是边际成本和边际收益（或边际收益产品）。所谓劳动力的边际收益，是指在其他情况保持不变的情况下，增加一个单位的人力资源投入所产生的收益增量。在产品市场和劳动力市场完全竞争的情况下，劳动力的边际收益等于边际劳动力所带来的产出增量乘以产品的价格，而劳动力的边际成本则等于劳动力的市场工资率。于是，利润最大化的劳动力需求水平就存在于企业所雇用的最后一个劳动力的边际收益等于为雇用这名劳动力所支付的薪酬水平这一点上。当雇用一位员工的边际收益大于边际成本时，企业就应该继续增加员工的雇用；而当雇用一位员工的边际成本高于雇用这位员工所能够产生的边际收益时，企业就不应该再继续增加雇用了。换言之，企业劳动力需求的原则是雇用的边际成本等于边际收益。

具体到薪酬管理的实际工作中，企业在利用该模型确定应雇用的员工数量时，需要做到以下两点：首先是确定市场力量作用下的薪酬水平；其次是确定每一潜在新员工所可能产生的边际收益。换言之，企业只有明确了员工的边际成本和边际收益，才可以确定出自己究竟需要雇用多少员工。然而现实世界远非理论中所假设的那样简单。一方面是市场薪酬水平的确定问题，由于劳动力市场上的供给方与需求方之间的竞争程度很不确定，劳动力也不可能是完全同质的（即质量不完全相同），同时也并非所有的企业都是利润最大化的追求者，因此，对市场薪酬水平的把握很难做到非常精确。可是也许更为困难的是另一个方面的问题，即对员工的边际收益的预测。管理者不可能明确地知道一位尚未进入企业的员工的边际收益到底是多少。这种困难主要表现在以下几个方面：其一，为每一位员工所生产的产品或服务定价是很困难的，因为许多产品或服务是经过具有各种不同能力的劳动者的共同努力才生产出来的。在劳动力不同质的情况下，要想确定单个员工在其中所创造的价值是很困难的。其二，创造价值的除了劳动力之外，还有资本和其他生产要素，要想分离出在生产过程中共同创造了价值的其他生产要素（如资本和原材料）所产生的价值是非常困难的。

正是因为存在着对边际产品和边际收益进行直接衡量的困难，因而企业常常使用其他一些要素来反映员工给企业带来的边际收益。我们在前面章节中讨论的报酬要素、职位评价、技能以及能力评价等内容，反映了企业为评价某种工作或技能、能力能够给企业带来的价值所做出的努力，这种评价实际上是对员工的边际收益进行评价的一种近似替代。只不过利用报酬要素或者技能、能力水平来进行评价，实际上是从投入的角度来确定边际价值，而不是从产出的角度来确定边际价值。此外，限定某等级职位的最高薪酬水平以及采取绩效加薪等做法，实际上也是企业力图对员工给企业带来的边际收益进行评价的又一种尝试。企业可能并未从理论的高度去把握自己的薪酬决策，但是它们实际上很清楚，某一等级的员工所能够获得的最高薪酬水平不能高于他的边际收益，员工薪酬水平的增长也不能超过其生产率的增长。

最后，劳动力需求有长期劳动力需求和短期劳动力需求。通常情况下，市场工资率变化对长期劳动力需求的变化所产生的影响往往比对短期劳动力需求的变化更大。因为在短期，企业只能通过调整劳动力这一种生产要素的使用数量来实现利润最大化；而在长期，企业可以通过同时调整劳动力和资本的使用量来达到自己追求利润的目的。

（三）劳动力供给

劳动力市场上的劳动力供给，是指特定的人口群体所能够承担的工作总量。一般来说，整个经济或社会中的劳动力供给受四个方面因素的影响。

1. 劳动力参与率

劳动力参与率是衡量那些愿意在家庭之外工作的人口规模的一个重要且明确的统计指标。它可以用下面的等式来表示：

$$\text{劳动力参与率}=\frac{\text{有工作的人数}+\text{目前正在找工作的人数}}{16\text{岁以上的总人口}}\times 100\%$$

微观层面，劳动力参与率的大小则主要取决于单个家庭做出的劳动供给决策，其影响因素主要包括家庭经济状况、年龄、性别、受教育程度等。以受教育程度为例，研究表明，在其他条件相同的情况下，特定劳动力群体的受教育程度越高，则他们的劳动力市场参与率一般也会相应提高。

2. 人们愿意提供的工作时数

在实践中，虽然工作时间的安排通常都是由企业来制定的，但是由于市场上的工时制度安排，许多企业还实行了弹性工作制，因此，劳动者是以通过选择企业或职业来表达自己对于工作时间的偏好。劳动经济学理论认为，工作决策实际上是一种时间利用方式的选择。简单地说，劳动者就工作时间做出的决策可以看成其在工作和闲暇之间进行选择的结果。显然，闲暇所产生的效用和有酬工作所带来的薪酬对于劳动者都是有价值的，而市场工资率的变化同时会对劳动者的闲暇成本和工作报酬产生影响。在这种情况下，工资率的变化会对劳动者带来两种效应，即替代效应（如果收入不变，工资率增加，闲暇的价格提高，劳动者的闲暇需求减少，从而提高工作动机）和收入效应（如果收入增加，工资不变，劳动者愿意工作的时间将减少）。工资率上升或下降对劳动者的劳动力供给小时数所产生的最终影响，取决于到底哪一种效应更大。通常情况下，当工资率的绝对水平比较低时，工资率上升的替代效应大于收入效应，但是当工资率水平已经达到比较高的程度时，收入效应大于替代效应的可能性就会增加。

3. 员工受过的教育训练及其技能水平

上面两个因素决定了一国经济中的劳动力供给数量，但是劳动力供给不仅有数量的问题，还有质量的问题，而且质量要求比数量要求更重要。决定一国劳动力质量的最重要因素是劳动力队伍所受过的教育以及接受过的训练，即劳动力队伍的人力资本投资状况。劳动经济学中的人力资本投资理论分析了人力资本投资的种种形式（包括积累经验、接受正规教育、在职培训、健康投资、居住地迁移等）对劳动力队伍的质量产生的影响，同时也比较深入细致地分析了劳动者及其家庭的教育投资决策以及企业的培训投资决策。例如，研究结果表明，希望毕生都待在劳动力队伍里的劳动者在进行教育投资时会有相对较强的动机；接受过在职培训的员工通常能工作更长的时间；在人力资本方面进行过大额投资之后，员工的退休时间一般也会相应推后；等等。

显然，在其他条件类似的情况下，员工的受教育程度越高、所接受的训练越多、积累的经验越多，他的收益能力就会越强，所得到的报酬水平就会越高。而对于一个国家或一家企业而言，劳动力队伍的素质越高，则劳动者所能够产生的生产率就会越高，国家或者企业的竞争力就越强。但是，任何投资都是风险与收益并存的。不过，在劳动力市场和产品市场运行正常的情况下，人力资本投资的风险相对于其他许多投资来说还是要低很多。只不过，企业在对员工进行人力资本投资时，需要有良好的制度设计。不然，其他一方有可能会承担较大的投资风险，如接受企业培训的员工离职等。

4. 员工在工作过程中付出的努力水平

劳动力的数量和质量都是一种静态的存量，这种存量如何转化为流量，即劳动者在实际工作过程中能否将其具备的知识和技能充分发挥出来，转化为生产率，还要取决于企业的总体制度安排。其中包括员工与工作之间的匹配性，绩效管理制度是否完善，薪酬水平与薪酬制度是否合理等。这实际上正是企业人力资源管理工作的核心问题。

（四）劳动力市场理论的补充与修正

由于劳动力市场的作用最终并不能保证同种劳动力只有一个市场价格，也不能保证所有的劳动力供给或需求都能获得满足，因此，简单的劳动力市场模型无法解释许多现实中的具体问题。这样，就有必要在基本的劳动力市场模型基础上再作进一步的深入探讨。这里，我们简要介绍几种对劳动力市场理论具有修正和补充意义的理论。

1. 补偿性工资差别理论

所谓补偿性工资差别，是指在知识技能水平方面没有本质差异的劳动者因所从事工作的工作条件和社会环境优劣不同而产生的薪酬水平差异。换言之，如果两种不同的工作要求从业者具备的技能水平没有太大差异，其他方面的差异也不大，只是其中一种工作本身的工作条件和社会环境对从业者不利，那么具有不利工作特征的企业必须支付较高的薪酬水平才能够吸引到愿意为本企业工作的劳动者。反过来说，这种较高水平的薪酬实际上也是对员工接受工作环境和条件较差工作所给予的一种补偿。

补偿性工资差别理论实际上否认了在劳动力市场上寻找劳动者的企业是同质的这一假设，承认不同的企业所提供的就业条件和就业环境是有差异的，而这种工作条件方面的差异又会对企业愿意支付或不得不支付的薪酬水平产生影响。那些所提供的工作会导致劳动者在心理以及生理方面产生较高的“负效用”的企业在同等条件下必须向员工支付比其他企业稍高的薪酬待遇，否则，这些企业就无法吸引到足够多的可以胜任工作的员工。

当然，补偿性工资差别并不能解释所有的问题，因为它只是从劳动力需求的角度说明了其合理性，而没有考虑到劳动力供给方，即劳动者的情况。举例来说，在劳动力队伍中的有些人对肮脏、噪声等不利工作条件的厌恶程度可能不像其他人那样强烈，因此他们可能决定忍受较差的工作条件而获得较高的薪酬；但另外一些人则可能对噪声等恶劣的工作条件非常敏感，或者对粉尘过敏，在这种情况下，他们为了能够在一个令人愉快的环境中工作，宁愿接受低一点的薪酬水平。也就是说，如果考虑到劳动力需求和劳动力供给两个方面的因素，我们就可能发现，虽然补偿性工资差别作为一种规律是存在的，但是具体到不同的企业和不同的劳动者，在面对相同的不利工作条件时，企业所要支付的补偿性工资差别的水平也可以是不同的。这正是理论与现实之间的差别。

2. 效率工资理论

所谓效率工资，是指一家企业所支付的薪酬高于市场通行工资率时的薪酬水平。效率工资战略也可以被称为高工资战略，薪酬领袖战略显然是效率工资理论的最忠实执行者。效率工资适用于很多情况。例如，当企业难以观察和监督员工的工作绩效时，企业可以通过提供高于市场平均水平的薪酬来激励员工尽最大努力工作，因为当员工在当前企业中获得的薪酬高于他们在其他任何企业中可能获得的薪酬时，为了保住目前的工作，他们将不愿意消极怠工。事实上，当企业的技术或结构高度依赖高技术员工时，它很可能会对后者支付水平较高的薪酬。总之，高于市场水平的薪酬会通过吸引绩效高且不愿意离开的员工而改善绩效。

但是，从另一个方面来说，高于市场水平的薪酬必定会给企业带来成本的压力，所以，只有当企业所支付的高于市场水平的薪酬可以换取同样高于市场水平的收益时，效率工资才能够持续地执行下去。这就要求企业的员工甄选和配置系统必须有助于挑选出最好的员工；企业的工作结构安排和绩效管理系统也必须能够充分发挥高素质员工的潜在生产率优势。

效率工资理论实际上否认了在市场经济条件下，作为劳动力需求方的企业一定是根据市场通行工资率水平来确定本企业薪酬水平的这一假设，指出了企业支付较高的工资率可能会产生的一些管理方面的优势。

3. 保留工资理论

所谓保留工资，是从劳动力供给方的决策中延伸出来的一个概念。其含义是：如果市场工资率尚未达到处于劳动力队伍之外的人对其边际闲暇小时价值的判断，那么这些人宁愿不工作，也不愿意接受水平达不到自己认为的最低要求的薪酬而去工作，即“保留”自己的劳动力。保留工资实际上也是一种边际概念。一旦市场所能够提供的工资率超过了劳动者的保留工资，劳动者就会考虑从事工作而不是享受闲暇。

从另一个角度来看，保留工资又是一种心理的概念。即使是两位客观条件几乎完全相同的劳动者，他们的保留工资水平也有可能不同。这是因为，不同的人对于自己失去一小时闲暇时间的价值判断是不一样的。或者说，不同的人对闲暇和收入的偏好是不同的。当然，一个人过去的收入水平、受教育程度、技能水平高低、家庭生活状况以及社会经济形势等诸多因素都会影响员工的保留工资水平。例如，丈夫收入比较高的妇女可能会比丈夫收入比较低的同等条件的妇女有着更高的保留工资水平。又如，在经济不景气的时候，许多人的保留工资会下降；反之，在经济增长速度比较快的时候，大家的保留工资又很可能会上升。

可以说，对于理性的劳动者而言，他们在接受工作之前心中实际上都会有一个保留工资水平，只不过有时他们能够清醒地意识到自己可以接受的这种薪酬底线，而有时则处于无意识状态。不过，劳动者心目中的这种保留工资的水平既有可能高于市场水平，也有可能低于市场水平。在个人的保留工资率高于市场通行工资率水平的情况下，劳动者找到工作的可能性会比较小；反之，则会比较大。

保留工资理论实际上是对劳动力市场上存在唯一通行的工资率这种结论所作的一种修正，劳动者未必能够准确地了解在自己所处的劳动力市场上，通行的市场工资率水平到底是怎样的，因而，他们的保留工资率会与标准的市场工资率有差异。在现实中，市场工资水平的数据越准确、越容易获得，劳动者的保留工资率之间的差异就会越小。从薪酬管理的角度来说，劳动力市场上，流动越迅速，则劳动者和雇主越能够及时准确地获得市场工资率水平的信息。这样，企业就可以根据通行的市场工资率来确定自己的薪酬水平，而劳动者也可以根据市场工资率来调整自己的保留工资率，于是劳动力市场上的交易就能够顺利地完成；反之，劳动力供求双方之间的交易成本就会很高。正是出于这种原因，在发达国家中，政府、行业组织或者一些咨询公司、大学，都在努力地做各种收费和不收费的市场薪酬调查，来为劳动者和企业提供及时、有效的市场薪酬信息。

4. 工作搜寻理论

简单的劳动力市场模型假定，劳动力供给者和劳动力需求者之间的相互搜寻以及交易达成活动是一蹴而就的，既不需要太多的时间，也不需要花费太大，只要双方在工作条件和薪酬待遇等方面具有匹配性，交易就会在瞬间完成。然而在现实中，即使劳动力供给方所要求的条件和劳动力需求方所提供的条件非常接近，两者也有可能由于信息的不对称而导致理想的劳动力交易无法完成。也正是出于这个原因，劳动力市场上才会存在所谓的摩擦性失业，即在劳动力市场均衡状态下也仍然会存在失业。所以，工作搜寻理论所要关注的正是劳动力市场上雇佣双方之间的相互寻觅和相互匹配过程。

从企业方面来看，有职位空缺的企业一般都需要在劳动力市场上进行搜寻。当它们发现找到能够填补某一空缺职位的人的难度较大时，为了节省雇用新员工可能花费的搜寻成本，一般会在以下两种举措间进行选择：要么提高其愿意支付的薪酬水平，要么降低预先制定的雇佣标准。一般情况下，企业的人员雇佣规模越大，它在搜寻员工时支付较高水平薪酬的可能性就越小。它们往往更倾向于扩大搜寻领域，采取多种雇佣方式，或者降低其雇佣标准。而当雇主支付的薪酬水平较低时，它们通常需要花费更长的搜寻时间，消耗更多的搜寻成本，以及更频繁地降低雇佣标准。企业还可以采取另外一些做法来降低搜寻的成本，如尽力保留现有员工并进一步雇用他们的朋友或亲属，或者主要从外部劳动力市场上招募和雇佣经验不多和能力不强的人来从事一些比较低级的工作。企业中的高级职位出现空缺时，主要通过内部晋升来填补。后面的这种做法被称为构建内部劳动力市场，其主要意图是吸引员工长期在企业中工作，对外部劳动力市场的依赖仅仅限于招募低级劳动力，从而降低雇佣的风险和对外部劳动力市场的依赖，同时减少人员招募和筛选的成本。

从劳动者方面来看，在任何时候，劳动力市场上都会有一批劳动者在寻找适合他们的工作岗位。一般来说，这样的员工主要可以分为两大类——失业人员和对现有工作不满意的在职人员。对于失业者来说，搜寻的主要成本是因为不能工作而失去的潜在劳动收入（即搜寻的机会成本）。当然，搜寻还会产生一些直接成本，如交通费、私营职业介绍机构的中介费、印制简历的费用等。对于后一类人员而言，在他们找到合适的新工作以前，往往不会离开现有的工作岗位，因此，他们的搜寻成本在大多数情况下表现为他们为寻找新的工作而耗费掉的一部分闲暇时间。特定的员工是接受还是拒绝某一职位，并不单单取决于该职位可以支付的薪酬水平高低，工作安全、交通费用、发展机会、福利待遇、员工个人的保留工资水平以及其他一些不太直观的因素都有可能对员工的决策产生影响作用。此外，在失业率比较高的年份，由于搜寻的难度增大同时成本上升，无论是失业人员还是在职人员都会尽量缩短他们的搜寻时间。最后，任何搜寻都是存在一定难度的，即使是经验丰富的求职者也可能无法确切地知道哪些雇主能够提供职位空缺，而不同的雇主所愿意提供的薪酬水平也存在相当大的差距。因此，随着员工接洽过的职位数目逐步增多，他能够搜寻到更好职位的可能性也在逐步下降。当该员工发觉进一步搜寻带来的收益将会小于成本时，他就会接受目前可得到的薪酬水平比较令人满意的工作。也正因为如此，通常情况下，员工的年龄越大，流动的频率越低，劳动者与企业之间的匹配性越好。

总之，虽然从理论上说，劳动者和企业之间持续不断的相互搜寻活动有利于实现人力资源的最佳配置，但双方的搜寻活动都是有代价的，因此，过度的搜寻对于双方来说都没有太大的益处。所以在现实中，比较稳定的雇佣关系大多数可能是令人满意的一种匹配关系，而不是理论上的所谓最佳配置关系。双方共同接受的薪酬水平也只能是一种令人满意的水平，而不是所谓的最佳水平。工作搜寻理论对于薪酬管理的启示是，虽然存在信息流动障碍，劳动者在短期内可能无法了解企业所支付的薪酬水平是否属于市场平均水平，但是，劳动者的搜寻活动必然会导致这种信息越来越清晰。因此，薪酬的市场化是一种不可避免的趋势，企业长期支付低于市场水平的工资率的愿望是不切实际的。同时，这也要求了解外部市场上的薪酬水平变化情况，并相应调整本企业的薪酬水以保证其外部竞争性。

5. 信号模型理论

我们在前面提到过，劳动力供给和需求的双方在劳动力市场上相遇并达成交易，实际上都存在着信息不对称所产生的困境。而信号模型实际上是对劳动力市场上的信息不对称问题所作的一种补充解释。在信息不对称的情况下，劳动力供求双方都会力图向对方发送一些信号，以使得对方能够从自己所发出的信号中得到更多信息，从而强化对方对自己的认识和把握度。当然，这种信号不可以是带有蒙蔽性质的烟幕弹，它是一些比较客观的证书、制度等，这些证书和制度本身能够反映出一些相关的信息。能够帮助企业及员工实现信息交换的信号系统则包括员工的人力资本投资（培训、学历、经验）；企业的薪酬水平（薪酬领袖、市场追随、略微拖后）以及薪酬组合（基本薪酬、浮动薪酬以及福利之间的选择）等。

从劳动者的角度来说，受过较多培训、取得较高的学历、具备较多相关工作经验的求职者本身的条件实际上就是向潜在的雇主发送的一种信号，这种信号告诉企业，自己在未来的工作中是很有可能实现较高绩效的，因而值得企业为自己提供较高的职位或者较高水平的薪酬。此外，一个可能会被其他企业挖墙脚的高级员工在原有企业中的薪酬水平和职位高低实际上也向潜在的挖墙脚者发送了一种信号，即本人的能力很强，对目标企业的贡献很可能是比较大的。

从企业的角度来说，企业也同样在利用各种途径向潜在的员工发送信号。例如，企业可能会刻意把薪酬政策作为企业战略的一个组成部分来进行设计。这种设计的意图是向当前的以及潜在的员工发出信号，告诉他们企业所期望的行为和价值观是什么。如果一家企业提供的基本薪酬低于市场水平，但是所提供的奖金和培训机会比较多，而另一家企业乐于支付市场薪酬水平，但不提供与绩效挂钩的薪酬，那么这两种薪酬政策所发出的信号就是不同的，能够吸引来的员工类型也会有很大的差异。又如，提供较大员工持股份额的企业所吸引的求职者多数是看重长期利益、愿意以合作者的身份加入企业当中的人；而那些提供高额的绩效薪酬、对福利和长期所得都不关心的企业所吸引到的员工自然也是关注现期收益从而愿意凭能力获得较高短期收入的人。

二、产品市场及企业特征对薪酬水平决策的影响

（一）产品市场对企业薪酬水平决策的影响

大多数企业都同时存在于三个市场当中，即劳动力市场、资本市场和产品市场。产品市场上的变化自然会通过市场传导机制影响到劳动力市场，从而对企业薪酬的外部竞争性产生影响。一般来说，劳动力市场因素确定了企业所支付的薪酬水平的低限，而产品市场则确定了企业可能支付的薪酬水平的高限。通常情况下，产品市场上的以下两方面情况会影响企业的实际支付能力。

1. 产品市场上的竞争程度

企业所在的产品市场的结构通常被划分为完全竞争、垄断竞争、寡头及垄断四种不同类型。完全竞争的市场和垄断的市场是两种极端的市场结构，通常在现实中比较少见。最常见的是垄断竞争性的市场结构，即企业的产品既与其他企业的产品有一定差异，因而具有一定的垄断性，又与其他企业的产品存在一定的可替代性，因而具有一定的竞争性。处于完全竞争或接近完全竞争市场上的企业如果没有能力提高自己产品的价格，就会面临销售量迅速下降的命运；在产品市场上处于垄断地位或接近垄断的企业在一定范围内是可以随心所欲地确定产品价格的，然而，如果产品定价过高，远远超出其成本，其他企业就会在利益的驱使下想方设法进入这一市场，促使这一产品市场向自由竞争演变，那么原有企业的垄断优势也就不复存在了。

毋庸置疑，产品市场的竞争程度对薪酬水平决策的影响是相当重要的。如果企业在产品市场上处于垄断地位，就能够获得超出市场平均利润水平的垄断利润，利润的增加为企业在劳动力市场上的薪酬决策提供了强有力的保障，足以保证企业向员工提供高出市场水平的薪酬。然而一旦垄断地位丧失，企业无法将因高水平薪酬所产生的成本负担通过较高的价格转嫁给消费者，企业支付高薪的基础也就不复存在了。而当企业处在完全竞争或类似完全竞争的环境中时，所支付的薪酬水平往往与市场平均水平甚为接近。

2. 企业产品的市场需求水平

假定企业可以利用的技术、资本和劳动力供给保持不变，如果产品市场对某种产品或服务的需求增加，那么在产品价格不变的情况下，企业能够出售更多的产品或服务。为了实现自身对利润最大化的追求，企业自然会相应提高自己的产量水平，在给定的薪酬水平下将增加对劳动力（只要资本和劳动力的相对价格不变，就不存在替代效应）的需求，而这种影响进一步带来企业支付实力的增强和员工薪酬水平的提高。

在竞争性的市场上，产品市场对某企业产品的需求增加可能出于多种原因，一种情况是，企业通过广告或者其他手段来宣传本企业产品或服务与竞争对手所提供的同类产品或服务的差异性，从而塑造消费者对本企业产品或服务的偏好。另一种可能的情况是，虽然市场上存在多个同类产品竞争者，但是这种产品本身属于畅销产品或者新型产品，其市场容量足够大。在这种情况下，一方面，产品生产者之间存在竞争；另一方面，大家又共同做大了市场，共同从市场的培育中获利。

（二）企业特征要素对企业薪酬水平决策的影响

产品市场和劳动力市场的状况为企业薪酬水平决策提供了一个基本的可行空间，但是具体的组织要素，如企业的规模、所处行业、经营战略以及所在的地理区域等，则会直接影响到企业的支付能力，进而决定其实际薪酬水平的高低。

1. 行业因素

行业所能够支付的薪酬水平显然会受到企业所在的行业的影响，而行业特征对薪酬水平的最主要影响因素可能是不同的行业所具有的不同的技术经济特点。一般情况下，在规模大、人均占有资本投资比例高的行业中，如软件开发、生物医药、遗传工程、电信技术等，人均薪酬水平会比较高。这是以下三个方面原因造成的：其一，越是资本密集的产业，对资本投资的要求就越高，而这会对新企业的进入造成一种限制，从而易于形成卖方垄断的结构。其二，高资本投入的行业往往要求从业者本人具有较高水平的人力资本投资，这是因为存在一种所谓的资本——技能互补假设，即资本越昂贵，企业越需要雇用具有高人力资本投入从而具有较高知识技能的人来运用这些资本，唯有如此，才能保证这些资本能产生最大的效益。其三，资本对劳动力的比例较高意味着，劳动报酬在企业总成本支出中所占的比例相对较小，资本的利润较高，从而有能力支付较高的薪酬。相反，那些对资本投资的要求低、新企业容易进入和以竞争性市场结构为特征的行业，其人工成本占总成本的比例也较高，所以一般属于低工资产业部门。这类行业有服装加工业，纺织品、皮革制品生产行业等。

此外，在工会化国家，不同行业中的工会化程度的高低也会影响企业的薪酬水平决策。在工会势力比较强大的行业中，企业往往会被迫维持一定的薪酬水平；而在工会势力比较弱小的行业中，企业所面临的这种压力会比较小一些。但是为了防止本企业的员工加入工会或者为了保持自己在外部劳动力市场上的竞争性，非工会化的企业往往也会追随工会化企业的薪酬动向来调整自己的薪酬水平。尽管如此，这些非工会企业仍然可以因不必与工会纠缠而节约大量的时间与费用。

2. 企业规模因素

很多研究表明，在其他因素类似的情况下，大企业所支付的薪酬水平往往要比中小企业支付的薪酬水平高。在大企业中工作的员工不仅所获得的薪酬较高，而且，他们的薪酬随工作经验上升的速度也更快。大企业所支付的薪酬水平较高的原因主要有以下几个方面。

其一，在大企业中采用长期雇佣的做法往往比在中小企业中更有优势，也更有必要。这是因为，大企业通常更多地采用具有较高程度的相互依赖性的生产技术，因此，如果在大企业中出现了一项没有人做的工作或者预料之外的辞职现象，那么必然会影响到整个企业的生产过程，甚至造成大量资本的闲置或浪费。此外，员工流动率过高，尤其是熟练程度较高，以及熟悉公司运行规则的员工的流失，必然会给企业带来双重的生产率损失（资深员工流失造成的当前生产率降低加上雇用新员工的成本以及新员工的适应成本）。因此，降低员工的辞职率以及确保空缺职位能够得到迅速填补是大企业非常关心的问题。由于提供高水平的薪酬对于上述目标的实现无疑是很有帮助的，因此企业决定向员工支付较高水平的薪酬便是一件很自然的事情了。

其二，由于大企业有更大的动力来维持与员工之间的长期雇佣关系，因而大企业员工的稳定性也更强。因此，大企业会有更大的动力去培训自己的员工，而员工的人力资本投资增加必然会强化他们的收入能力。

其三，企业规模越大，对员工的工作进行监督就越困难，因而企业就越希望能够找到其他的方式来激励员工。在这种情况下，效率工资理论所揭示的原理很容易导致大企业采用高于市场水平的薪酬，以激励员工在没有严密的直接监督的情况下也能努力工作。总之，大企业为员工提供职业保障的能力加上这种效率工资的制度安排，无论是对于员工的保留还是对于员工的工作激励来说，都是非常有效的。

其四，大企业更偏重于资本密集型生产，也具有较高的薪酬支付能力，再加上公司形象方面的考虑有更高的薪酬支付意愿，也是导致大企业支付较高水平薪酬的重要因素。

3. 企业经营战略与价值观因素

企业经营战略对薪酬水平决策的影响无疑是非常直接的。如果选择实施低成本战略，企业必然会尽一切可能去降低成本，其中也包括薪酬成本。这样的企业大多处于劳动力密集型行业，边际利润偏低，盈利能力和支付能力都比较弱，因而它们的总体薪酬水平不会太高；相反，实施创新战略的企业为了吸引有创造力、冒风险的员工，必然不会太在意薪酬水平的高低，它们更关注薪酬成本可能自己带来的收益，只要较高的薪酬能够吸引来优秀的员工，从而创造出高水平收益即可。从企业的薪酬战略来看，采用高工资战略的企业无疑会比采用广泛搜寻战略和培训战略的企业有支付更高工资的倾向。

此外，企业的薪酬支付意愿对企业的薪酬水平决策也有很大的影响。如果企业仅仅将员工看成是为自己创造价值的不可或缺的一种生产要素，则通常不会主动提高员工的薪酬待遇。但是，如果企业将员工看成是自己的真正的合作伙伴，那么，在企业的经营比较好的时候，往往会在承受能力的范围内，主动适当提高员工待遇，以体现共享企业经营成功的思想。

第四节　市场薪酬调查

一、薪酬调查概述

（一）薪酬调查的概念和种类

1. 薪酬调查的概念

大多数企业在制定自己的薪酬水平决策、确保薪酬的外部竞争性时，都是以市场薪酬调查数据为依据的。所谓薪酬调查，是指企业通过收集信息来判断其他企业所支付的总薪酬状况的一个系统过程。这种调查能够向实施调查的企业提供市场上的各种相关企业（包括自己的竞争对手）向员工支付的薪酬水平和薪酬结构等方面的信息。这样，实施调查的企业就可以根据调查结果来确定自己当前的薪酬水平相对于竞争对手在既定劳动力市场上的位置，从而根据自己的战略在未来调整自己的薪酬水平甚至薪酬结构。

劳动力市场上的信息不完善导致企业不可能在不承担成本和不花费时间的情况下掌握劳动力市场上的通行工资率水平。但是又因为无论是企业、员工还是潜在的员工，大家都倾向于认为根据市场水平来支付薪酬的做法是比较公平的，所以，即使承担一部分费用，企业往往也愿意自己进行或者参与一些付费的薪酬调查。

2. 薪酬调查的种类

在发达国家，每年举办的各种薪酬调查多得不计其数。一般来说，主持进行薪酬调查的主体有很多，如政府、行业和专业协会、咨询公司、企业家联合会以及企业自己等。从调查方式来看，薪酬调查又可以被分为正式薪酬调查和非正式薪酬调查两种类型。

从调查的组织者来看，正式薪酬调查又可分为商业性薪酬调查、专业性薪酬调查和政府薪酬调查。商业性薪酬调查一般是由咨询公司完成的，其中有的是应客户需要对某一行业进行调查，有的是咨询公司为获利而主动进行的调查，如合益、翰威特、华信惠悦、美世等一些著名的人力资源顾问公司，以及海德思哲等猎头公司都发布一些薪酬数据。专业性薪酬调查是由专业协会针对薪酬状况所进行的调查。例如，美国管理学会（American Management Association，AMA）的一项业务就是调查并提供各行业高级管理人员、管理人员以及专业人员的薪酬状况，美国行政管理协会（The Administrative Management Society，AMS）每年都要对美国、加拿大和西印度群岛（许多地区不在薪酬调查范围之内）的约 130 个城市中的 13 种事务性职位、7 种信息处理类职位以及各种中层管理职位的薪酬状况进行调查。而政府薪酬调查则是指由国家劳工、统计等部门进行的薪酬调查。例如，美国劳工统计局（Bureau of Labor Statistics，BLS）每年都要举行三类调查研究：①地区性的薪酬调查；②行业性的薪酬调查；③针对专业人员、管理人员、技术人员和办事员的薪酬状况所做的调查。

英国的一项研究表明，为了解其他企业类似职位的薪酬水平，在被调查的雇主中，约有 71%的雇主会不同程度地依赖于与其他雇主进行的非正式交流来获取信息；有 55%的雇主会通过就业机构来决定自己企业中部分职位的薪酬水平；约 23%的雇主采用商业性或专业调查方式，即委托美国管理学会（或英国调查机构）之类的机构来组织调查；只有22%的雇主会采用向其他雇主提交正式问卷的方式来进行调查。

我国的薪酬调查起步比较晚，一些在华外资企业从20世纪80年代起就开始外资企业的各种薪酬调查活动，但是调查的组织者主要是一些外资咨询。我国本土的薪酬调查机构是在90年代以后才开始出现的。目前，从事该工作的主要有前程无忧工作网、中华英才网等机构。

（二）薪酬调查的目的

对于大多数企业来说，特定职位的薪酬水平是在直接或间接进行的薪酬调查的基础上确定的。虽然在大多数场合，薪酬调查的目的只是确定基准职位的薪酬，其他职位的薪酬水平可以根据其相对价值和基准薪酬水平进一步确定，但是，薪酬调查还可以增强企业对竞争对手的了解，有助于企业及时调整自己的薪酬战略乃至整个公司的战略导向。此外，薪酬调查的结果对于企业实现在效率、公平、合法等方面的目标有着重要作用。特定企业的劳动力成本及其产品的竞争性在很大程度上也要受到其所获得的薪酬调查数据的准确性的影响。

具体来说，企业一般都会希望通过薪酬调查达到以下几个方面的目的。

1. 调整薪酬水平

大多数企业都会定期调整自己的薪酬水平，而调整的依据一般包括生活成本、员工的绩效改善、企业的经营状况与支付能力等。当然也有可能仅仅是因为竞争对手的薪酬水平有所变化而需要调整本企业的薪酬水平。在后一种情况下，企业尤其需要通过薪酬调查来了解竞争对手的薪酬变化情况，并有针对性地制定自己的薪酬调整对策，以避免在劳动力市场的竞争中处于不利地位。

2. 调整薪酬结构

我们在讲述职位评价的时候曾经说过，根据内部职位评价得到的职位结构与从外部市场得到的不同职位的薪酬结构之间可能存在不一致的情况，而如何在这种薪酬结构之间取得平衡就是一个很大的问题。这要求企业必须根据自己的经营环境和战略目标做出明智的判断和选择。由于竞争环境的变化，越来越多的企业已经从对内部一致性的强调转移到对外部竞争性的重视，而过去，企业比较重视的是内部职位评价，主要通过内部职位评价来确定不同职位之间的薪酬差距。

外部薪酬调查的主要作用在于为企业总体薪酬水平的确定提供参考依据，它对企业内部不同职位之间的薪酬差距并无太大的影响。而现在，许多企业却是在利用薪酬调查来评价自身所做的职位评价的有效性。假如企业根据职位评价的结果将某两种职位放入同一薪酬等级，但是市场调查的结果显示这两种职位之间存在较明显的薪酬差距，企业就会对自己的职位评价过程进行重新检查，或者单独设立一个新的薪酬等级。

此外，随着一些企业逐渐从以职位为基础的薪酬体系向以人为基础的薪酬体系转移，企业就更为依赖市场薪酬调查来确定其薪酬水平并确保其外部竞争性了。

3. 估计竞争对手的劳动力成本

对于许多在产品市场上竞争压力比较大的企业来说，如零售业、汽车或特殊钢产品制造业等，劳动力成本是决定企业竞争优势的一个重要来源。因此，这些企业都会非常关注竞争对手的劳动力成本开支状况，既不能因为薪酬水平太低而失去优秀的员工，也不能因为薪酬水平过高而影响公司产品的竞争性。所以，它们非常注意利用薪酬调查数据来对竞争对手的定价以及制造实践进行财务分析。例如，美国劳工部定期发布的分行业劳动力成本估计报告——《雇佣成本指数报告》就很受关注。这份报告专门衡量在每一个季度中，员工的薪酬开支相对于企业成本的变化情况，它使得企业可以与本行业或特定行业的情况进行对比。

4. 了解其他企业薪酬管理实践的最新发展和变化趋势

由于薪酬调查中所要了解的数据并不仅限于基本薪酬这样一种简单的信息，而且包括奖金、福利、长期激励、休假等各种福利以及加班时间、各种薪酬计划等方面的信息，甚至包括其他企业的员工流动率、加薪频率等，因此，企业可以借此了解某些新型的薪酬管理实践在企业界的流行情况。这就有助于企业判断，自己是否有必要顺应潮流来实施某种新的薪酬管理实践。例如，宽带薪酬设计是一种比较新的薪酬管理实践，企业可以通过薪酬调查了解到底有多大比例的公司以及什么样的公司采取了这种新的做法，它们的实施效果如何，自己是不是也应该采用这种薪酬设计方式等。

二、薪酬调查的实施步骤

通常情况下，我们可以把薪酬调查的实施过程分为三个阶段，即准备阶段、实施阶段及结果分析阶段。

（一）准备阶段

1. 根据需要审查已有薪酬调查数据，确定调查的必要性及实施方式

对于任何一家企业来说，如果现有的薪酬调查数据足以提供企业所要求的信息，显然就没有必要再自己去做市场薪酬调查了。毕竟在成熟的市场经济国家，各种各样的薪酬调查结果是很容易得到的。此外，企业需要考虑到，并非所有的理想调查对象都会对调查者所进行的调查感兴趣，这是因为薪酬本身是很多公司的机密之一。因此，如果能够合理利用已经存在的相关调查不仅能够避免这种尴尬的处境，而且可以节省公司的时间和精力，降低调查成本。

但是，需要引起注意的是，在对已有的薪酬数据进行筛选和利用的时候，一定要注意使用那些与自身薪酬决策的匹配性良好的数据。同时，确认已有薪酬调查数据质量也是一个很重要的问题。在使用已有数据时，企业最好弄清楚这些数据是否具备一定的准确性，数据的量是否充分、取样是否足够大，是季度数据还是年度数据，等等。

如果现有的调查不能满足自己的需要或者根本就没有可用的薪酬调查结果，那么企业需要考虑的下一个问题是：到底是自己来做薪酬调查，还是雇用一个第三方机构配合

完成薪酬调查工作。虽然有些企业安排自己的薪酬主管负责从事薪酬调查工作，但是在现实中，很多企业都是利用第三方来完成的。其原因在于：

其一，企业自己进行的调查往往容易引起其他企业尤其是竞争对手的警觉和不合作，而中立的第三方调查则比较容易说服目标企业合作和参与。当然，这要求目标企业对于第三方的专业性及保密性有基本的信任。

其二，薪酬调查工作费时费力，企业往往没有足够的人力和时间来从事许多事务性的工作。根据一般的情况来看，一个包括 15 家公司和 20 个职位在内的薪酬调查，从最初的规划到最后得到参与者提交的报告，就需要花费 10~15 周的时间。对于范围更大的调查来说，完成的时间长达六个月左右是很正常的。所以，借助专业的外部薪酬调查机构来做薪酬调查已经成为企业人力资源管理工作的一种常见的外包形式。

其三，对薪酬调查的结果进行分析也不是一件很容易的事情，因为最终的分析往往要用到一些计算机软件和统计学的知识，企业往往没有能力或时间去做数据的处理工作。

2. 选择准备调查的职位及层次

如果确实需要通过薪酬调查才能达到自己的目的，企业接下来要做的就是确定到底调查哪些职位，是某些类型的职位，还是所有类型的职位。例如，如果企业的兴趣在于管理人员的薪酬，那么只要将公司高层和部门经理一级的职位包括进来就可以了；如果企业想要了解的是专业或技术类职位的薪酬，就需要将在相关职能领域中的整个职位族都纳入调查范围，因为这类职位之间的薪酬差异往往不是体现为工作内容本身，而是更多地体现为它们所要求具备的专业或技能层次的差异上。然而，即使已经确定了准备调查的职位的范围，企业也必须选择在调查中所使用的典型职位，这是因为考虑到调查的时间和费用，不可能对所有的职位都展开调查，只能对其中的典型职位进行调查，然后再将调查数据运用到其他非典型职位上。

在选定被调查职位时，调查者必须提供最新的总体职位描述。只有这样，才能确保被调查企业将本企业的职位与调查者所提供的职位匹配起来。这是因为，即使两种职位的职位名称相同，它们在不同企业中的组织结构和工作安排也会有差异，所从事的可能是内容不同的工作，有时候甚至是几乎截然不同的工作。这种差异在大企业和中小企业之间存在的可能性是最大的。在职位调查中所使用的职位说明书必须采用比较常见的或者被普遍使用的职位名称。

最后，为了提高调查的精确性，调查者还可以在调查问卷中附上一张与调查职位相关的简要组织结构图，这会有助于被调查者做好基准职位与本企业职位之间的匹配。

3. 界定劳动力市场的范围，明确作为调查对象的目标企业及数量

薪酬调查的本意是了解与企业在同一劳动力市场上争夺劳动力的其他企业的薪酬状况，因此，企业首先需要确定自己所在的劳动力市场的范围到底有多大。从覆盖范围来看，劳动力市场可以划分为地方性劳动力市场、地区性劳动力市场、全国性劳动力市场以及国际性劳动力市场。不过，需要指出的是，这种劳动力市场的划分依据并不是企业的规模或者地理分布，而是企业在一个多大范围内的市场上与其他企业展开竞争。因此，

对于不同类型职位上的员工的招募和雇用而言，企业可能在某些职位方面处在地方性劳动力市场上，而在另一些职位方面则是处于全国性劳动力市场上。此外，根据企业的不同需要，相关劳动力市场涵盖的企业可能是为同一种职位或同种技能展开竞争的企业、为同一地理区域内的劳动者展开竞争的企业，也有可能是在同类产品和服务方面展开竞争的企业。

例如，高级专业技术人员，包括财务总监、总工程师、高级经营管理人员的招募通常是全国性的，高级技工、具有一定专业程度要求的职能管理人员的招募通常是地区性的，而一般办公室事务性人员的招募则是地方性的。因此，在考虑应当将一些什么样的企业纳入薪酬调查范围的时候，企业最好问自己这样几个问题："我们企业的员工都流失到哪里去了""我们主要从哪些地方招募员工"。如果企业所要调查的是那些由地方劳动力市场状况决定薪酬水平的职位，调查样本选择就必须严格限制在企业所在地方区域范围之内的企业身上；如果企业所要调查的是员工调配管理这一职位，那么需要调查的目标企业中有些可能是地方性的，有些是地区性的或全国性的。如果企业准备调查的职位是直线管理类、专业技术类或者是专家类的职位，那么大多数需要被调查的目标公司可能都是在某一地区甚至全国范围内与自己处于同一经营领域的企业。

考虑到调查目标也会有助于企业确定到底需要对哪些企业进行调查。例如，如果调查的目标之一是确定企业规模或企业经营绩效差异对企业高层管理职位的浮动薪酬数量的影响，就应当在调查对象的构成中尽量包括在企业规模或经营绩效方面有较大差异的各种不同类型的企业，因为参与调查的企业数量越多，做回归分析或者对数据进行分类分析的效果才会越好。然而，虽然参与调查的企业数量越多，企业所获得的信息越多通常也越好，但是时间和预算方面的考虑会对被调查的企业数量施加一种限制。当然，调查所需要的最低样本规模在很大程度上取决于调查本身的详细程度。例如，如果所要调查的是管理类职位，那么调查所需的样本数量可能是普通职位调查时所需样本数量的两倍左右，这是因为很少有企业的组织方式是完全相同的。

4. 选择所要收集的薪酬信息内容

我们知道，同样的职位在不同的组织中所获得的价值评价是不同的，它们在不同的组织中获得的报酬方式也是不同的。有些企业给予某个职位的基本薪酬可能不是很高，但是奖励性的浮动薪酬或者福利可能会很好。因此，薪酬调查中如包括基本薪酬部分，那么调查所获得的薪酬数据最后实际上是无法反映市场的。所以，在选定了调查对象以及拟调查的职位之后，调查者还必须将薪酬组成部分纳入调查范围。通常情况下，薪酬调查涉及的薪酬信息包括：

（1）基本薪酬及其结构。询问被调查对象在某一具体日期的基本薪酬水平。

（2）年度奖金和其他年度现金支付。许多企业都向员工提供年终奖，这种年终奖通常是与企业的经营业绩挂钩的，有时也会以年底双薪或者相当于几个月薪水的方式发放，但是有些企业不提供这种年底的奖励，因此在薪酬调查中，调查者必须向被调查企业询问它们在过去的一个财政年度中对某一职位上的人所支出的实际奖金数量。

（3）股票期权或影子股票计划等长期激励计划。随着股票市场的发展以及企业管理实践的变化，股票期权等长期激励手段在过去的20多年中得到了迅速的发展。尤其是在企业的高级管理人员和高级技术人员当中，长期激励计划已经成为一种越来越重要的报酬方式，股票期权已经逐渐取得了与基本薪酬和短期绩效奖励相同的重要地位。因此，在薪酬调查中绝不能忽视这类报酬要素。

（4）各种补充福利计划。

（5）薪酬政策等方面的其他信息。除了直接薪酬和间接薪酬信息之外，调查者还可以考虑是否应当询问一些关于薪酬政策和管理实践方面的信息，其中包括被调查企业的加薪时间以及加薪百分比的信息，公司的加班政策、轮班政策，等等。

（二）实施阶段

在前几个步骤完成之后，调查者就可以开始设计调查问卷了。调查问卷的内容通常包括企业本身的一些信息，如企业规模、所在行业、销售额或者销售收各种薪酬构成方面的信息，职位范围方面的信息，任职者的一些信息，一些国际性的信息等。

作为一种数据收集载体，薪酬调查问卷的设计应当尽量考虑被调查者的使用方便性。无论最终的调查是以书面问卷的形式进行还是以磁盘或者电子邮件（E-mail）的形式进行，都是如此。为了确保所有的调查参与者都能够以相同的方式回答问题，最好准备一份详细的问卷填写说明。当调查者采用邮寄调查方式来完成问卷的收集工作时，这种标准化的操作流程尤其重要。此外，如果调查者准备直接将书面问卷上的数据录入计算机，还应当考虑问卷格式的设计能够尽量避免数据录入的错误。

（三）结果分析阶段

1. 核查数据

在调查问卷被回收上来以后，调查者首先要做的是对每一份调查问卷的内容逐项进行分析，以判断每一个数据是否存在可疑之处。

2. 分析数据

在数据核查完成之后，就是最后一道工作程序，即分析数据了。薪酬数据的分析方法一般包括频度分析、趋中趋势分析、离散分析以及回归分析等。

1）频度分析

所谓频度分析，是将所得到的与每一职位相对应的所有薪酬由低到高排列，然后看落入每一薪酬范围之内的公司的数目。这是一种最简单也最直观的分析方法，一般会使用直方图来显示结果（比如说公司数量用纵轴表示，薪酬浮动范围用横轴表示）。

2）趋中趋势分析

具体来说，趋中趋势分析又可以进一步细化为简单平均数、加权平均数、中值等几种数据分析方法。

（1）简单平均数或非加权平均数。这是一种最常见的分析方法，它不考虑在不同的企业中从事某种工作的员工人数之间的差异，对所有企业的薪酬数据均赋予相同的权重。

在操作层面上，它通常是将与特定职位对应的所有数据简单相加，再除以参与调查企业的数目，从而求出平均值。

（2）加权平均数。在这种分析中，不同企业的薪酬数据将会被赋予不同的权重，而权重的大小则取决于某一个公司中在同类职位上工作的员工人数在调查总人数中所占的比重，或者调查企业认为某个被调查企业的薪酬水平对其薪酬决策的重要程度。

（3）中值。这种做法实际上是将收集到的薪酬数据按降序或升序排列，然后取恰巧位于中间职位上的那个薪酬水平数值。这样分析的最大好处是可以排除极高或极低的薪酬值数据对平均数据的影响。不过，这种对数据的分析方法也是只能显示出当前市场平均薪酬水平的大概情况。

3）离散分析

一般情况下，离散分析的方法有三种，即标准差分析、四分位分析、百分位分析。利用标准差分析可以检验各种分布值与平均值之间的差距大小，但是在薪酬调查数据分析中并不常用。与它相比，四分位分析和百分位分析则是薪酬调查分析中更为常见的衡量离散程度的分析方法，具有相对较强的说明能力。

（1）标准差。运用标准差来进行薪酬数据分析，实际上是要衡量某一个薪酬的平均值之间的差别是否处于一个可以接受的范围之内。通过标准差分析可以看出某一类职位上的大多数人员的薪酬变动范围，同时发现某个人的薪酬水平与同类职位人员的平均薪酬水平之间的差距是否合理。

（2）百分位。百分位数所代表的是有百分之多少的公司的薪酬水平是低于位于该百分位上的公司的薪酬水平的。举例来说，如果某企业在薪酬水平方面处于市场的第 75 个百分位上，这就意味着有 75%的企业的薪酬水平都比其低，只有 25%的企业比其高。在百分位分析方法中，第 50 个百分位是中间值。这种百分位分析在企业的薪酬水平战略定位中是最常用的，因为它直接揭示了本企业的薪酬水平在劳动力市场上的地位。

（3）四分位。四分位分析与百分位分析的方法是类似的，只不过在进行四分位分析时，首先将某种职位的所有薪酬调查数据从低到高排列，划分为四组（百分位中是划分为 100 组），每组中所包括的数量分别为企业调查总数的 1/4（百分位中是 1%）；处在第二小组中的最后一个数据必然是所有数据的中值，可以用它来近似地代表当前市场上的平均薪酬水平。

4）回归分析

可以利用回归分析来测试两个或者多个变量之间的相关关系，然后利用可以得到的其中一个变量的值（如销售额）来预测另一个变量的值（如销售经理的薪酬）。变量之间的相关系数越接近 1.0，则变量之间的相关性就越强。

三、薪酬调查结果分析报告

在大规模的薪酬调查中，调查组织者都要将最终的薪酬调查分析结果进行整理，并编写调查报告。具体样例可以参考前程无忧网公布的北京地区化工/能源行业中的财务经理的薪酬调查结果。

【复习思考题】

1. 如何理解薪酬水平及其外部竞争性？
2. 薪酬水平及其外部竞争性决策有哪些类型？
3. 劳动力市场如何影响薪酬水平决策？
4. 产品市场及企业特征如何影响薪酬水平决策？
5. 如何组织市场薪酬调查？如何应用市场薪酬调查结果？

【实例经验与启示】

美国薪酬调查制度[①]

在国家发展和社会进步的要求下，美国国家薪酬调查制度（national compensation survey，NCS）经过数10年的修正与完善，已经比较成熟，成为各国学习和借鉴的典范。美国的国家薪酬调查主要由美国劳工部的劳工统计局负责，定期（一般按季度）公布工资、用工成本指数等详细数据，不但直接指导了雇主和雇员的工资调整和工作选择，引导劳动力市场的良性运行，也为学者研究和政府决策提供了客观的数据支持。

（一）美国国家薪酬调查制度的发展历程

20世纪50年代以前，由于当时经济发展的需要，美国劳工部进行过一些薪酬福利方面的短期或临时性的调查，如对部分雇主实施的新举措进行案例调查，了解员工福利的状况。

20世纪50年代，随着第二次世界大战的结束，世界各国进入经济恢复期，美国更是在战后一跃成为超级大国，工业加速发展，对于全国劳动力状况和薪酬情况的掌控也迫切起来，系统的薪酬调查制度应运而生。美国的国家薪酬调查制度可以追溯到此时的全美第一次职位工资调查，虽然当时的调查和公布的工资数据局限于少数大城市和特定的岗位（如秘书、卡车司机），但是已经对这些岗位的职责和工作等级加以区分，为后续成熟的薪酬调查制度打下了良好的基础。1959~1987年，美国劳工统计局的一项年度PATC调查成为那个时期薪酬福利调查的关键数据[②]。PATC调查涵盖了四类人员，即专业人员、管理人员、技术人员和文秘人员。例如，1985年的PATC调查按照薪酬和雇佣状况进行分类，覆盖了25个职业（包括普通职员、律师、工程师等）的情况[②]。随后，该调查扩大了调查范围，覆盖了特定行业的特定岗位和全国范围内的白领[③]。

美国系统的国家薪酬调查始于20世纪70年代就业成本指数（employment cost index，ECI）调查，当时美国工资及物价飞涨，通货膨胀率超过10%，包括雇员工资和福利在内的薪酬成本的变化引起了广泛关注，政府也要求获取一种更准确的劳工成本包括工资福利进行分析，于是开始了就业成本指数的调查工作。这是劳工统计局第一次对雇主薪酬成本的变动进行单项调查。

---

① 郭磊，李宏. 美国薪酬调查制度. 中国劳动，2014，（1）：26-27.

② Morton J D. BLS prepares to broaden scope of its white-collar pay survey. Monthly Labor Review，1987，110（3）：3-7.

③ Wiatrowski W J. The national compensation survey：compensation statistics for the 21st century. Compensation & Working Conditions，2000，（4）：5-14.

由于单项调查数据之间缺乏联系，难以运用于一些复杂的分析中，1996年，美国劳工部将就业成本指数调查与其他调查项目（雇员福利调查和职位薪酬调查）合并成为国家薪酬调查。

（二）美国国家薪酬调查制度的设计思路

美国国家薪酬调查制度的目的在于为美国联邦政府及地方各级政府制定宏观经济政策提供基础数据，包括为美国联邦储备系统（The Federal Reserve System，简称美联储）制定相关政策提供数据支撑；同时，为企业的雇佣决策提供依据，为劳动者的人力资本投资决策提供指导,包括为工会组织在开展工资协商、签订集体合同时提供相关的参考依据。这就要求NCS在设计时，尽可能客观全面地反映真实情况，它的总体设计思路是把握好三个方面的要素选择：一是选择合适的地区进行调查；二是在选中的地区挑选机构；三是在选中的机构挑选职业。

1. 选择调查的地区

NCS的调查数据并不是来源于全美的所有地区，而是在固定的一组区域内进行——在满足九大区域和四大地域的分类的前提下，从美国的50个州和哥伦比亚特区中选取154个大城市和非大城市①。在1995年选定第一批样本时规定，大约每10年调整一次调查的地区。

2. 选择调查的机构

在选定了调查的地区之后，NCS通过科学的随机抽样，从各州的失业保险目录中选取一些机构来代表当地的情况。一个被选中的机构需要有单独的物理位置，如一个工厂、一个仓库、一个企业的办公室或者是一个零售的批发商店。NCS调查的机构包括私有企业、州政府及地方政府，但不包括联邦政府、军队、农业人员和家庭自雇者。

3. 选择调查的职业

在每一个被抽样调查的机构中，各职业都有一定的概率被选中。在美国，大概有450种基于工作职责的职业划分，如注册护士、会计师、秘书和侍者。在职业划分的基础上，通过联邦政府的因素评价体系，对职业的工作等级进行划分。该评价体系考量九个方面的因素①，即知识、接受的监督、指导线、复杂性、范围和效果、个人接触、接触的目的、工作环境和体能要求。

（三）美国国家薪酬调查制度的主要内容

目前的美国国家薪酬调查，主要包括职工工资调查、就业（用工）成本指数调查和员工福利调查三个大项目。

1. 职工工资调查

职工工资调查是一个按工种、职业进行的调查。此项调查覆盖全美的各个地区，由8个调查机构（6个地区办公室和2个分地区办公室）负责，调查范围超过800种职业。1997~2011年，这个项目在全国开展，但2011年以后因联邦预算的削减而取消了该项调查。

① Wiatrowski W J. The national compensation survey：compensation statistics for the 21st century. Compensation & Working Conditions，2000，（4）：5-14.

2. 就业（用工）成本指数调查

美国在1976年6月第一次发布了1975年9月的数据，当时的数据只包括私人企业的工资和薪水，后来福利状况和政府部门的数据也加了进去。1996年，就业成本指数并入全国薪酬调查中。

目前的美国就业成本指数调查是根据产业职工的特点，通过对职工工资薪金和国家规定的利益补偿进行的调查，按季度发布，及时反映全国、有代表性的大都市和职业特色的工资和福利变化趋势，样本每三年更新一次。除人工福利外，还有对工资和薪金的调查，包括固定的年薪、月薪、周薪和专业人员以小时为单位的计薪，生产方面的奖励、激励收益、佣金及其依据生活成本做出调整获得的收入，但不包括小费、额外支付的加班费以及股票期权等。

3. 员工福利调查

员工福利调查项目显现的是员工福利的具体细节和特点，包括带薪休假情况（含节假日、小短假、病假和个人需求的休假）、法律强制的保险福利情况（社会保障、健康保险、失业保险和工伤补偿）、附加工资情况（加班额外的补偿及夜班费、苦脏累津贴等）、参加商业保险情况（人寿、健康、工伤残疾等）以及退休福利的储备（补充保险）情况等。

（四）美国国家薪酬调查制度实施

1. 实施方式

该项调查由美国劳工部统计局所属的薪酬和环境工作办公室负责，劳工部统计局所属的6个地区办公室和2个分地区办公室具体承担。全国薪酬调查用的是统一的样本和统一的方式方法。通过这样的方式可以减少受访者的工作时间，避免重复性工作。如前所述，调查的基准职业和行业是根据“标准职业分类”与“北美产业分类体系”确定，但不包括农业、私人家庭和联邦政府。企业样本根据所有权、行业和单位规模确定，有9 300个私营企业、1 400个公有制单位，选取的职业有55 500个，其中，私营企业有46 300个、公有制单位9 200个。每年在10 700个用人单位中选取三分之一的单位作为新样本，3 年完成一个轮回，对所有单位进行一次调查。调查的方式也是采用个人访问的方式，每个季度拜访一次调查单位，以获取最新的信息。

2. 结果汇总

获取调查资料后，劳工部统计局的工作人员进行全国性的汇总，并做出详细的分析（包括工资占总薪酬的比例），按季度发布工资和福利等成本水平的信息，并发布就业（用工）成本指数（计时成本、计件成本等）。通过跟踪季度成本指数的变化，分析各个行业劳动力就业转移的影响和变化，便于及时出台促进就业的政策措施。

第五章 激励薪酬

学习目标

1. 掌握个体激励薪酬体系的内涵。
2. 掌握集体激励薪酬计划的设计技术方法。
3. 掌握公司激励薪酬计划的设计技术方法。

【导入案例】

F公司是一家生产电信产品的公司。在创业初期，依靠一批志同道合的朋友，大家不怕苦不怕累，从早到晚拼命干。公司发展迅速，几年之后，员工由原来的十几人发展到几百人，业务收入由原来的每月十多万发展到每月上千万。企业大了，人也多了，但公司领导明显感觉到，大家的工作积极性越来越低，也越来越计较。

F公司的总经理黄明裁一贯注重思考和学习，为此特别到书店买了一些有关成功企业经营管理方面的书籍来研究，他在介绍松下幸之助的用人之道一文中看到这样一段话："经营的原则自然是希望能做到'高效率、高薪资'。效率提高了，公司才可能支付高薪资。但松下先生提倡'高薪资、高效率'时，却不把高效率摆在第一个努力的目标，而是借着提高薪资，来提高员工的工作意愿，然后再达到高效率。"他想，公司发展了，确实应该考虑提高员工的待遇，一方面是对老员工为公司辛勤工作的回报，另一方面是吸引高素质人才加盟公司的需要。为此，F公司重新制定了报酬制度，大幅度提高了员工的工资，并且对办公环境进行了重新装修。

高薪的效果立竿见影，F公司很快就聚集了一大批有才华有能力的人。所有的员工都很满意，大家的热情高，工作十分卖力，公司的精神面貌也焕然一新。但这种好势头不到两个月，大家又慢慢回复到懒洋洋、慢吞吞的状态。这是怎么啦？

F公司的高工资没有换来员工工作的高效率，公司领导陷入两难的困惑境地，既苦恼又彷徨不知所措。那么症结在哪儿呢？

第一节 激励薪酬体系简介

一、探究激励薪酬体系

激励工资（incentive pay）或可变工资（variable pay）是奖励员工部分或完全达到了

预先设立的目标。激励工资或可变工资被定义为薪酬，而不是基本工资或薪水。薪酬会根据员工对一些指标的完成情况而上下浮动，如预先设定的方案、个人或集体目标以及公司收益。

有效的激励系统基于三个假设条件：

（1）个体员工和工作团队的区别在于其为公司所做出的贡献，不仅仅是指做了什么，还包括做得怎么样。

（2）公司整体绩效很大程度上依赖于公司内部个人绩效和集体绩效状况。

（3）为了吸引、留住并激励高绩效员工以及为了体现出对全体员工的公平，公司必须基于员工的相对绩效来奖励他们。

与资历工资和绩效工资一样，激励工资增加的是员工的基本工资，但激励工资看上去更像是一次性支付。员工通常得到的工资是固定的基本工资与激励工资相加后的工资，其中基本工资在核心薪酬中占很大一部分比例。现在，越来越多的员工有资格得到激励工资，因为公司正努力寻求控制成本的方法并鼓励全体员工做出模范业绩。公司不断意识到把激励工资计划运用于每位员工的重要性，包括生产工人、技术工人以及行政员工。

一些公司广泛使用激励工资。林肯电气公司（Lincoln Electric Company）是一家生产焊接产品的制造商，它因使用了激励工资计划而出名。在林肯电气公司，生产工人能得到固定的基本工资和激励工资，公司根据5个标准来确定激励工资——质量、产量、可靠性、合作和观念。

公司通常制订激励工资计划来控制工资成本或激励员工更有效地工作。公司通过用激励工资代替年度绩效工资、资历工资或固定薪水的方式来控制成本。激励工资计划仅在公司生产率提高或者利润增加，或者其他一些经营指标上升时，才给予员工工资增长。设计良好的激励计划使工资基于绩效水平，因此员工可以控制自己的薪酬水平，公司也可以利用激励来提升经营目标。例如，美国南佛罗里达大学H. 李·莫菲特癌症中心和研究所（H. Lee Moffitt Cancer Center and Research Institute）的管理层一直努力提高病人的护理水平以及控制成本。H. 李·莫菲特癌症中心和研究所的激励通常与净收益、运营盈余、护理质量、病人的满意度以及运营效率紧密结合。

二、对比激励工资与传统工资

在传统的工资计划中，员工可以得到基于固定的小时工资率的薪酬或年薪。年薪的增长与资历和过去的表现有关。一些公司使用激励工资计划来代替所有的或部分的基本工资，目的是控制工资支出，将工资与绩效联系起来。不同的岗位，激励工资使用的程度也不同。一些公司的薪酬计划既包括传统的基本工资也包括激励工资；而另一些公司的薪酬计划，通常专为销售工作制定，只为销售工作提供激励工资。在激励工资体制下，所有的工资都是不确定的。

传统的核心薪酬通常包括年薪或小时工资，它根据员工的资历或业绩而定期增长。公司通常根据每项工作的重要性或依据相似公司中每项工作的“现行率”来确定工资薪酬率。例如，林肯电气公司基于工作评估技术在公司结构范围内决定工作的重要性。林肯电气公司评估工作的 5 项标准是技能、责任、思维能力、身体状况和工作条件，然后，它调查了竞争对手的薪酬率，并利用这些数据设定自己的基本薪酬率。

传统工资结构下员工是根据其为公司的服务年限以及监督人对员工工作绩效的评估获得工资增长的。而且，绩效工资增长与资历工资增长都是基本工资的持久性增长。每年绩效工资的增长额通常仅增加一小部分的基本工资——现在 2%~10%是非常普遍的——但是增长额所带来的结果却反映了一段时间内雇主所要承担的巨大成本。

公司采用的激励工资计划主要依据员工各自的业绩来奖励员工个人、员工团队和整个公司。激励工资计划不仅仅适用于生产工人和没有监督权的员工。许多激励计划适用于各种类型的员工，如销售专家、经理和执行者。特别是，管理层要依赖经营目标来确定激励工资水平。在某公司的饭店经理如果达到以下三个目标，就可以获得一年两次的红利：①目标利润水平；②基于市场调研公司独立评估的客户服务质量；③店铺销售。

然后管理层向饭店经理传达这些制定好的激励水平和业绩目标。尽管绩效工资的绩效标准要可衡量且客观，但是激励水平还是要倾向于一些更加客观的标准，如员工每个生产期所生产的产品的质量和公司业绩的市场指示器（如财政年度市场份额的增加）。同时监督人要事先告诉员工与目标绩效水平相对应的激励奖励的数额。监督人通常要在对员工绩效进行了主观评估之后才给予员工业绩薪酬奖励。

激励工资计划被广泛地分为三类：

（1）个人激励计划（individual incentive plans）。这些计划奖励独立完成工作的员工个人。一些公司特别为生产工人制订了计件工资计划。在计件工资计划下，员工的薪酬依据其在给定时期内生产产品的数量。

（2）集体激励计划。这些计划促进了员工之间相互支持、合作的行为。在主要依靠团队合作的制造业和服务性行业中，集体激励计划能发挥很好的作用。在收益分享计划中，生产率提高、成本节约或产品质量提高是集体成员共同努力的成果。

（3）全公司范围的激励计划。这些计划将员工个人的薪酬与公司短时间内的绩效紧密联系在一起，时间通常为 3 个月到 5 年。

第二节　个人激励计划

个人激励薪酬计划在以下三种情况下最为适用。

第一，可以客观地衡量员工绩效。客观地衡量绩效的例子有：①单位产品的数量——汽车零部件生产工人完成转向指示灯装置；②销售量——某化妆品销售人员每月的销售收入；③减少出错率——文字录入过程中错误的减少。

第二，当员工能充分控制工作结果时，该计划也较适用。经常性的机器毁损和原材料接收延迟这样的因素都限制了员工控制绩效水平的能力。当员工遇到这些情况时，可能会变得没有以前勤快。因为他们感觉遇到这样的情况是一个偷闲的大好机会，所以以前遇到过这种情况的员工总是期望将来还会再次遇到。员工的抵制也会对利润产生威胁，因为公司发现当找不到员工抵制的原因时，要想激励员工工作是非常困难的。

第三，当个人激励计划不会在员工当中产生不良竞争时，该计划也比较适用。因为不良竞争会导致劣质的产品或服务。例如，当公司需要限制激励奖励，只给10%的最优绩效员工以奖励时，公司可能就在制造不良竞争。如果公司根据产品数量来判断员工绩效，那么员工在彼此竞争时就会牺牲产品质量来达到公司所要求的产品数量。此外，依据产品数量来实施激励薪酬计划，那些达到或超过公司设定的最高标准的员工可能会受到未达到标准的员工的威胁，工会可能会利用这些威胁来抑制标准的提升。

一、定义个人激励

个人激励计划是奖励员工达到了与工作有关的绩效标准，如质量、生产率、顾客满意度、安全性以及出勤率。任何一种标准或标准的结合都可以使用。最终，雇主应采用一种可以真实反映员工工作绩效的标准。例如，对电信设备运营商来说，顾客满意度和销售量指标可以反映出员工的绩效。如果缺勤率不是一个普遍的问题，那么工作拖拉就不是绩效考评的相关因素。

经理在制定个人绩效标准时，要选择员工可控制的因素，并且在绩效考评开始前，员工必须了解这些标准以及标准可能带来的奖励。当个人激励计划能被很好地设计出来时，员工就可以基于他们直接负责的结果获得奖励。最终的结果是高绩效员工会比低绩效员工得到更高的薪酬。

二、个人激励计划的类型

个人激励计划有四种普通类型：①计件工作计划；②管理层激励计划；③行为鼓励计划；④举荐计划。

（一）计件工作计划

通常公司只选用两种计件工作计划（piecework plans）中的一种。因第一种最典型，出现在制造行业中，它根据客观产量标准，对员工每小时的产出给予奖励，这种客观产量标准是由机器设备的运转速度设定的。根据事先设置的产量标准，员工每小时都会得到每种产品的计件奖励。同时，不管员工是否达到了指定的产量标准，员工都还会得到一个被保证的小时工资率。

质量是另一个重要的考虑因素。对员工生产出来的次品，公司不会给予薪酬。在服装业，制造商试图减少次品率，因为次品的销售价格不会与正品的相同，通常要以一个较低的价格出售，这就减少了公司的利润。

第二种类型的计件工资计划制定了既包括主观标准又包括客观标准的个人绩效标准。产量是客观标准；整体工作质量是主观标准，它是基于监督人的评判标准。例如，当销售专家认为购买产品保证的利益比产品本身以及产品价格更为重要时，监督人对客户服务人员会有较高的绩效评估。

（二）管理层激励计划

管理层激励计划（management plans）是当经理达到或超过目标时，奖励其红利的计划。制定目标的依据有公司的销售量、利润、产量以及其他衡量分支机构、部门和业务单位绩效的标准。管理层激励计划与计件工作计划不同，因为计件工作计划基于一个特定目标的达成，而管理层激励计划通常基于一个复杂的目标。例如，当经理增加了市场份额或在没有牺牲产品质量和数量的前提下节约了预算时，管理层激励计划将奖励给经理薪酬。最有名的管理层激励计划是目标管理（management by objective，MBO）。目标管理作为激励计划的一部分来使用时，经理获得的激励工资是基于其目标的达成，这属于客观标准。

（三）行为鼓励计划

在行为鼓励计划（behavioral encouragement plans）下，员工会因为完成了某一特定行为而获得薪酬，如良好的出勤记录和安全记录。例如，公司通常会给在某一特定时期获得模范出勤记录的员工以现金奖励。当行为鼓励计划用于员工的安全记录方面时，员工因为降低了不正确使用机器设备和危险化学物品的受伤率或事故率就能获得奖励。

（四）举荐计划

美国薪酬委员会近年来的一项调查显示，几乎 60%的公司依靠举荐计划（referral plans）来招聘高素质员工。因根据这一计划，员工会因为推荐新人或成功招聘了工作候选人而获得现金奖励。就招聘来说，员工为空缺职位成功安排了工作人选，他们就能得到奖励。例如，在过去几年中，医护人员极度短缺。因为短缺，医院提供给正式签约的医护人员 15 000 美元签约奖励和 5 000 美元推荐奖励。成功的候选人通常是指超过了指定实习期（通常至少 30 天）后仍然被公司雇用的员工，公司应当给这些员工以奖励。举荐计划主要是依赖于这种想法。由于现有员工对公司的文化非常熟悉，而代理机构不太熟悉客户公司的企业文化，所以员工应当能比雇用代理机构更有效地识别一些空缺职位的候选人。员工会推荐他们认为对公司有价值的候选人，因为他们在拿自己的声誉冒险。

三、个人激励工资计划的优点和缺点

（一）个人激励工资计划的优点

个人激励工资计划有三个主要的优点：

第一，个人激励计划能促进薪酬和业绩之间的关系。在有些国家，激励员工主要采用的是现金收入。当员工希望获得与工作绩效相当的激励薪酬时，就会努力地工作。

第二，个人激励计划促进了公司内薪酬的平等分配，也就是说，员工挣得的收入主要依赖于他们的工作绩效。工作得越好，他们就挣得越多。最终，平等薪酬能使公司留住最优秀的员工。给优秀员工更多的奖励是公司正确评估正面工作绩效的一个标志。

第三，它与个人主义文化相匹配。因为有些国家的员工已经将个人贡献以及自我承认社会化，所以强调个人主义的民族文化很可能增强个人激励计划的激励价值。

（二）个人激励计划的缺点

尽管个人激励计划在特定环境下是有效的，但是它有着严重的局限性。监督人、人力资源专家、经理和薪酬专家都应该知道个人激励计划的三个潜在问题。

第一，个人激励计划可能降低了灵活性。因为员工的绩效水平是由监督人决定的，所以在个人激励计划下，员工会变得非常依赖雇主为其设立的工作目标。如果员工工作非常熟练，那么他们就不太可能会提升工作绩效。例如，我们假设管理层将每月的最大激励薪酬定为 500 美元，用以奖励生产率高于绩效标准 15%的员工，而那些生产率水平高于绩效标准 15%的员工也不会得到 500 美元以外的附加奖励。在这种设计体制下，员工就不会有足够的激情来提高工作绩效。

第二，绩效工资体制下，监督人必须要开发出全面的绩效衡量标准并加以维持，目的是正确地奖励员工绩效。当管理层改进了工作方法或机器设备，个人激励计划就会产生一些绩效衡量上的问题。如果这种改进确实发生，那么对员工来说，需要投入一定的时间才能使工作做得更好。因此，制定平等的激励奖励对公司来说是非常困难的，但如果不这样做，就可能会导致员工对使用新方法的抵制。

第三，个人激励计划的第三种限制是，当这些激励计划只用来奖励员工总体工作绩效的一方面或一些方面时，就可能会助长一些不良的工作行为。我们假设有一项基于员工产出数量的激励计划。如果员工工作的各个方面都比较重要，如产出数量、质量和顾客满意度，那么在这项激励计划下，员工可能会只关注于产品数量，而忽视其他方面，因为产品数量才是奖励的基础。

第三节　集体激励计划

团队方式的组织结构鼓励团队成员学习新技能，鼓励他们比在只注重个人贡献的传统薪酬结构中勇于承担更多的职责。他们并不是要遵从监督人的特殊命令，而是要为完成团队的产品目标制订计划。通常薪酬计划强调合作，奖励员工在工作中必须承担的额外职责和在工作中必须获得的知识与技能。

一、集体激励的定义

集体激励计划（group incentive programs）奖励的是员工的集体绩效而不是每位员工的个人绩效。尽管集体中每位员工的贡献可能不一样，但是当集体中所有成员对目标达成有着同样的影响时，集体激励计划最为有效。

设计良好的集体激励计划提高了团队工作的效率，培育了员工对公司的忠诚并提高了生产率。例如，在通用汽车公司的土星分公司中，每个团队负责管理自己。因此，每个团队管理自己的预算目标并确定要雇用哪些人。土星分公司汽车的高质量是有效利用团队工作方式的结果。

二、集体激励计划的类型

（一）基于团队或小集体的激励计划

基于团队的激励（team-based incentives）与个人激励相似，除了一个例外，即组织中的每位成员都会获得物质奖励。一份市场调查报告的及时完成依赖于几名员工的共同努力。例如，一些成员设计调查问卷，另一些则负责收集数据，还有一些成员则负责分析数据和写调查报告。整个市场调查报告的及时完成而不是组成这份调查报告的任何一个步骤的完成，决定了组织成员能够获得激励薪酬。

团队激励计划有很多类型，公司根据绩效的标准来定义这些计划。团队或集体可能会基于这些标准，如顾客满意度、安全记录、质量和产量记录获得激励薪酬。尽管这些标准也适用于其他激励计划（个人、全公司范围和集体计划），但是公司分配给员工的薪酬都是基于预先设定的绩效标准的达成。

人力资源专家可采用以下三种方式中的任何一种来分配薪酬：①将激励薪酬平均分配给团队中的每位成员；②基于每位成员对团队绩效的贡献差异性地分配薪酬；③根据每位成员的基本工资与全体成员总体的基本工资之比差异性地分配薪酬。

第一种方法，除非团队成员可以观察到成员之间贡献或绩效之间的差异，平等分配薪酬的方法可以增强团队成员之间的合作。第二种方法，基于个人对团队的贡献程度分配薪酬。很明显，差异化方法对合作行为会产生阻碍，一些员工只关注自己的绩效而不是整个集体的绩效，因为他们想增加自己的收入。作为一种妥协，公司会把一部分薪酬支付基于员工个人的绩效，另一部分薪酬支付则基于团队的绩效。第三种分配方法，根据基本工资的比例差异化分配薪酬法是按照员工的基本工资与团队全部成员基本工资的比例奖励每名员工相应比例的薪酬。这种方法假定较高基本工资的员工对公司的贡献更高，然后再根据贡献的价值奖励员工薪酬。

（二）收益分享计划

收益分享（gain sharing）描述了这样的集体激励计划，它将激励薪酬基于公司绩效的提升给予参与工作的员工，而绩效的提升又是因为提高了生产率、提高了顾客满意度、降低了成本和提升了安全记录。制订收益分享计划是为了让所有员工都能从生产率的提高中获得现金利益，而生产率的提高则根本来自于这项计划的实现。大部分的收益分享计划不但是一种有效的薪酬工具，而且还反映了一种管理理念，这种理念强调员工参与。在工厂技术不包括生产率提高的情况下，最适合使用收益分享计划。例如，装配线工人提高生产率的能力是有限的，加快传送带的速度可能会危及员工的安全。

大部分收益分享计划有三个组成部分：①领导力原理；②员工参与体制；③红利。

领导力原理是指一种合作的组织氛围，它高度提升信任度，提升了公开交流与员工参与。

员工参与体制促进了组织生产率的提高。员工参与体制广泛地使用基本建议系统，任何员工都可以向委员会提出建议。委员会成员既可以是工人，也可以是监督建议实施的管理层员工。这种参与体制也包括其他创新的员工参与体制，如问题解决工作团队。

红利是收益分享计划的第三个组成部分。当公司的实际生产率超过预定生产率水平时，公司会奖励员工收益分享红利。通常，收益分享红利要基于一个衡量生产率的公式，员工认为这个公式是公平的，雇主也认为它促进了公司绩效的提高。员工每月获得收益分享红利，大部分红利的范围基本是在 5%~10%。

斯坎伦收益分享计划（Scanlon Plan）、拉克收益分享计划以及改进生产盈余计划在公司中使用得最为普遍，并且它们也是最重要的收益分享计划。早期的收益分享计划被批发商采用。如今，雇主修改传统收益分享计划中的某一种或采用混合计划以迎合自己的需要。

1. 斯坎伦计划

斯坎伦计划是指20世纪30年代中期，美国曼斯菲尔德钢铁厂的工会主席约瑟夫·斯坎伦提出的一项劳资协作计划。该计划指出，如果雇主能够将因大萧条而倒闭的工厂重新开张，工会就同工厂一同努力降低成本。40 年代中期，斯坎伦又提出了一种以工资总额与销售总额的比例数来衡量工资绩效的办法。70 余年来，斯坎伦计划不断得到补充和完善，成为人力资源开发管理的一种经典模式。

斯坎伦计划从人事方面着手进行改革，就是改变组织成员的态度，评价准则、作风、行为以及人与人之间的关系。这种方法假定人是推动变革或反抗改革的主要力量。贯穿于这种方法中的一条线是组织成员之间的权力再分配。这种权力的再分配可以通过鼓励下级人员独立决策和开辟沟通意见的渠道来实现。

斯坎伦计划包括下列 5 个基本要素，即合作理念（philosophy of cooperation）、认知（identity）、技能（competence）、融合系统（involvement system）和分享利润构成（sharing of benefits formula）等。其核心是设计一个促进合作、参与和利润分享的新型的劳资关系和企业管理系统。

斯坎伦计划的四项最基本的原则：①一致性，这意味着组织要将目标或任务明确地阐述给员工，使员工的参与和组织的目标紧密联系。②能力，组织实施斯坎伦计划是对员工的能力有较高层次的期望，他们认为员工在计划的驱使下会产生变革的需要，并具备改善工作过程的愿望和基本能力。③参与制，为让员工更好地了解建议的流程，组织要设立专门的建议委员会，员工提出改进的建议上交到这些建议委员会中，再由委员会挑选合适的建议提交管理高层决策，其功能主要是把握建议计划的实际运行和评估活动。④公平性，组织的成功并不是某一个人或某一个群体的功劳，而是建立在员工、客户和投资者三方共同努力的基础上，他们会共同分享这一计划的成果。

斯坎伦计划具有三个最重要的特征：第一，强调参与性的管理，管理人员和员工应该不分彼此，给员工一种公司属于自己的感觉，让每个人都明白个人薪酬的增加是建立在彼此坦诚合作的基础上的，并将公司的薪酬激励和员工的建议系统结合在一起。公司的每个部门都有一个由管理人员和员工代表组成的员工委员会，并为员工提供提出改进建议的机会，鼓励员工向公司提出提高生产力的建议。第二，员工委员会负责执行激励计划，包括改进建议、价值评估、应用奖金计算公式和重新设计奖金计算公式等。第三，应用斯坎伦计划的公司都采用适应本公司的奖励分配计算公式。

斯坎伦计划中计算奖金的程序是：

第一步，确定收益增加的来源，通常用劳动成本的节约来表示生产率的提高，用次品率的降低来表示产品质量的提高和生产材料等成本的节约。

第二步，将上述各种收益增加来源的收益增加额加起来就可以得到增益总额。

第三步，提留和弥补上期亏空。

第四步，确定员工分享增益的比重，并根据这一比重计算员工可以分配的总额。

第五步，计算员工可以分配的增益总额与参与这一计划的员工当期工资总额的比例。用这一比例乘以各员工的工资所得到的结果就是该员工分享的增益的数量。

公式如下：

奖金=（单位销售收入工资含量标准–实际单位销售收入工资含量）
×销售收入×分配系数
=（按标准计算的工资总额–实际工资总额）
×分配系数

可用下面的例子来说明：

某公司×年商品值为 10 000 000 元，总工资额为 400 000 元，目前的商品产值为 9 500 000 元；

标准工资成本为 9 500 000×（400 000÷10 000 000）=380 000（元），而实际只有 330 000 元；

节约成本=380 000–330 000=50 000（元）

员工奖金=50 000×0.75=37 500（元）

其余的 25%则是公司预留的储备金，以供日后的需要。

斯坎伦计划即为这种方法的应用，是许多公司广泛采用的劳资计划。这项计划着眼于：第一，发给每个组织成员的奖金必须与他们为改进公司的工作效率而付出的基本贡献成比例；第二，建立一个跨越组织等级的工作改进委员会。这项计划对管理人员与工人之间以及工人彼此之间的人事关系的性质产生了巨大的影响。总之，这项计划鼓励下级人员承担更多的责任，与下级部门共同享有治理的职权。

斯坎伦计划既可以用于企业，也可以用于某个部门，比较适用的部门是生产部门和销售部门，特别是成本控制领先的行业，公司所有员工，从经理到工人，从主管人员到办事人员都参与提出节约成本、改进生产和管理的方法，而员工随着参与决策程度的提高，抱怨情绪也相应减少，对组织的忠诚度和满意度也不断提高。

2. 拉克计划

与斯坎伦计划一样，拉克计划是艾伦·W. 拉克（Allan W. Rucker）于 1933 年制定的。斯坎伦计划与拉克计划都强调员工参与并采用现金激励来鼓励员工参与。它们之间主要的不同在于衡量生产率的公式上。拉克计划用附加价值公式（value-added formula）来衡量生产率。附加价值是产品销售价格与用于生产的原材料价格之差。下面的例子基于最终把面包销售给顾客的顺序描述了附加价值的概念。这个顺序包括种植小麦、加工小麦、小麦中加入其他成分制作面包以及将面包卖给顾客。

首先，农民种出小麦，并把它卖给小麦加工商，农民卖出小麦所得的收入与购买小麦种子以及施肥、施料和其他发生的总成本之差就是附加价值。接下来，加工商从农民那里购买小麦，将小麦加工后卖给面包房。购买小麦的成本与卖出小麦的价格之差是“价值”数，它是加工商“附加”在加工过程当中的。面包师重复同样的过程，将加工商辗磨的面粉与其他成分混合在一起，烘烤后做成面包直接卖给消费者，或卖给零售商，零售商再卖给消费者。面包师将其他成分糅合进面粉中以及烘烤成面包，这个过程中产生了“附加价值”。如果面包是通过零售商卖给消费者的，那么在零售商从面包房购买面包、运送面包至便利店、摆放面包直至最后销售面包这个过程中，零售商也创造了“附加价值”。在整个过程中，每一步骤所产生的附加价值之和等于这一过程中的全部经济实体所做的总贡献。

3. 改进生产盈余计划

米切尔·费恩（Mitchell Fein）在 1973 年创造了改进生产盈余（impro-share）——通过分享提高生产率——特别用来衡量生产率而不是斯坎伦计划和拉克计划中所说的节约成本。这些计划旨在用更少的劳动小时制造出更多的产品。改进生产盈余计划的重点是激励员工完成产量。

改进生产盈余红利是基于劳动小时率公式（labor hour ratio formula）计算出来的。通过分析历史财务数据以确定标准，并根据标准来确定完成一件产品所需要的劳动小时数，然后用标准劳动小时与实际劳动小时的比率来衡量生产率。它不像拉克计划和斯坎伦计划，员工参与不是主要特征，而且员工是每周获得红利的。

改进生产盈余计划特别制定了一条回购规定（buy-back provision）。根据这条规定，为了取得生产率的最大提高，支出水平要基于生产率收益。生产率最大提高而取得的红利要储存起来。如果生产率的提高点一次比一次高，那么公司可以一次性支付给员工最大超过生产率提高点的薪酬。这种支付额通常与储存额相等。然后，公司可以调整标准，其目的是使新标准在较高的生产率水平上被制定出来。在工会化的公司中，当工会领导相信如果管理层储存红利较困难，管理层试图剥削员工时，经理们的可自由支配权会受到来自工会的挑战。

三、集体激励的优点和缺点

（一）集体激励的优点

集体激励计划对公司来说有两个优点：第一，公司为集体激励计划制定绩效考核标准要比为个人激励计划制定绩效考核标准简单。很明显，公司中的集体要比个人少。因此，公司通常使用较少的资源（如员工时间）来制定绩效标准。此外，评估最终产品的质量是非常有意义的，因为公司必须生产高质量的产品来维持市场竞争力。从 20 世纪 70 年代末期至 80 年代早期，美国汽车制造商（特别是克莱斯勒公司）失去了基本的市场份额，国外汽车制造商（如本田公司和丰田公司）占领了美国汽车市场的份额，因为国外汽车制造商生产的汽车的质量比美国汽车制造厂商生产的汽车的质量要高很多。如果美国汽车制造商不能从根本上提高汽车质量，那么这种在20世纪80年代末期出现的美国汽车制造商失去市场份额的趋势将不会改变。较强的集体凝聚力是集体激励计划的第二个优点。紧密结合在一起的集体比专注于特定工作的个人更能有效地达成目标。毋庸置疑，集体成员的个人利益促成了集体合作，其目的是使他们的激励薪酬最大化。

（二）集体激励的缺点

集体激励计划的主要缺点是它导致了员工流动。公司实施集体激励薪酬计划之所以会导致员工流动是因为搭便车效应（free-rider effect）。一些员工对公司目标的贡献小是因为他们与其他员工相比，不具备足够的能力、技能和经验。在一些集体中，当集体不依据个人对集体目标贡献的大小而平均分配激励薪酬时，成员会故意降低工作效率。在这种情况下，搭便车效应最初会使那些为公司目标做出巨大贡献的员工产生不公平感。一段时间后，他们可能就会选择离开公司。

团队成员可能对其他团队成员的表现影响到其薪酬水平的事实感到不满，团队成员没有达到集体目标时，执行者更会感到不满。团队个别成员的不良表现可能会导致整个团队成员的低收入，在激励薪酬代表核心薪酬的主体时，对集体激励计划的不满可能会加剧。

第四节 全公司激励

全公司激励计划的使用可能要追溯到19世纪。公司制订利润分享计划，一是可以缓解员工对低薪的不满，二是可以改变员工的想法——员工认为即便公司获得了利润，也不会向其支付高工资。非常简单，管理层相信，如果员工分享了公司利润，那么员工极少有可能会质疑管理条例。

一、全公司激励的定义

当公司业绩超过了最低可接受的绩效标准，如利润或用公司股票价格体现出来的公司价值时，在全公司激励计划下员工可以获得奖励。随着公司竞争压力的不断增大，管理层必须寻找提高员工生产率的方法。现在，公司使用全公司激励计划来激励员工更加努力工作以增加公司利润或公司价值。全公司激励计划的拥护者相信，设计良好的计划可以使员工的目标及雇主的目标更加一致，因为员工会为了增加公司的利润和价值而努力地工作。

二、全公司激励计划的类型

（一）利润分成计划

利润分成计划（profit sharing plans）将公司利润的一部分给员工，它不同于基本工资、生活费调整以及持久性绩效工资的增长。当前公司广泛使用两种类型的利润分成计划：第一，当前利润分成（current profit sharing）计划，它是在每季度或每年奖励员工现金。第二，延期利润分成（deferred profit sharing）计划，它是把奖励给员工的现金存入员工的信用账户上。这些信用账户是以员工的名义并作为员工退休收入的来源由公司统一保管。抛开时间来说，这些计划都与税收无关。当前利润分成计划把现金作为员工核心薪酬的一部分来支付给员工。

1. 利润分成计划的计算

第一，人力资源专家认为可以用三种公式中的任意一种来计算利润分成计划中的资金。固定的第一笔利润额公式使用税前或税后年利润的特定百分比来计算，前提是已经成功达到了公司的目标。例如，一家公司将利润分成资金定为公司利润的 7%，但支付的前提是废品率要有一定程度的下降。

第二，公司可以使用分等级的第一笔利润额公式来代替前面的固定百分比。例如，公司可以将第一个 800 万美元利润的 3%留存为利润分成资金，而超过 800 万美元的部分则根据实际利润的 6%将其留存为利润分成资金。使用分等级公式可以激励员工为了分享到更多的收益而向着巨大的利润目标努力。

第三，利润门槛公式。仅当利润超过了预先设置的最低水平但又低于最高水平时，可用该公式来计算利润分成资金。公司设置最低水平是为了在公司分配员工利润之前，保证持股人拥有收益。公司设置最高水平是因为公司给予员工利润就是要基于最高水平这一因素，而不是员工生产率或创造力，如技术创新这些因素。

在管理层选择好其中一种利润分成资金计算公式后，他们就要考虑如何在员工之间进行分配。通常有三种分配方式：平均分配给每位员工；根据年薪计算出比例，按比例进行分配；根据员工的利润贡献率来分配利润。平均分配反映了所有员工平等获得公司收益以促进员工合作的理念。然而，由于员工对利润的贡献不同，所以大多数雇主要基于贡献差异将利润分成资金有差别地分配给员工。

公司分配利润还可以根据员工的年薪，按照一定比例分配；薪酬会根据内外部因素而改变。总的来说，薪酬越高，公司分配的任务就越多。假设高薪酬的工作比低薪酬的工作更有可能对公司的竞争地位产生影响，对任一给定的工作而言，根据绩效或资历支付的薪酬都会不同。较高的绩效水平和资历会带来较高的薪酬。

另外，还有一种根据员工对利润的贡献比例分配利润的方法。一些公司基于工作绩效衡量员工的贡献。然而，这种方法不可行，因为要将每位员工的贡献与利润分离开来是很困难的。例如，秘书工作（接电话、接待来访者以及录入文件）如何直接贡献于公司绩效呢?

公司既可以把利润分配当做除员工基本工资以外的薪酬奖励，也可以把它当做一种“风险薪酬”。对于前者，基本工资是根据外部竞争水平制定出来的，这使得利润分成与红利相等。而对于后者，雇主制定的基本工资低于平均水平，这就给员工带来了风险。因此，员工一定时期内的收入与他们在其他地方可能挣得的收入相比，会相对较少或相对较多。

2. 利润分成计划的优点

利润分成计划有两个主要的优点，一个是对员工而言，另一个则是对公司而言，利润分成计划如果能被很好地设计出来，那么员工就能分享到公司从利润分成计划中获得利润，所以他们会进一步提高生产率以促进利润增加。

采用利润分成计划的公司，其财务处理将更加灵活。如我们前面所讨论的，支付给员工的现金会随利润水平的变化而变化。经济低迷时期的支付水平会低于经济繁荣时期的支付水平,利润分成计划的这个特征使公司能将有限的现金库存运用于有需要的部门，如研发部门。

3. 利润分成计划的缺点

利润分成计划同样也有两个主要的缺点，第一个缺点直接影响到员工，第二个缺点则对公司产生了一定的影响。利润分成计划破坏了员工的经济安全感，特别是当利润分成代表了相当大部分的直接薪酬时。因为公司每年的利润都不一样，所以员工每年的收入也自然不同。于是员工会发现，要预测对其储蓄与消费行为有着直接影响的收入是件非常困难的事。如果收入发生了巨大的变化，那么公司的优秀员工就会跳槽去竞争对手的公司。当然，优秀员工的流动也反映出公司的一个重要劣势。

在不确定的条件下，雇主也发现利润分成计划存在一些问题。利润分成计划不能激励员工是因为员工不能清晰地看到自身的努力与公司利润之间的联系，特别是小时工，他们就更难看到这种联系了，因为他们的努力似乎与公司的业绩相差更远。例如，装配线上给汽车安装内饰（皮垫和座位）的工人不可能看到他们的努力与公司利润水平之间的任何联系，因为给汽车安装内饰仅仅是完成一辆汽车制造所有步骤中的一个步骤。

（二）员工股票期权计划

在员工股票期权计划（employee stock option plans）下，公司授予员工购买公司股票（company stock shares）的权利。公司股票（company stock）代表了公司的总资产。公司股票代表了同等价值的资产部分。资产利息实际增加了股票的数额。股票期权（stock options）是指员工购买公司股票的权利，直到员工实施了股票期权，他们才真正拥有了股票。公司选择期过后——通常不超过 5 年——员工以指定的价格购买到股票，此时他们才算真正拥有了公司股票。员工股票期权计划激励员工更努力地工作，期望集体员工的生产力在一段时间后会增加公司股票的价值。当员工以一个比初始购置价格更高的价格将股票出售时，他们就能获得现金薪酬。

员工股票期权计划仅仅是全部股票薪酬计划中的一种，另外两个基本类型的股票计划现在也被广泛地使用：一个是员工持股计划（employee stock ownership plans，ESOPs），它将公司股票放到员工的信托账户上。员工持股计划的目的与延期利润分成计划的目的类似，因为这些信托基金是以员工的名义并作为员工退休收入的一种来源由公司保管，同时作为一种待遇奖励给员工。另一个是股票补偿计划（stock compensation plans），是给执行层的一种非常重要的延期补偿（deferred compensation）。延期补偿被认为创造了一种拥有感，它将执行层的利润与公司股东的利益长期地联系在一起。

第五节　设计激励工资计划

当设计激励工资计划时，人力资源专家和直线经理要考虑以下五个关键要素：①计划应当基于集体员工的绩效，还是基于员工个人的绩效；②在员工总体薪酬计划中，他们愿意接受的风险程度；③激励工资是否应当代替或补充传统工资；④绩效判断的标准；⑤目标的时间范围——长期、短期或二者的结合。

一、集体激励与个人激励

公司在考虑采用何种激励方案时，应当选择一种适合公司组织结构的方案。集体激励计划最适合于员工工作相互依赖，并且员工个人的贡献难以衡量的情况。在这种情形下，公司要求员工之间相互合作。通过将薪酬与部门或分支机构的目标达成联系起来，以及通过消除工资确定过程中集体所不能控制的因素（如个别卖主延迟发送原材料），公司就能鼓励团队行为。

个人激励计划奖励员工达到或超过其预先设置的个人目标，如产量和销售量。与团队激励计划类似，员工应当能很好地控制个人目标的达成，并且个人激励计划的目标也应当建立在员工独立工作而不是相互合作的基础上。例如，对打字员的激励可以建立在输入准确的基础上，因为打字员的工作可以独立操作，且对完成此项工作的能力几乎没有外部限制。从集体层面来看，给销售团队中的个人成员以奖励是较合理的。以计算机硬件和网络产品为例，产品的销售和安装需要一支既包括营销专家又包括技术专家的团队，技术专家需要依靠其他人的专业知识来识别硬件和网络设备的配置以满足客户需求，并在客户公司成功安装这些设备。

二、风险程度

对员工愿意接受的风险程度，公司应当仔细地考虑。如我们先前所谈到的，激励工资可以补充基本薪金，也可以代替或部分代替基本薪金。很明显，如果激励工资代表了很大一部分的总核心薪酬，那么员工工资的风险程度会增加。处于高职位的员工的工资风险程度要比处于低职位员工的工资风险程度高。我们因此也可以很直观地得出一个合理的结论：一线包装部门的生产力水平高于预定水平目标的达成要比销售经理在竞争激烈的市场中获得10%的市场份额这一目标的达成风险程度低。不考虑员工的职位，风险程度的选择应当依赖于员工对目标达成的控制程度。当参与者对计划目标的达成存在一定程度的控制时，采取激励工资计划将非常有意义。因为目标太难达成或很多因素阻碍了员工目标的达成从而导致员工对目标无法控制时，激励计划自然会失败。

三、补充或替代基本工资

补充基本工资是指公司在基本工资和边缘薪酬之外额外奖励给员工激励工资。另一种选择是，公司可以减少基本工资，并将减少的基本工资部分体现在激励工资中。例如，如果公司每年给予员工10%的工资增长，那么它可能会将4%用于员工生活费的增长，剩下的6%则用于激励。那些低于平均绩效水平的员工将得不到这部分激励工资，达到平均绩效水平的员工则可以获得激励工资的一半，超过平均绩效水平的员工则能够得到全部6%的绩效奖励。在这种情况下，员工预期成为其基本工资一部分的6%的激励工资就不再有保障，因为这部分潜在薪酬的获得存在一定的风险。通过这种把风险引入工资计划的做法，员工就有可能获得超过6%的激励工资，因为绩效差的员工获得的少，所以他们剩余部分的激励工资将会被用于优秀员工之间的分配。

周期性行业（如零售业）中的公司将激励部分引入员工的核心薪酬计划，这对公司来说是有益的。在业务下降时期，永久增长基本工资的绩效工资计划会产生预算问题。如果用激励工资计划代替永久绩效工资增长计划，那么薪酬的支出水平将会随着公司业绩水平的变化而变化。激励工资在萧条时期能有效降低工资成本，且在业务回升时又能提升奖励水平。

四、绩效标准

从绩效评估的讨论中，我们可以清楚地看到，评估员工绩效的方法应当是可量化且可被员工理解的。就激励工资计划而言，员工绩效的一般衡量方法是公司利润、销售收入以及每个业务单元所生产的产品数量。最适宜的衡量方法应当与公司的竞争战略有关。例如，如果公司试图提高产品质量，那么它的激励计划很可能要基于顾客对质量的满意度来对员工进行奖励。

事实上，公司可能会采用不止一种的绩效评估方法。例如，公司可能会把所有的评估方法作为其奖励的基础。权衡方案反映了每种绩效标准对公司竞争战略的重要性，如公司绩效（10%）、部门绩效（40%）、个人绩效（50%），这就将组织中所有的层级都融入进来了。实际上，这一相对权重只是员工承担的风险程度的一个反映。与前面的例子相比，下面这个计划具有相当大的风险——50%的公司绩效、35%的部门绩效以及15%的个人绩效。员工收入主要依赖于公司和部门的业绩，而公司和部门的绩效恰恰是员工很难控制的。

五、时间长度——短期与长期

激励工资计划的一个最主要的特征是它的时间范围。因为没有明确的标准可以用来区分短期与长期，所以人们通常粗略地来区分：短期目标能在5年或更短的时间内完成，长期目标则需要更长的时间。

通常给低级别员工的激励计划要基于短期目标，因为短期目标对这类员工来说是可以控制的。例如，对生产工人的绩效要1小时进行1次评估。而在给专家和执行者制订激励计划时，则要基于长期目标。例如，奖励工程师产品设计的创新需要基于一个较长时期的目标，因为从开始创新产品到最后推向市场，即专利申请、制造和市场分配，这之间的一系列步骤要花费很长时间。另外，执行者的激励也要基于长期，这是因为他们的成功与公司一段时期的持续经营有着紧密的联系。

【复习思考题】

1. 如何理解激励薪酬?
2. 如何设计激励薪酬?

【实例经验与启示】

激励性薪酬体系设计案例[①]

一、分析 CX 公司薪酬体系

CX 公路市政建设公司（简称 CX 公司）成立于 2000 年 5 月，属国有独资企业，专业从事道路工程的科研、工程施工及试验检测等。公司员工 450 余人，营业收入近 5 亿元，业务网点遍布全国各主要地区和大中城市，系一家中等规模、具有较强竞争力并在行业内具有一定知名度的高科技企业。

CX 公司薪酬体系存在以下问题：

一是固定工资水平偏低，员工稳定收入差，保障性不强，不利于核心人才的稳定。

二是岗位工资不能体现岗位价值，岗位工资的确定虽经过岗位评价，但评价因素不全面、评价标准不科学，内部公平性受到质疑。

三是实行一岗一薪，岗位与工资呈“点对点”的高刚性，企业内部等级森严，缺乏工资晋升机制，员工无成长空间。

四是浮动工资中的年终奖金标准确定依据不明确。年终奖金考核指标不全面、不科学，人为因素为主导，员工之间差距过大，矛盾突出。

五是工资结构中除了年终奖金进行浮动发放外，月度和季度均缺乏相应的激励因素，员工工作积极性不高，决定技能工资的职称或技能资格也并不能反映员工真正的能力。

二、重新设计薪酬结构模式

CX 公司在广泛调研和分析的基础上，对原有薪酬模式进行重新设计，建立职位–胜任能力–绩效三位一体的（3P）薪酬体系，实行“以岗位为基础，以业绩为导向”的岗位绩效工资制。员工薪酬构成包括岗位工资与津补贴、奖金、保险与福利三部分，其中岗位工资和奖金是主要部分（表 5-1）。

表 5-1　CX 公司员工薪酬结构模式

一级构成	岗位工资与津补贴		奖金		保险与福利				
二级构成	岗位工资	工龄补贴其他补贴	月度绩效奖金	年终效益奖金	社会保险	住房公积金	劳动保护	企业年金	内部医疗保险

员工工资收入=岗位工资+季度绩效奖金+津补贴+年终效益奖金

岗位工资主要体现岗位本身在企业内部基本价值水平、体现岗位差别，需要通过岗位价值评价来测量。

① 张方国. 激励性薪酬体系设计——CX 公司绩效导向薪酬体系改革实践. 企业管理，2011，（1）：74-76.

月度绩效奖金主要体现岗位员工工作和努力差别，对企业/部门/岗位价值的实际贡献支持度，与季度绩效评价结果挂钩，按月浮动发放。

津补贴，包括工龄补贴、劳保费及驻地津贴，属于保健因素，体现公司对员工的个人特殊补偿，予以全部保留，并对驻地津贴予以适当提高以体现对施工一线的激励。

年终效益奖金主要体现为全体员工的工作努力对企业的实际贡献，让员工分享企业利润。通过年度绩效评价结果与薪酬体系相结合来实现。

保险与福利除了基本的社会保险、住房公积金和劳动保护外，还针对中高级人才建立了企业年金制度和内部医疗保险办法，以增强对核心人才的吸引、保留与激励。

三、实施岗位评价，确保薪酬的内部公平

为明确各部门职能职责，CX 公司对原有组织机构及职能进行梳理和重新设计，同时根据部门职责进行规范的定岗定员工作。通过组织进行岗位分析，编制规范的《岗位说明书》，明确岗位职责和任职资格标准，以此确定岗位人员编制，为实施岗位评价奠定基础。

为准确测量岗位价值的差异，实现内部公平，采用国际通行的岗位评价方法——因素计分法。根据国际劳工组织确定“岗位责任、知识技能、工作强度、工作环境”四大岗位价值评价因素，结合 CX 公司科技型工程企业的特性和核心价值观，将四大评价要素分解成 24 个子因素（岗位责任 9 个子因素，知识技能 8 个子因素，工作强度 4 个子因素，工作环境 3 个子因素）。通过问卷调查、小组研讨等方式，按总分 1 000 分对各评价因素的权重分值配置分数，对各评价子因素进行明确定义和分级，分别分为 1~5 级（表5-2），并结合企业的岗位层级要求，建立起 CX 公司的岗位评价办法。

表 5-2 评价因素定义与评分表

级别	1.8 安全责任因素	分数	权重
因素定义：岗位在经营管理中对人身、财产、设备、技术机密等安全方面所承担责任，其责任大小以本岗位涉及安全问题的密切程度和安全管理的范围来衡量			35‰
5	工作岗位较少涉及安全问题，基本不承担安全管理责任	0~6	
4	工作岗位涉及安全问题，但仅承担个人的安全管理责任	7~13	
3	二级科室安全直接责任人	14~20	
2	本部门安全管理直接责任人或分管岗位涉及较多的安全问题	21~27	
1	所属部门安全风险大或承担企业的安全管理责任	28~35	

同时，成立了 15 人的岗位评价小组，成员要求熟悉企业经营生产，要有广泛代表性，要涵盖各层级人员（高层、中层、职员）。由岗位评价小组分组进行岗位价值打分评价，且是在专业咨询公司指导下进行封闭式评价，一是要确保评价的专业性和科学性，二是避免外界干扰。评价结果经过评价小组会议反复研讨并最终确定，最后根据评价结果进行岗位价值排序。通过实施岗位评价，从而确保薪酬的内部公平。

四、建立宽幅薪级制度，促进员工职业成长与发展

利用岗位评价结果，结合 CX 公司的人员规模进行岗位归级处理，建立 CX 公司的岗位等级（12 个岗位等级）。以岗位标准薪点为基础进行宽幅薪级设计，每个薪酬等级

设立15个薪级（如表5-3所示，其中C1列为岗位标准薪点），幅宽在100%或100%以上，分为学习区、成长区、合格区、良好区、优秀区五个区间。

表5-3 薪点表

薪等	薪级														
	学习区A			成长区B			合格区C			良好区D			优秀区E		
	A1	A2	A3	B1	B2	B3	C1	C2	C3	D1	D2	D3	E1	E2	E3
9等	550	590	630	670	710	750	790	830	870	910	950	990	1 030	1 070	1 110
8等	500	540	580	620	660	700	740	780	820	860	900	940	980	1 020	1 060
7等	450	485	520	555	590	625	660	695	730	765	800	835	870	905	940

岗位薪点数代表岗位在企业内部的相对价值并直接决定岗位等级，岗位等级体现岗位价值差异，薪级体现个人能力或技能差异。要确定岗位工资还需要确定薪点值。通过CX公司现有固定薪酬总额测算，汇总各部门核定编制岗位的薪点数，得到公司统一的岗位薪点值（薪点值=现有薪酬总额/∑核定编制的岗位薪点数）和岗位工资额（岗位工资=岗位薪点数×薪点值）。通过测算，薪点值为5元，考虑到目前公司固定工资水平普遍偏低、员工积极性不高，为确保与市场薪酬水平接轨，最终将薪点值调整为6元。

薪点值的运用极大地增强了薪酬的弹性，企业可以结合经济效益定期对薪点值进行修正调整，合理确定企业薪酬水平的市场定位。宽幅薪级设计保证了员工在岗位不晋升的情况下，薪酬水平可随着绩效或能力的提升而提高，甚至达到更高岗位的薪酬水平，从而保证人岗匹配。

五、强化绩效奖金可变薪酬管理，真正实现个体公平

根据双因素理论，通过在工资构成中设置绩效奖金可变薪酬，有效实现对员工的激励。CX公司从预算年终奖金额中预提50%作为公司全年季度绩效奖金与季度考核结果挂钩，按月度浮动发放，以降低年终奖金比重，改变以往年终奖金比例过大且发放不稳定、激励不及时的弊端。同时，也解决了以往季度“只有考核结果，没有考核运用，缺乏考核动力”的矛盾。通过绩效奖金可变薪酬激励因素，一方面体现员工季度绩效贡献差异，体现个体公平，另一方面对员工进行及时激励，为季度考核结果应用提供动力。根据不同层级员工工作风险性及可控程度确定不同的绩效奖金比例（表5-4）。

表5-4 工资比例表（单位：%）

岗位层次	岗位工资	绩效奖金
业务人员	50	50 平时按销售任务考核发放，若平时未完成任务扣发绩效奖金，但在年底全部完成任务的，可以予以补发
一般员工	80	20
主管/科长	70	30
中层管理人员	60	40
高层经理人员	40	60 高层经理人员月度绩效奖金按月发放，纳入年终奖金范畴，与年底KPI（key performance indicator，即关键绩效指标）考核挂钩结算

六、规范年终奖金的发放，真正发挥奖金的激励功能

在年终奖金发放方面，首先，由公司董事会根据公司净利润实现和年度KPI指标达成情况，确定出公司应发奖金总额。公司高层经理年终奖金按公司总奖金额的规定比例提取，由总经理提出方案，董事会批准。其次，改变以往片面根据生产部门的产值、毛利确定奖金的办法，以目标成本降低额为奖金基数，从产值、成本降低率、回款率、质量、安全等指标进行全面评价并挂钩。对各职能部门直接按公司奖金总额的规定比例计提，以改变以往奖金按生产部门同层级人员的80%计提，无论怎么努力奖金额都偏低的现状。对部门实发奖金额通过部门奖金基数与部门年终考核系数挂钩，并在公司内进行初次分配确定，计算办法如下：

$$\text{部门实发奖金额}=\text{部门奖金基数}\times\text{部门考核系数}\times\text{公司奖金调节系数}$$

$$\text{公司奖金调节系数}=\frac{\text{公司奖金总额}}{\sum(\text{部门奖金基数}1\times\text{部门考核系数}1+\cdots+\text{部门奖金基数}N\times\text{部门绩效系数}N)}$$

其中，公司奖金总额为公司计提奖金总额扣除高层经理人员计提奖金额后的奖金额。

根据岗位价值评价结果分配确定个人奖金分配基数，即汇总部门各岗位的薪点数得到部门统一的岗位奖金薪点值（即奖金薪点值=部门实发奖金额/$\sum$部门各岗位薪点数）和岗位奖金额，并根据岗位层级设置奖金薪点值系数（如经理为1.5，主管为1.2，职员为1.0）。将员工奖金额与个人绩效考核系数挂钩，通过部门绩效调节系数，实现部门奖金在岗位间的二次分配。通过利用岗位价值评价结果、公司奖金调节系数和部门奖金调节系数，减少人为因素，使奖金分配更为透明合理、更加客观公正，真正发挥奖金的激励功能，也更加激励员工关注部门及个人绩效的提高，增强团队合力，从而提高部门及个人奖金收入。

七、岗位工资薪级的套入及应用

首先，考虑到员工的心理承受能力，保证现有员工工资收入不受大的影响和冲击，确保新旧体系的平稳过渡，对现有人员岗位工资直接按所在薪等的合格区C1薪级执行。

其次，新进人员的薪级套入与岗位任职资格挂钩，在试用期间直接按所在薪等成长区A2薪级执行，转正时经岗位任职资格评估后，核定于成长区A2与合格区C1之间，以确保人岗匹配、能级对应。对经验丰富、能力强的新进人员可直接核定于合格区C2以上薪级，甚至更高薪级。

最后，每年年初根据员工上年度综合绩效评价结果进行宽幅薪级调整，对绩效优秀员工晋升1~2级薪级，对绩效较差员工下浮1~2级薪级，建立起绩效导向的薪酬定期调整机制。

第六章　员工福利管理

学习目标

1. 掌握员工福利的特点与作用。
2. 掌握员工福利存在的问题与发展趋势。
3. 掌握员工福利的类型。
4. 了解弹性福利体系设计方法。
5. 了解员工福利的规划与管理。

【导入案例】

小王来到一家私营的医药生产企业，被老板任命为总经理。企业的规模不是很大，但生产的品种不错，一年的销售额不少，利润率也不低。新官上任，老板要他将公司的福利打理一下，原因是公司“花了很多钱，但讨不到员工欢心”。公司实行车补，但是没车的员工怨声载道；公司实行幼儿免费入托，可是没有小孩或小孩不上幼儿园的员工又颇有微词；逢年过节，公司统一给员工送的礼物也引起不少员工的不满，认为不如“红包、奖金”实惠。福利“众口难调”，小王应如何打理才让员工对公司福利满意呢？

第一节　员工福利概论

一、员工福利的特点和影响

在讨论报酬问题的时候，大多数人往往只看直接货币收入——基本薪酬、奖金以及其他一些直接的货币报酬。但是，在组织向员工提供的具有货币价值的报酬中，显然并不只包括这些，还有相当一部分报酬是以福利的形式提供给员工的。据统计，美国企业为员工所提供的福利成本与员工所获得的货币薪酬之间的比例是37%左右。在员工的总薪酬中，福利成分占到27%左右。

福利（包括退休福利、健康福利、带薪休假、实物发放、员工服务等）有别于根据员工的工作时间计算的薪酬形式。与基本薪酬相比，福利具有以下两个方面的重要特征：一是基本薪酬采取的往往是货币支付和现期支付的方式，而福利则通常采取实物支付或者延期支付的方式；二是基本薪酬在企业的成本项目中属于可变成本，而福利，无论是实物支付还是延期支付，通常都有类似固定成本的特点，因为福利与员工的工作时间之间并没有直接的关系。正是福利在上述两个方面的重要特征，决定了被称为间接薪酬的福利作为企业全面薪酬的一个重要组成部分，在企业的薪酬系统中发挥着自己独特的作用。事实上，福利对企业和员工双方都有着深刻的影响。下面我们分别从企业的角度和员工的角度来对福利的作用与影响进行剖析。

（一）员工福利对企业的影响

一方面，福利的成本通常都是由企业全部或部分承担的。当福利项目的名目繁多时，福利的规划和管理会比基本薪酬和激励薪酬复杂得多，因而可能会耗费企业大量的时间和金钱。但是，福利对员工的激励作用显然不如基本薪酬和激励薪酬更直接，那么企业为什么还要努力地实施员工福利呢？通过下面的分析，我们可以看出，企业之所以对员工福利非常重视，既有企业外部的原因，也有企业内部的原因。

1. 政府的法律规定

大多数国家对于劳动者在就业过程当中以及退出劳动力市场之后所应当享受的福利都有强制性的规定，其中最为集中地体现在有关社会保障的法律方面。劳动者是一个国家公民群体中相当大的一个组成部分，企业员工的基本福利状况不仅对一个国家的社会福利水平有着重大影响，而且还对一个国家的社会稳定程度起着很大的作用。一般情况下，法律规定的、企业必须提供的员工福利项目包括养老保险、失业保险、工伤保险、带薪休假、法定节假日休息等各种形式。同时，各国政府还通过法律对企业所应当提供的福利的最低水平施加一定的限制。

20 世纪 30 年代，为了使美国人民免受大萧条所带来的毁灭性打击的影响，《美国社会保障法》和其他一些法律作为罗斯福新政的一个组成部分被颁布出台。这些立法不仅确定了一些要求企业必须设立的福利项目（如社会保障退休系统），而且还修正了税收结构，使得其他一些福利计划，如工伤补偿计划以及失业保险计划等，也变成了强制性的。在我国，政府一直非常重视劳动者的福利。在计划经济时期，政府甚至直接插手企业员工的福利提供。在市场经济时期，政府同样通过立法以及制定政策法规的形式确保企业员工能够得到养老、失业、医疗、工伤、生育等社会保障方面的福利，同时能够享受带薪休假、法定节假日等其他各种法定福利项目。基于社会公正和平等原则而制定的这些关于员工福利方面的法律法规，无疑是推动企业员工福利的普及和不断提高的一个重要因素，同时也是企业必须遵守的一种约束性条款。

2. 劳动力市场竞争的压力

除了国家法定的一些福利项目之外，企业在选择是否设立其他福利项目时，在形式上是有自己的自主权的。但事实上，从某种意义上来说，企业实际上被强制性地要求必须设立某些福利项目。这是因为，在一个竞争性的，尤其是一个紧张型的劳动力市场上，随着越来越多的企业提供某种形式的福利，其余的企业实际上也被迫要提供这种福利。换言之，企业在选择是否提供这种福利方面的自主权其实是很小的。原因很简单，以健康福利为例，如果 90%以上的企业都提供了某种形式的健康保险福利，那么在其他条件相同的情况下，其余的企业实际上也不得不提供这种福利。这是因为，如果这家企业不提供这种福利而又没能在其他方面做出补偿，那么，它必然会在劳动力市场上处于劣势地位。这样，企业的福利提供自主权实际上就被剥夺了。虽然有些企业力图通过雇用临时工或招募兼职人员的做法来逃避福利负担，但是残酷的竞争已经使得企业越来越没有选择的余地。

3. 集体谈判

在许多市场经济国家都存在工会与企业之间的集体谈判机制。在这些国家的工会化企业中，工会可以代表员工就薪酬、工作时间、雇佣条件等一系列问题与企业或者企业联盟进行谈判。而在集体谈判过程中，福利常常是一个关键性的目标。工会往往能够成功地实现自己的会员在福利方面希望达到的目标，尤其是在将收入从现金形态向福利形态转移能够享受相应的税收优惠的情况下。对于工会而言，为工会会员争取到某种新的福利，如医疗保险计划，可以说是一种非常直观的成果。这种成果对工会在未来吸收新会员时所产生的影响比等值的薪酬水平增长所产生的影响还要大。这是因为，有时薪酬增长的幅度可能只相当于在每位工会会员的小时工资中增加一两分钱，而一项福利计划无论实际经济价值多高，都可以很容易地让工会会员感受到。因此，尤其在工会势力较强的时候，它们对企业福利计划所产生的推动作用是不可忽视的。不仅如此，许多企业为了防止本企业员工加入工会，往往在没有经过集体谈判的情况下，也同样为员工提供各种市场通行的福利，这也是工会的威胁效应对企业福利的一种影响方式。

4. 有目的地吸引和保留员工，培养员工的忠诚度

福利是一种很好的吸引和保留员工的工具。有吸引力的员工福利计划既能帮助组织招聘到高素质的员工,同时又能保证已经被雇用的高素质员工能够继续留在组织中工作。事实上，福利之所以在 20 世纪 60 年代逐渐开始流行，主要就是员工的吸引和保留问题所致。这是因为，在第二次世界大战期间及其之后一段时间所实行的工资和物价管制，以及劳动力市场上的供给不足，导致企业不得不考虑采用直接薪酬之外的其他方面来提高员工的报酬水平，从而吸引并留住自己需要的员工。而一旦这些福利计划建立起来，就作为一种企业惯例被沿袭下来了。

此外，当企业希望吸引和雇用某些类型的员工，但是又因为某些方面的原因不能单方面提高这些人的薪酬水平时，福利就可能会成为一种非常有利的报酬形式。例如，假定有一家企业希望获得稳定可靠的员工队伍，因此希望提高本企业劳动力队伍中中年人（尤其是有孩子的中年人）的构成比例。但是，如果企业单独根据这种特征向中年人提供较高的薪酬待遇，又有可能会导致其他人向法庭提出歧视诉讼。在这种情况下，如果企业向它试图吸引的那些劳动力群体的成员提供某些特殊的员工福利，就有可能会有效地避免这种法律困境。例如，为员工及其家庭成员提供健康保险，会使得有家庭的员工享受更多的福利；为上大学的员工子女提供学费资助，也会达到同样的目的。

最后，福利计划有助于营造和谐的企业文化，强化员工的忠诚感。组织通过福利的形式为员工提供各种照顾，会让员工感觉到企业和员工之间的关系不仅是一种单纯的经

济契约关系，从而在雇佣关系中增加一种类似家庭关系的感情成分，以提高员工的工作满意度，或者降低员工的不满情绪。而员工工作满意度的上升必然会导致员工生产率的上升以及缺勤率和离职率的下降。举例来说，美国 SAS 公司不但为员工提供拥有 2 名医生和 6 名专业护士的免费诊所、一个 5.5 万平方英尺（1 平方英尺=0.092 903 04 平方米）的体育场、有补贴的住房、乡村俱乐部会员资格等福利，而且还为员工提供婴幼儿日托服务（每个月只要交 25 美元），同时为员工的子女上私立学校提供学费补助。该公司还实行了每日七小时工作制，让员工有机会享受家庭生活以及处理私人事务。结果，虽然该公司并未提供股票期权，薪酬水平在本行业中也不是最高的，但是它的年度员工流失率（4%）远远低于同行业的一般水平（20%）。

5. 享受国家的优惠税收政策，提高企业成本支出的有效性

在许多市场经济国家，员工福利计划所受到的税收待遇往往要比货币薪酬所受到的税收待遇更优惠。这就意味着，在员工身上所花出去的同等价值的福利比在货币薪酬上所支出的同等货币能够产生更大的潜在价值。对企业来说，虽然用于现金报酬和大多数员工福利的开支都可以列为成本开支而不必纳税，但是增加员工的现金报酬会导致企业必须缴纳的社会保险费用上升，而用来购买或举办大多数员工福利的成本却可以享受免税待遇。这样，企业将一定的收入以福利的形式而不是现金的形式提供给员工更具有成本方面的优势。

（二）员工福利对员工的影响

从劳动经济学的角度来说，如果同样的薪酬水平可以由不同的直接薪酬和间接薪酬组合构成，但总的薪酬成本不变，那么对于企业来说，货币薪酬多一些还是福利多一些实际上是无关紧要的。在这种情况下，企业是否举办某种福利或者福利的水平高低就要取决于员工的偏好了。那么，员工为什么会喜欢福利呢？在这里，我们主要分析以下几点。

1. 税收的优惠

福利不仅对企业来说存在税收优惠，对员工来说也同样如此。以福利形式所获得的收入往往无须缴纳个人收入所得税；即使需要缴税，往往也不是在现期，而是等到员工退休以后。到那个时候，员工的总体收入水平就会比他们在工作的时候低，从而所面临的税收水平会更低。这样，他们还是能够享受到一定的税收优惠的。因此，在企业薪酬成本一定的情况下，员工直接从企业获得福利，与自己用拿到手里的薪酬收入再去购买福利相比，其成本要低许多。节省的那一部分就相当于所缴纳的税金。

2. 集体购买的优惠或规模经济效应

员工福利中的许多内容是员工工作或生活所必需的，即员工福利具有其自身的实际价值。即使企业不为员工提供这些福利，员工自己也要花钱去购买。而在许多产品和服务的购买方面，集体购买显然比个人购买更具有价格方面的优势。

例如，代表较大员工群体的企业可以因规模经济而以较低的费率购买保险，企业在代表员工与保险服务提供商或者医疗服务提供商进行谈判时，其谈判力量显然比单个的员工更强。此外，企业还可以以较低的成本为员工提供某些项目的服务，因为它可以将固定成本分散到较多的员工身上，从而降低每位员工所承担的成本。如果每位员工自己去购买某种福利，则福利的成本很可能会更高。

3. 员工的偏好

从经济学的角度来说，大多数劳动者都是风险规避型的，也就是说，他们在收入方面会追求收入的稳定性，不喜欢收入存在风险波动。与基本薪酬和浮动薪酬相比，福利的稳定性无疑更强。这样，那些追求稳定和安全感的员工会对福利比较感兴趣。而且，即使对同一个人来说，在其职业生涯的不同阶段，他们对福利的偏好也是不同的。对于有孩子的中年人以及接近退休的老年人来说，福利的吸引力通常是比较大的。

4. 平等和归属的需要

在前面我们曾经提到，员工在一个企业中工作的时候并不只有经济方面的需要，他们还会产生心理方面的需要，如受到尊重和公平对待以及有归属感的需要等。直接薪酬更为偏重员工的能力和业绩，而福利则可以满足员工在平等和归属等其他方面的一些需要。事实上，福利水平的高低会直接影响到一家企业内部的雇佣关系到底是一种什么样的性质。在力图培养企业和员工之间的长期雇佣关系的企业中，福利的项目往往比较多，福利水平相对来说也会比较高。而在那些“雇佣军”型的组织中，组织往往不怎么重视福利，甚至会有意地淡化福利的概念。

当然，福利对于企业和员工来说也不是只有好处，没有不足。例如，对于企业来说，举办的福利项目越多，企业的管理成本就会越高，而且福利对员工绩效的激励程度也不如直接薪酬更有效。有时，过于优厚的福利还会导致员工的工作动机弱化，如带薪病假有可能会导致员工缺勤率的上升。对于员工来说，福利实际上剥夺了他们自由选择对自己有价值的商品或者服务的机会，从而变成了一种强制性的消费。此外，不同的员工对直接薪酬和间接薪酬的偏好有很大不同，同一员工所处职业生涯阶段的不同也会导致他们对薪酬的偏好存在差异。所以，对于有些员工来说是非常有价值的福利，对于另一些员工来说很可能只具有边际价值。尽管如此，由于员工福利对于企业和员工双方都具有以上的种种独特价值，所以到今天为止，企业员工福利的多样化和福利水平的不断提高仍然是一种不可阻挡的社会趋势。

二、员工福利方面存在的问题及其发展趋势

（一）在企业员工福利方面存在的若干问题

由于福利的大规模发展不过是20世纪60年代以后的事情，再加上福利本身的独特性，所以在福利管理方面，企业还面临一些大的问题。

1. 企业和员工在对福利的认识上存在一些混乱

在实践中，到底企业应当提供何种福利，员工应当享受何种福利，大家的认识都很

模糊。

从企业的角度来说，什么样的福利能够满足员工的需求？员工的哪些福利需要应当由企业来满足，哪些应当由社会保障系统、其他系统或员工自己来满足？如何保持企业福利制度的连续性？企业应当在福利项目中承担多大的成本？福利政策和制度对于企业经营目标的支持程度如何？这些问题始终困扰着企业。在大多数情况下，它们实际上只是在被动地制订着福利方案，对于这些福利方案存在的合理性及其实施效果，却并不是很清楚。

从员工的角度来说，员工只知道自己对某些福利存在需求，但是并不清楚到底企业是否应当满足自己这方面的需求。而且，由于福利条款及其操作过程的复杂性，许多员工都只是到了生病、残疾、被解雇或者退休的时候，才真正开始对福利计划本身的规定感兴趣。大多数员工对企业所提供福利的种类、期限以及适用范围的认识是模棱两可、一知半解的。此外，企业为员工提供福利到底需要付出多大的成本，或者说自己所享受的企业福利的价值到底有多大，绝大多数员工更是根本不清楚，也不关心。

2. 福利成本居高不下

福利的成本问题几乎是每一家企业都会遇到的问题。在美国，由于福利开支相当于员工直接薪酬的30%~40%，因此，福利开支对企业的人工成本影响非常大，许多企业都在千方百计地压缩福利成本和预算。许多企业都在用招聘临时工或者兼职员工的做法来减少福利的成本压力。在降低经营成本的压力之下，福利很自然地就成了众矢之的。在我国，抛开企业自办的福利不谈，仅仅从社会保障方面来说，由于我国的社会保障体系不够健全，加之政策设计上的一些缺陷，企业所承担的社会保障开支比例非常大。许多企业采取虚报、瞒报工资的方法来减少自己所应缴纳的社会保障费，另一些企业则根本不缴纳社会保障费。为此，国家出台了一系列的规定来督促企业及时缴纳社会保障费，而企业则在呼吁国家减轻企业的负担。无论如何，这说明福利成本对企业来说，确实是一个很大的经济压力。

一方面可能存在福利总成本过高的问题，另一方面还存在企业的福利成本增长过快的问题。一种情况是企业在实施福利的初期阶段，没有预见到福利发展到一定阶段之后，给企业带来的成本可能是非常高的。由于在初期设计福利的时候没有考虑到未来的风险，所以后来企业越来越不堪重负。另一种情况是外界环境变化所致。例如，医疗成本的飞速上升很有可能导致企业在维持原有福利水平的情况下，必须缴纳的保险费大幅上升。而员工由于没有感受到所得服务本身的价格有任何变化，因而并不会对企业心存感激。又如，在退休福利方面，随着人均寿命的延长，企业在支付员工退休金方面的负担也越来越重。在这种情况下，有些企业就采取故意漏给、少给甚至不给的方式来逃避这种责任。

3. 福利的低回报性

许多企业明显感到自己在福利方面付出了很大的代价，但是没有得到相应的回报。按道理说，福利应当能够帮助企业加速实现目标，或者能有效地实现企业和员工之间的沟通，从而培育起一支优秀的员工队伍，真正达到双赢的目的，但是目前的福利未能达到这种理想的效果。一方面，员工将享受福利看成是自己的一种既定权利或正当利益，对企业所提供的福利越来越不满足；另一方面，企业看到自己的经济负担越来越重，管理方面的麻烦也越来越多，但是并没有什么明显的收益。造成这种情况的一个重要原因可能是企业的福利计划缺少一些限制条款。此外，员工的道德风险也是一个不可忽视的问题。

4. 福利制度缺乏灵活性和针对性

传统的福利制度大多是针对传统的工作模式和家庭模式的，而当前的社会发展已经导致工作方式和家庭模式的变化。此外，劳动力队伍构成的变化，不同文化层次、不同收入层次的员工对福利的需求也产生了较大的差异。而传统的福利制度则相对固定和死板，对有些人会出现重复保险的问题，而对另一些人则存在保险不足的问题，并且很难满足多样化和个性化的福利需求。例如，一旦企业制订了某种福利计划，这种福利计划就会对所有的员工都开放。这样一方面有可能会出现企业花费了很多钱举办某种福利，但是这种福利对于一些员工来说没有价值的情况；另一方面又可能会出现企业由于担心福利成本增加而放弃一些福利，结果导致对这些福利具有很高需求的员工无法享受这种福利的情况。

（二）员工福利的发展趋势

如上所述，一方面，从社会的角度来看，人们认为福利是组织必须提供的，是法律要求的，是组织无奈的抉择，与薪酬和激励无关。这些想法仍然会持续存在下去，这种惯性因素也会对企业的福利管理产生不可忽视的影响。另一方面，当前许多组织对福利的投入很多时候不被员工认可，这主要表现在组织所提供的福利不是员工想要的，不能满足员工的需要，或者在福利方面的沟通不畅，结果导致员工意识不到组织为他们花费了很多成本。而组织面临的市场竞争日趋激烈，福利成本是总薪酬成本中非常重要的一个组成部分，企业又不能不考虑如何才能促使福利成本的收益最大化。因此，进入21世纪以后的企业员工福利出现了以下两个重要的发展趋势。

1. 弹性福利计划大行其道并且日趋完善

弹性福利计划，又被称为自助餐式的福利计划。它起源于20世纪70年代，这种福利计划可以划分为三种类型，即全部自选（全部福利项目均可自由挑选）、部分自选（有些福利项目可以自选，有些则是规定好的福利项目）以及小范围自选（可选择的福利项目比较有限）三种。但是，无论哪一种弹性福利计划，都具有最重要的一个特征，即弹性福利计划的个性化、可选性。员工在企业规定的时间和金额范围内，可以按照自己的意愿选择自己的福利项目组合，他们可以根据自己的需要和生活方式的变化而不断改变自己认为有价值的福利项目。

自助餐式的福利计划从本质上改变了传统的福利制度，从一种福利保险模式转变为一种真正的薪酬管理模式，从一个固定的福利方案转变为一个固定的资金投入方案（由员工的福利收益固定转变为企业的福利投入固定）。这就使得企业不再被福利“套牢”，而是能够根据具体情况来控制资金的支出。

总之，弹性福利计划不仅满足了员工对福利计划灵活性的要求，使得他们能够看清自己的权利和义务，而且也是提高组织福利成本的投资回报率的一种重要手段。企业在控制住福利的成本开支之后，可以将节约下来的钱投入到绩效奖励方面，从而增强对员工的激励。此外，弹性福利计划通过提高员工的自主选择权，促进了员工和企业之间的沟通，强化了组织和员工之间的相互信任关系，从而有利于提高员工的工作满意度。

当然，弹性福利计划也不是没有问题：第一，弹性福利计划会增加企业在福利管理方面的难度，因为员工的福利组合变得多种多样了，而且还在不断发生变化。随着福利名目的增多、成本的提高，福利管理工作越来越需要专业人员来从事，有时企业甚至需要聘请外部的专业性福利顾问公司来提供咨询或服务。

第二，弹性福利计划还会遭遇员工的“逆向选择”问题。如果员工每年都有选择福利方案的权利的话，那么，他们常常会根据自己最容易出问题的那些方面来选择最有利于自己的福利组合。

第三，有些人认为弹性福利计划实际上是让员工承担了不恰当的风险，企业可以借这一计划来推托自己的责任。

然而，无论如何，弹性福利计划正在越来越多地得到企业和员工的认可，并且得到了快速的发展。

2. 组织开始寻求与其战略目标、组织文化和员工类型相匹配的福利模式

随着福利种类的增多和福利覆盖范围的扩大，摆在企业面前的福利计划的种类越来越多。但是，并非所有的福利计划都适合任何组织中的任何员工群体。从实际情况来看，很多福利计划是与组织的目标、价值观乃至经营战略相违背的。因此，企业在制订福利计划时，不仅要考虑现在市场上流行什么样的福利计划，还要对自己的组织进行深入的分析，知道组织的价值观是什么，组织的目标是什么，组织的员工队伍是如何构成的，未来组织要经历什么样的变革等；在回答这些问题的基础上，考虑所要设计的福利计划是否有助于完成这些组织目标。如果福利计划有助于组织目标的实现，则需考虑公司是否具备实施这种福利计划的能力（包括成本承受能力和管理能力）。

例如，在一些较为传统型的组织中，企业希望员工能够在组织中长期工作，而员工也偏好稳定的生活，他们可能会在一个组织中工作直到退休。与这样的组织特征相适应，退休福利计划就应该相对更传统一些，以增强员工对组织的归属感。此外，还应当注意采取以支定收的办法，防止在员工退休时没有足额的养老收入。而在另外一些创新型的组织中，情况则不同，仍然拿退休和养老收入的情况来说，在这一类组织中工作的人通常富于冒险精神，他们不愿意长期固定在一个组织中工作，很多人都类似于或者就是自由职业者，因此，无论组织所提供的福利多么完善，他们都不会感兴趣。他们喜欢自己设计自己的养老计划，而不是由别人来主宰这一个过程。因此，这种组织最好将现金存入员工的账户，而不是帮他们投资到企业自己的养老金计划中。事实上，这种组织即使提供养老福利，其弹性程度也相当高，并且员工要承担福利中相当一部分的成本。

第二节　员工福利的种类

员工福利计划包括很多不同种类的福利项目，因此很难对其进行合适的种类划分。在本节中，我们将福利划分为法定福利、企业补充保险计划以及员工服务福利等几种类型，最后讨论现在很多公司都在推行的自助餐式福利计划（即弹性福利计划）。需要注意的是，由于立法和其他一些环境的变化，福利领域的变化很快，因此读者需要随时关注现实情况的变化。

一、法定福利

（一）法定社会保险

大多数市场经济国家的企业都要面对很多按照法律规定必须提供的福利项目。这一部分我们主要了解五种我国规定的集中法定社会保险类型，即养老保险、失业保险、医疗保险、工伤保险以及生育保险。

1. 养老保险

法律规定的养老保险又称老年社会保障，是社会保障系统中的一项重要内容。它是针对退出劳动领域或无劳动能力的老年人实行的社会保护和社会救助措施。

国家统筹的养老保险模式的主要特点是：工薪劳动者在年老丧失劳动能力之后，均可享受国家法定的社会保险待遇，但国家不向劳动者本人征收任何老年保险费，老年保险需要的全部资金，都来自国家的财政拨款。计划经济体制下的苏联和我国实行的就是这种方式。

自我保障模式也称强制储蓄模式。这种保险制度下的保险基金来自企业和劳动者两个方面，国家不进行投保资助，仅仅给予一定的政策性优惠。这种社会自我保障的做法，必然要求企业和劳动者的投保费较高，否则无法得到足够的基金。因此，必须在经济发展迅速而且水平也较高的情况下才能实行。世界上只有少数亚非发展中国家实行这一制度，取得成功的是新加坡。

世界上大多数国家实行的是投保自助型的养老保险模式，这是一种由社会共同负担、社会共享的保险模式。它规定：每一个工薪劳动者和未在职的普通公民都属于社会保险的参加者和受保对象；在职的企业员工必须按工资的一定比例定期缴纳社会保险费，不在职的社会成员也必须向社会保险机构缴纳一定的养老保险费，作为参加养老保险所履行的义务，这样才有资格享受社会保险；同时还规定：企业或企业主也必须按企业工资总额的一定比例定期缴纳保险费。

2. 失业保险

失业保险是为遭遇失业风险、收入暂时中断的失业者设置的一道安全网。它的覆盖范围通常包括社会经济活动中的所有劳动者。我国于 1999 年 1 月 22 日颁布的《失业保险条例》规定，企事业单位按本单位工资总额的 2%缴纳失业保险费，职工按本人工资的 1%缴纳失业保险费，政府提供财政补贴、失业保险基金的利息和依法纳入失业保险基金的其他资金。

失业保险的开支范围是：失业保险金、领取医疗保险金期间的医疗补助金、丧葬补助金、抚恤金，领取失业保险金期间接受的职业培训补贴和职业介绍补贴，国务院规定或批准的与失业保险有关的其他费用。享受失业保险待遇的条件为：所在单位和本人按规定履行缴费义务满 1 年，非本人意愿中断就业，已办理失业登记并有求职意愿。同时具备以上三个条件者才有申请资格。

关于失业保险金的给付期限，具体的规定是，最长为 24 个月，最短为 12 个月。其中累计缴费时间满 1 年不足 5 年的，给付期最长为 12 个月；满 5 年不满 10 年的，给付期最长为 18 个月；10 年以上的，给付期最长为 24 个月。对连续工作满一年的农民合同工，根据其工作时间长短支付一次性生活补助。

3. 医疗保险

医疗保险是指由国家立法，通过强制性社会保险原则和方法筹集医疗资金，保证人们平等地获得适当的医疗服务的一种制度。为了实现我国职工医疗保险制度的创新，在总结我国医疗保险制度改革试点单位的经验，借鉴国外医疗保险制度成功做法的基础上，1993 年，党的十四届三中全会决议中明确指出，要建与个人账户相结合的新型职工医疗保险制度。1998 年颁布的《国务院关于建立城镇职工基本医疗保险制度的决定》规定：城镇所有用人单位，包括企业（国有企业、集体企业、外商投资企业、私营企业等）、机关、事业单位、社会团体、民办非企业单位及其职工，都要参加基本医疗保险。乡镇企业及其职工、城镇个体经济组织业主及其从业人员是否参加基本医疗保险，由各省、自治区、直辖市人民政府决定。基本医疗保险费由用人单位和职工共同缴纳。用人单位缴费率应控制在职工工资总额的 6%左右，其中的 30%进入个人账户；职工费率一般为本人工资收入的 2%。

4. 工伤保险

工伤保险是针对那些最容易发生工伤事故和职业病的工作人群的一种特殊社会保险。我国的工伤保险制度最初建立于 1950 年，1996 年颁布的《企业职工工伤保险试行办法》建立了基金体制，工伤保险费完全由企业负担，按照本企业职工工资总额的一定比例缴纳，职工个人不缴纳工伤保险费。与养老、医疗、失业保险不同，工伤保险除了体现社会调剂、分散风险的社会保险一般原则外，还体现工伤预防、减少事故和职业病的发生率、企业责任等原则。因此，我国也采取了与国际接轨的做法，对于工伤保险费不实行统一的费率，而是根据各行业的伤亡事故风险和职业危害程度类别，实行不同的费率，主要包括差别费率和浮动费率两种形式。

首先，我国根据各行业的伤亡事故风险和主要危害程度划分职业伤害风险等级，从而据此征收行业差别费率。例如，在大连市人民政府于 1995 年公布的行业风险等级以及差别费率的分类中，商业、贸易的风险等级是最低的，工伤保险的费率为工资总额的 0.1%；煤矿的行业风险等级是最高的，工伤保险的费率为 1.5%；其他的行业，如港口业、汽车运输业、仓储货运业、装卸搬运业、木材加工业的行业风险等级为第 10 级，工伤保险费率为 1.0%；造纸以及纸制品业、汽车客运业、印刷业、采盐业、一般机械加工业的行业风险等级为第 6 级，工伤保险费率为 0.6%。

其次，在实行差别费率的情况下，政府还要根据各行业或企业的安全生产状况和费用收支情况，定期调整收费率，调整的幅度为本行业标准费率的 5%~40%，这种定期调整企业所缴纳的保险费率的机制，体现了对企业的安全工作进行奖励或惩罚的原则，有利于促进企业重视安全生产，强化安全生产工作意识。

5. 生育保险

20 世纪 60 年代末以来，我国一直采取由女职工所在单位作为生育保险责任主体的做法，即由女职工所在的单位承担女职工的生育费用和由于生育而带来的经济损失的保险办法。这在当时并不是一种完全意义上的社会保险，而是一种企业保险。但是，这种做法逐渐开始变得对女性的就业极为不利。因此，1986 年以后，我国理论界和实际工作部门开始了生育补偿方式的探索。1994 年 12 月 14 日，劳动部颁发了《企业职工生育保险试行办法》，对生育保险制度提出了一些原则性的意见。这份文件基本上肯定和采纳了生育费用由社会统筹的模式，提出由企业按其工资总额的一定比例向社会保险经办机构缴纳生育保险费，建立生育保险基金。生育保险费的提取比例由当地人民政府根据实际情况确定，但最高不超过工资总额的 1%。企业缴纳的生育保险费列入企业管理费用，职工个人不缴纳生育保险费。女职工生育期间的检查费、接生费、手术费、住院费和药费，都由生育保险基金支付，超出规定的医疗服务费和药费由职工个人负担。产假期间按照本企业上年度职工月平均工资支付的生育津贴，由生育保险基金支付。

不过，需要指出的是，出于多方面的原因，生育费用社会统筹至今在许多地区还没有实施，具体的对策和相关的法律法规还有待国家作进一步的研究。

（二）法定假期

1. 公休假日

公休假日是劳动者工作满一个工作周之后的休息时间。国家实行劳动者每日工作时间不超过 8 小时、平均每周工作时间不超过 44 小时的工时制度。《中华人民共和国劳动法》（简称《劳动法》）第 38 条规定：用人单位应当保证劳动者每周至少休息一天。

2. 法定休假日

法定休假日即法定节日体制。我国法定的节假日包括元旦、春节、国际劳动节、国庆节和法律法规规定的其他休假节日。《劳动法》规定，法定休假日安排劳动者工作的，支付不低于工资的 300%的劳动报酬。除劳动法规定的节假日以外，企业可以根据实际情况，在与员工协商的基础上，决定放假与否以及加班工资多少。

3. 带薪年休假

我国《劳动法》第 45 条规定，国家实行带薪年休假制度。劳动者连续工作一年以上的，享受带薪年休假。这一政策并非强制规定，各单位可以结合政策精神灵活运用。

休假的目的在于使员工可以暂时离开繁重的工作，获得身心的双重休息。带薪休假的一个关键问题在于假期能否累计和转换。也就是说，如果组织给予员工 10 天的带薪休假福利，某一员工当年没有使用这一权利，10 天的假期能否累积到下一年，以及如果因业务繁忙不能安排其休假，组织能否对其进行补偿、怎样补偿？允许员工建立这种类似"假日银行"（假日可以存储和累计）的做法一方面会给组织带来潜在的高额成本，另一方面也无法达到休假的根本目的。所以，大多数组织对员工可以累计的休假天数会做出上限的规定，超过某一天数之后，未休假的时间将不再累计。

4. 其他假期

在我国，员工还可以享受探亲假、婚丧假、产假与配偶生育假等。探亲假的享受对象是组织中那些与直接亲属不在同一个区域的员工，具体规定各地区有所不同。达到法定结婚年龄的员工可以享受婚假，晚婚者可以多享受一定的假期。符合生育政策的女职工可以享受产假，而男职工可以享受配偶生育假以照顾分娩的妻子。

（三）住房公积金

住房公积金，是指国家机关、国有企业、城镇集体企业、外商投资企业、城镇私营企业及其他城镇企业、事业单位、民办非企业单位、社会团体及其在职职工缴存的长期住房储金。

2011 年，住房和城乡建设部联合各个部门，研究修订公积金条例工作中，放开个人提取公积金用于支付住房租金的规定。2013 年部分城市出台办法，允许患有重大疾病的职工或其直系亲属提取公积金救急。

2014 年，三部门发文，取消住房公积金个人住房贷款保险、公证、新房评估和强制性机构担保等收费项目，减轻贷款职工负担。

2015 年，《住房公积金管理条例（修订送审稿）》拟规定，职工和单位住房公积金的缴存比例均不得低于 5%，不得高于 12%。2016 年 2 月 21 日起，职工住房公积金账户存款利率调整为统一按一年期定期存款基准利率执行，上调后的利率为 1.50%。

二、企业补充保险计划

（一）企业补充养老金计划

我们在前面曾经讨论过的养老保险是社会保障的一部分，是法律所要求的退休福利。出于各方面的原因，法律所规定的养老金水平不会很高，很难保证劳动者在退休以后过上宽裕的生活。为此，很多国家都鼓励企业在国家法定的养老保险之外，自行建立企业的补充养老保险计划，其主要手段是提供税收方面的优惠。

对员工的最主要的福利应该是为其退休后的生活提供经济保障。养老金计划有三种基本形式，分别是团体养老金计划（group pension plan）、延期利润分享计划（deterred profit-sharing plan）和储蓄计划（savings plan）。团体养老金计划是指企业（可能也包括员工）向养老基金缴纳一定的养老金。延期利润分享计划是指组织会在每个员工的储蓄账户上贷记一笔数额一定的应得利润。储蓄计划是指员工从其工资中提取一定比例的储蓄金作为以后的养老金，与此同时，企业通常还会付给员工相当于储蓄金金额一半或同样数额的补贴。在员工退休或死亡以后，这笔收入会发给员工本人或其遗属。

养老金的基本形式还可以按照其他标准划分，如把退休福利分为固定受益制（defined-benefits plan）和固定缴费制（defined-contribution plan）。固定受益制包括确定养老金数量的一套准则，这样就可以事先确定员工应得的养老金数额。这个计划说明，为了使员工在退休以后得到某一数量的养老金，究竟应该依据什么原则来确定员工缴纳的养老金费用。而固定缴费制并不确定员工最终所得的养老金数量，只确定计划的定期缴纳额。在固定受益制中，员工在退休之前就可以事先确定他们的退休所得。而在固定缴费制中，员工并不能确定他们的养老金数额，员工的最终所得会和养老基金的摊缴额和退休基金的投资收益情况密切相关。

（二）团体人寿保险计划

人寿保险是市场经济国家的一些企业提供的一种最常见的福利。大多数企业员工提供团体人寿保险（group life insurance），因为这一适用于团体的寿险方案对企业和员工都有优点。作为一个群体的员工，相对于个人而言，可以以较低的费率购买到相同的保险。而且团体方案通常适用于所有的员工（包括新进员工），而不论他们的健康或身体状况如何。在多数情况下，企业会支付全部的基本保险费，承保金额相当于员工两年的薪酬收入。而附加的人寿保险则要由员工自己承担。在个别情况下，即使是基本保险费率也按一定的比率在企业和员工之间分摊，如 50∶50 或 20∶80。在我国，也已经有不少企业开始为员工办理团体人寿保险。

（三）健康医疗保险计划

健康医疗保险的目的是减少当员工生病或遭受事故时本人或其家庭所遭受的损失。这种企业补充保险形式主要存在于美国等一些经济发达国家。在这种情况下，企业通常以两种方式提供这方面的福利——集体投保或者加入健康维护组织（Health Maintenance Organization，HMO）。

集体投保是指企业向保险公司支付一笔费用，作为保险费，当员工或其家庭发生某些事故时，保险公司可以部分或全部地赔偿其损失。从长期来说，企业所缴纳的保费应该等于保险公司向员工支付的赔偿金与保险公司的管理费用之和。

但是，保险项目必须界定清楚保险的范围以及赔偿金的比率。有时，有些企业还采取自保的形式；也就是说，企业自己划出一部分资金作为员工的保险金，而不再向保险公司投保。这是一种控制健康保险成本的方式，但这种做法会将原来转嫁到保险公司的风险重新移回自己的身上。

此外，企业还可以采取加入健康维护组织的方式来为员工提供健康医疗保险服务。健康维护组织在美国比较普遍，它是一种保险公司和健康服务提供者的结合。它提供完善的健康服务，包括对住院病人和未住院病人提供照顾等。同时，和其他保险计划一样，它也有固定的缴费率，但是这种做法通常会有助于降低企业的保险成本。

三、员工服务福利

（一）员工援助计划

员工援助计划（employee assistance programs，EAP）是企业针对诸如酗酒、吸毒、赌博或压力问题等向员工提供咨询或治疗的正式计划。基本模式有四种：①在内部模式中，由公司自行雇用全部援助人员。②在外部模式中，公司与第三方签订合同，由第三方提供员工援助服务所需的工作人员和服务内容，提供服务地点可以是第三方的上班地点、本公司的上班地点或者二者的结合。③在合作模式中，多个公司集中它们的资源共同制订一个员工援助计划。④在加盟模式中，第三方已经与公司签订了合同，但第三方将合同转包给一个地方性的专业机构，而不是利用自己的员工来执行合同。如果实施员工援助计划的第三方在客户公司所在地没有办公地点，就通常采用加盟模式向客户公司的员工提供服务。

（二）咨询服务

企业可以向员工提供广泛的咨询服务。咨询服务包括财务咨询（如怎样克服现存的债务问题）、家庭咨询（包括婚姻问题等）、职业生涯咨询（分析个人能力倾向并选择相应职业）、重新谋职咨询（帮助被解雇者寻找新工作）以及退休咨询等。在条件允许的情况下，企业还可以向员工提供法律咨询。

（三）教育援助计划

教育援助计划是针对那些想接受继续教育或完成教育的员工实施的一种很普遍的福利计划。教育援助计划分为内部援助计划和外部援助计划两种。内部援助计划主要是指企业内部的培训。例如，一些企业尝试在企业内开设自己的大学课程，如MEA（master of administration，即工商管理硕士）课程，并聘请大学教师来企业讲课等。外部援助计划主要指的是学费报销计划。学费的报销可以采取全额包销、部分报销的方式，也可以采取每年给予固定金额的补助等不同的方式。

（四）儿童看护帮助

在美国，越来越多的公司向员工提供儿童看护帮助。这种帮助可以根据公司介入程度的不同划分为多种形式。企业参与程度最低的一种儿童看护帮助是，企业向员工提供或帮助员工查找儿童看护服务的成本和质量方面的一些信息。在儿童看护帮助方面，参与程度较高的企业向那些已经购买了儿童看护服务的员工提供补贴。在最高的企业参与层次上，企业直接向员工提供工作场所中的儿童看护服务。多项调查都显示，提供儿童看护帮助的企业，员工的缺勤现象大大减少，生产率也会有一定程度的提高。

（五）老人护理服务

随着人们平均年龄的提高，企业和个人都越来越多地关心老年人的护理问题。与儿童看护有些类似，老年护理计划的目的是帮助员工照顾不能完全自理的年迈父母。从企业的角度来说，老年护理福利之所以如此重要，其原因与儿童看护福利一样：帮助员工照顾他们年迈的家人会提高员工的工作效率。组织提供的老年护理福利主要包括弹性工作时间、长期保健保险项目以及公司资助的老年中心等。

（六）饮食服务

很多企业为员工提供某种形式的饮食服务，让员工以较低的价格购买膳食、快餐或饮料。在公司内部，这些饮食设施通常是非营利性质的，有的企业以低于成本的价格提供饮食服务。这种做法对员工的好处是显而易见的。对企业来讲，则意味着员工不需要花费很长的就餐时间。即使不提供全部就餐的企业，往往也会提供饮水或自动售货机服务以方便员工。那些不提供饮食服务的组织可能就要为其不完善的工作设施支付补偿性的差别工资，或者提供饮食补助。

（七）健康服务

健康服务是员工福利中被使用最多的福利项目，也是最受重视的福利项目之一。员工日常需要的健康服务通常是法律规定的退休、生命、工伤保险所不能提供的。大多数情况下，健康服务包括为员工提供健身的场所和器械以及为员工举办健康讲座等。

四、弹性福利计划

（一）弹性福利计划的内涵

弹性福利计划是指“企业在核定的人均年度福利预算范围内，提供可选的多种福利项目，给员工自主选择权，由员工根据本人及其家庭成员的需要自主选择福利产品或产品组合的一种福利管理模式”。

弹性福利计划与传统福利计划最大的区别在于给予员工选择权和决定权，最大限度地满足员工个性化需要，大大提高了员工对福利的感知度与体验值。弹性福利计划通常也会简称为“弹性福利”，也可称为自助餐式福利、菜单式福利，或自选福利等。

（二）弹性福利计划的实施方式

企业可以采取多种方式实现从传统福利计划向弹性福利计划的过渡。简单的做法是适当降低基本薪酬，增加福利待遇的可选择性。复杂的做法则可以运行设计完备的福利选择系统。无论如何，只要员工有机会在一系列的福利计划之间做出选择，弹性福利计划就能够发挥作用。选择何种弹性福利计划方案取决于企业想要从弹性福利计划中获得什么。

1. 附加福利计划

实施这种附加福利计划（add-on plan），不会降低原有的直接薪酬水平和福利水平，而是给员工提供一张特殊的信用卡，员工可以根据自己的需要自行购买商品或福利。发放给员工的信用卡中可使用的金钱额度取决于员工的任职年限、绩效水平，还可以根据员工基本薪酬的百分比来确定。在实施这种福利计划时，信用卡可能局限于某一商场或某一福利提供组织，如某一保险公司。换句话说，信用卡中的金钱必须被全部花完，不能提取现金，这也是与直接薪酬相区别之处。从薪酬的角度来看，任何附加福利计划都会提高组织的薪酬成本。但是，对那些直接薪酬低于市场水平而又想在劳动力市场上具有一定竞争力的组织而言，这是一种很好的办法。

2. 混合匹配福利计划

在实施混合匹配福利计划（mix-and-match plan）时，员工可以按照自己的意愿在企业提供的福利领域中决定每种福利的多少，但是总福利水平不变。一种福利的减少意味着员工有权选择更多的其他福利。当然，如果降低其他福利项目的水平仍然不能使员工对某种特定的福利感到满意，企业就只能采取降低基本薪酬的办法了。

3. 核心福利项目计划

核心福利项目计划（core carve-out plan）是指为员工提供包括健康保险、人寿保险以及其他一系列企业认为所有员工都必须拥有的福利项目的福利组合。企业会将所有这些福利项目的水平都降到各项标准要求的最低水平上，然后让员工根据自己的爱好和需要选择其他福利项目，或者增加某种核心福利项目的保障水平。

4. 标准福利计划

在这种经常被使用的标准福利计划（modular plan）下，员工面对着多种不同的福利组合。他们可以在这些组合之间自由选择，但是没有权利自行构建自认为合适的福利项目组合。每一种福利组合，我们都可以称之为一个“福利模”。一个福利模与另一个福利模之间的差异可能在于福利项目的构成不同；也可能是由同样的项目构成，但是每种福利项目的水平之间存在差异。如果模的成本不同，那些选择成本较小的模的员工，实际上会遭受利益的损失。那些将福利管理外包给外部专业组织的企业经常使用这种弹性福利模式。

（三）实行弹性福利计划时应注意的问题

在实施弹性福利计划的实际过程中，需要注意的一点是，企业往往不能给予在法律允许范围内员工所能够拥有的最大限度的自由选择权。这是因为，一方面，这种做法会因为个别员工的特殊福利要求而大大提高公司的福利成本；另一方面，如果某一员工在其职业生涯的早期阶段做出了一个并不明智的福利选择，到后来才发现这一选择其实是一种错误，到那个时候，企业赋予员工的这种自由度很大的选择权反而会招致员工的怨恨。因此，在实施自助餐式的福利计划时，除了国家法律规定的必选福利项目之外，企业还应该限定某些员工必须选择一些福利项目。在这个基础上，员工才可以做出进一步的福利选择。另外，为了保证福利计划的总成本不超出预算，在提供弹性福利计划之前，还需要进行组织内部的福利调查，提供给员工一系列可供选择的福利项目，让他们确定自己的福利组合，组织不会提供那些只有少数人选择的福利项目。

第三节　员工福利的规划与管理

一、福利规划

关于福利所要达到的目标的模糊、对提供什么样的福利项目难以达成一致以及福利种类的增多、福利成本的迅速增长等各方面的问题，使得企业的福利决策变得越来越困难。在企业的福利规划和决策过程中，企业需要决定提供什么样的福利以及为谁提供这些福利。

（一）提供什么样的福利

大体上来说，福利决策和直接薪酬决策是类似的，其中最关键的都是成本问题。对企业来说，支付直接薪酬的成本和支付福利成本都是一样的。现代薪酬管理理论把直接薪酬和作为间接薪酬的福利都看成是全面薪酬的重要组成部分的思想强化了这一观点。但事实上，福利决策和直接薪酬决策还是存在很大差异的。直接薪酬决策往往是单一的，福利决策却不是。这是因为企业有很多福利项目可以选择，而不同的福利组合又会产生不同的影响。员工看待福利的观点会因他们自己的需要不同而有所不同，不同组织中的员工队伍构成不同，员工对福利的需要和期望自然也不相同。企业在进行直接薪酬决策时，最主要的考虑因素是员工的能力和绩效以及所承担的工作，而福利决策的依据却有所不同。在考虑到底设立什么样的福利计划时，企业应当着重从以下几个方面入手。

1. 了解国家立法

社会立法要求企业为员工的健康和安全提供保障，同时还要提供各种各样的福利以弥补员工生病、工伤、失业和退休时的收入损失。法律还规定了组织应该如何建立并运营某些特定的福利计划。无论企业是否愿意提供这些福利，也无论员工是否迫切需要这些福利，只要是法律规定的福利项目，企业就必须提供。或许有人认为企业的福利支出不应当被看成是真正建立在雇佣关系基础上的薪酬支出，只不过是国家对每个公民基本生活进行保障的一种简便方式而已。但是就企业而言，福利支出来源于公司和员工的雇佣关系，是企业雇用员工的一种直接后果，福利就是直接薪酬的一种替代品。从某种意义上来讲，福利水平的提高实际上是以降低了直接薪酬水平为代价的。当然，法定福利在员工眼中可能也不是福利，因为他们认为直接薪酬是与雇佣关系直接联系在一起的，但是，法律所规定的福利与此不同。因此，如果不能让员工意识到企业的福利支出是要付出很大代价的，或者员工认为企业并未提供有价值的福利，企业的福利支出就不会得到任何回报。为此，企业必须就福利的成本问题加强与员工的沟通，使他们能够意识到企业所承担的福利成本。

2. 开展福利调查

在进行福利决策时，还要考虑到其他企业所采取的福利措施。企业要想吸引留住员工，保持在劳动力市场上的竞争力，就必须了解其他组织所提供的福利水平。福利调查和薪酬调查的目的是一样的，即获取劳动力市场信息。事实上在很多时候，薪酬调查本身就包括对福利种类以及福利水平的调查，这是因为福利本身就是一种薪酬，只不过是一种间接的薪酬罢了。因此，在政府相关机构以及行业协会或者咨询公司所主持的市场薪酬调查中往往可以找到福利方面的一些数据资料。一般的福利调查所要得到的是市场上普遍存在的福利项目的形式、内容及其覆盖范围方面的信息。

3. 做好企业的福利规划与分析

对市场上流行的福利的市场调查还有可能导致企业做出一些错误的决策。

企业可能会因为很多其他企业实施了这些福利项目而不是因为自己的员工需要，也去实施某些福利项目。事实上，市场上现存的福利结构大多是这样的情况。这说明，许多企业的福利决策是建立在一种对福利的模糊认识基础之上的，即认为多提供福利有助于公司吸引和保留员工，而不是建立在对公司员工的需要和偏好进行认真分析的基础之上。

要对企业内部的福利实践进行分析，就需要对公司现存的福利项目和员工的需要以及偏好进行比较。把福利看成是全面薪酬的一个重要组成部分的做法有助于企业把福利规划和吸引、保留员工更好地结合起来。但是这种分析可能会因为不同员工个体之间或群体之间的差异较大而变得更加困难。

要想获知员工对福利的偏好，可以在组织内部对员工进行问卷调查。问卷没有必要太复杂，可以只包含一系列可能提供的福利项目，让员工对其进行排序——从自己认为重要的到次要的。

4. 对企业的财务状况进行分析

对企业的财务状况进行分析的原因与薪酬水平决策是类似的，即它关系到企业的支付能力问题。我们已经讲过，福利已经越来越多地被看成是全面薪酬的一部分，因此，企业必须从将成本与员工需要相结合的角度来对企业的直接薪酬和福利状况进行总体上的分析和比较。

一方面，根据员工的需要和偏好来进行福利决策，会有利于制定符合员工需要的福利类型，并且提高企业所提供福利的成本有效性；但另一方面，一旦提供了某种福利项目，员工所关注的就是福利水平而不是企业为提供这种福利所付出的成本。事实上，很多时候，员工对福利范围以及福利水平的重视程度要远远超过他们对企业福利成本的关心。但是，从企业的角度来说，既然福利已经成为全面薪酬的一个重要组成部分，它就必须实现直接薪酬和作为间接薪酬的福利之间的平衡。这是因为，如果直接薪酬和福利互不干涉地各自增长，就很可能会导致企业薪酬成本的过度增加。不仅如此，直接薪酬的增长实际上会对福利成本产生直接的影响，如休假的成本和节假日的薪酬支付以及养老保险费用的缴纳等。

根据成本和员工需求两种因素来选择福利项目的做法显然对员工和企业都是有利的。不过，如前所述，虽然在选择福利项目和计算福利成本的时候可以参考其他公司的一些福利数据，但是不同企业之间的福利成本计算是有很大差异的。差异不仅来源于员工队伍特点的不同，还来源于很多其他因素，如劳动力成本占总成本的比率、产品需求的变化、技术因素和组织的利润率等。高福利成本通常存在于高利润率的组织、大型组织、工会化的组织和劳动力成本比较低的行业中。当然，地理位置的不同和员工群体大小的不同也会导致福利成本的差异。

综上所述，当企业实施较为复杂的福利计划时，可能需要拥有专业化的薪酬福利管理人员以及精通福利分析的专家，这是因为福利分析是一项对专业知识要求比较高的工作，尤其是在实施保险计划的时候。

5. 了解集体谈判对员工福利的影响

在工会化的组织中，福利的问题通常会在谈判桌上敲定。在工会主义的政治背景下，工会总是要为其成员争取最大化的利益。尤其当薪酬增长已经不太可能的时候，福利增长就成为工会显示政绩的重要手段之一。如果工会的需求反映了员工的偏好，企业对自己的立场和员工的需求进行了细致的分析，那么在集体谈判中对福利问题的讨论可能会是一件比较容易的事情。然而遗憾的是，在很多时候，工会的目标并不能反映员工的偏好。工会可能会努力建立一种在整个行业中都存在的或者取悦大多数工会成员的福利制度，而这种福利制度并不能反映某一企业中的员工偏好。此外，在员工特征比较复杂的企业中，工会领导人也面临着和企业一样的困惑，那就是很难在员工偏好和员工需要方面达成一致意见，因而也就搞不清楚到底实施什么福利计划是最好的。

（二）为谁提供这些福利

如果福利仅仅是一种参与式回报，因而与员工个人及其群体的工作绩效没有关系，那么显然所有员工的福利待遇都应该一样。当然这是建立在组织希望保留所有员工这样一种假设基础之上的。在这种情况下，实际上是隐含地假设所有员工对组织都具有同等重要的价值。但是在现实中，很多时候事实并不如此。如果组织仅仅希望保留某些特定的员工群体，而对其他员工群体的去留并不十分关心，那么不同的员工群体就有可能会得到不同的福利组合。这是成本/福利问题的延伸——福利支出和组织的其他支出一样，应该为组织创造价值。

对不同员工群体实施不同福利计划的做法会产生很多问题。尽管存在种种问题，大多数企业仍然至少有两种以上的福利组合，一种适用于经理人员，一种适用于普通员工。

此外，出于对福利成本的考虑，很多企业采取雇用非全日制员工来代替雇用全日制员工的做法，这是因为，雇用非全日制员工可以减少很多法律要求组织必须提供给全日制员工的福利。虽然这样的做法会导致员工群体处于不同的组织地位，但是大多数公司认为，这样做是值得的。不过，随着非全日制员工的绝对人数以及他们在劳动力队伍中所占比例的上升，英国等许多国家正在探讨如何使适用于全日制员工的许多法定福利也同样适用于非全日制员工。

二、福利管理

确定应当提供什么样的福利以及对什么人提供福利仅仅是福利规划与管理的一个方面，福利规划与管理的另一个方面是如何对现存的福利组合进行管理的问题。福利管理的内容包括福利申请的受理与处理、与员工进行福利沟通以及在环境变化时对福利进行监控和修订等。

（一）处理福利申请

一般情况下，员工会根据公司的福利制度和政策向公司提出享受福利的申请，而企业此时就需要对这些福利申请进行审查，看其申请是否合理；也就是说，需要审查本企业是否实施了某种相关的福利计划，该员工是否在该计划覆盖的范围之内，以及该员工应当享受什么样的福利待遇等。这项任务并不是一种技能水平要求较高的工作，但是它通常很费时间，并且对从事这项工作的人的人际沟通能力要求较高。这是因为在对福利申请进行处理的时候，还要对那些福利申请被拒绝的员工提供咨询，向他们解释被拒绝的理由。在福利申请的受理以及处理方面，福利管理者能够显示出自己对整个组织的重要价值，因为通过对福利申请者进行认真的审查，并恰当地处理福利申请，可以为企业节省很多不必要的支出。例如，员工所申请的某种福利，可能政府或者其他公共机构可以提供，而不必由企业提供。这样，员工的福利需求能够得到满足，而公司也不必承担不必要的福利开支。

（二）进行福利沟通

员工福利要对员工的行为和绩效产生影响，就必须使员工认为福利是全面薪酬的一部分。但是很多企业的经验显示，即使企业为向员工提供福利做出了很多努力，员工仍没有意识到组织到底提供了什么福利，或者根本没有意识到组织为此付出了多么高额的成本。例如，美国有一项研究专门让员工来做两个方面的估计：一是估计一下企业在他们的医疗保险中投入了多少钱；二是估计一下如果自己不以企业员工身份参加健康保险，可能会付出多大的成本。结果表明，员工对于他们所享受的医疗福利的成本以及这些医疗福利的市场价值都大大低估了。员工估计企业为覆盖员工家庭成员的医疗保险所支出的费用只有 24 美元，而这仅仅是企业实际付出成本（64 美元）的 37.5%。而在这种医疗保险的实际市场价值是 138 美元的情况下，员工们的估计却只有 43 美元。此外，虽然员工非常看重已经得到的福利，但是这并不意味着他们对企业所提供的每项福利计划都很满意。这两种情况表明，企业有必要设计一种完善的福利沟通模式，一方面告诉员工他们都享受哪些福利待遇，另一方面告诉员工他们所享受的福利待遇的市场价值到底有多高。

（三）加强福利监控

福利领域的情况变化很快，企业必须紧紧跟随组织内部和外部态势的发展变化。

首先，有关福利的法律经常会发生变化，组织需要关注这些法律规定，检查自己是否适合某些法律法规的规定。一方面，避免自己在不知情的情况下违反国家的法律法规；另一方面，企业应以法律法规为依据，寻求有利于自己的福利提供方式。

其次，员工的需要和偏好也会随员工队伍构成的不断变化以及员工自身职业生涯的发展阶段而处于不断变化之中。因此，员工的福利需求调查应该是一项持续不断、经常进行的工作，而不能一劳永逸。

再次，与对外部市场的直接薪酬状况变化进行了解类似，对其他企业的福利实践的了解也是企业在劳动力市场上竞争的一种重要手段。

最后，对企业而言，最复杂的问题莫过于由外部组织提供的福利成本所发生的变化了，如由保险公司所提供的保险价格的改变等。

总之，企业只有对在福利领域所发生的上述种种变化进行有效的监控并随时进行调整，才能保证以较低的成本提供令员工满意的福利项目。

【复习思考题】

1. 员工福利管理存在哪些问题？
2. 员工福利有哪些类型？
3. 如何设计弹性福利体系？
4. 如何进行员工福利规划？
5. 如何加强员工福利管理？

【实例经验与启示】

弹性福利体系的设计与应用——以某电力设计有限公司为例①

一、公司基本情况介绍

某电力设计有限公司是一家国企，始建于 1958 年，2011 年国家电网改革后隶属于中国能源建设有限公司，是集火力发电、新能源发电、输变电等勘测设计、总承包、监理和电力规划、科研于一体的电力勘测设计甲级企业，并在 2012 年申请成为高新技术企业，公司现有在职员工 1 104 人，人员的性别、婚姻状况、年龄、工龄、职位分布情况等呈如下特点：男性居多，占 76 %；已婚人员占 74 %，未婚比例有 26 %；具有大学本科及以上学历人员 874 人，研究生学历人员 399 人；具有各类执（职）业资格人员 713 人，其中各类国家级注册师 187 人；年龄分布结构较合理，21~30 岁、31~40 岁、41~50 岁、51~60 岁的比例分别为 29 %、35 %、22%、14 %。由于发展需要，其公司现由设计咨询公司向国际工程公司转型发展，在转型过程中，组织人员的流动和组织面临环境的变化，需要员工积极配合。企业不断提高人工成本，提高福利水平，但员工满意度却没提高。

① 冯改英. 弹性福利体系的设计与应用——以某电力设计有限公司为例. 晋中学院学报，2015，（6）：46-50.

本文正是基于此种背景，尝试引入弹性福利制度的设计以期能够解决该公司福利制度所面临的问题，同时能给其他想采用弹性福利体系的组织和企业提供借鉴。

二、公司现行的福利制度

该公司的福利体系是典型的传统福利制度，包括法定福利（“五险一金”，包括养老、医疗、工伤、失业、生育保险和住房公积金），自选福利有健康检查、各种补贴、过节费、劳保用品等传统福利项目。

其主要存在以下问题：

（1）福利在人工成本中所占比重较高而员工对福利的感知度却较低。近几年来公司加大了对福利成本的投入，以 2013 年为例，福利成本占人工成本的近 1/3（含“五险一金”等法定福利），而且人均福利成本也比 2012 年增加了 12 %，但员工的福利感知度，也就是员工对公司提供的薪酬福利的了解程度却几乎没有改变。2014 年年初，公司人力资源部针对员工对福利的了解程度进行了随机访谈，结果发现大多数员工仍然介于清楚了解和不清楚之间。

（2）企业对员工满意度、敬业度提出更高要求，福利的激励作用没有充分发挥出来。公司正处于由设计咨询公司向国际工程公司的转型发展中，需要员工积极配合，因而对员工的满意度和敬业度提出了更高要求，而在公司的福利满意度调查中却发现员工对福利的感知度较低，也就是说公司通过福利对员工的关心和帮扶员工几乎感觉不到，福利对调动员工工作积极性的作用没有充分发挥出来。其原因在于，员工处在不同年龄阶段、不同婚姻状况、不同家庭情况和身体状况等环境中对福利项目的需求是有差异的，而公司实行的却是传统的福利制度，对企业多数人员提供相同的福利项目。根据马斯洛五层次需求论，人的需求由低到高分为五个层次，通常只有当较低层次的需求得到满足后才会向往更高层次的需求。例如，刚毕业进入企业的员工大都是单身，偏重培训教育、住房安置和员工食堂与餐补，年龄比较大的员工比较看中健身、年休假和旅游，有家庭的年轻员工希望提供托儿补助和子女医疗保险等。

三、公司弹性福利体系的设计

为了解决公司福利管理面临的问题，现尝试用弹性福利制度的思路设计该公司的福利体系。

1. 选择弹性福利类型

根据各类型弹性福利的优缺点及该电力设计公司的实际情况，选择合适的弹性福利类型。表 6-1 为目前较为常见的弹性福利类型。

表 6-1 弹性福利类型表

弹性福利类型	优点	缺点
附加型弹性福利	增加选择范围，满足员工不同需求	操作比以前复杂，成本比以前增加
核心加选择型	可避免员工做出不适当选择	弹性选择范围比附加型小
弹性支用账户	账户内金额可以免缴税	由于每位员工支用账户需及时更新，增加管理成本
福利套餐型	行政作业手续比较简单	组合内福利项目不能调整，导致选择性较小
选高择抵型	员工选择性较大	增加行政管理费用

针对上述特点，考虑成本、行政操作的复杂程度和实施后的效果，结合国家法规和该公司的实际情况，考虑到该公司初次尝试将福利弹性化，企业应选择核心加选择型的弹性福利制度。

2. 确定福利项目

通过访谈调查初步罗列有可能实施的福利项目，然后结合员工实际调查和公司实际情况对福利项目进行选择。根据前面选择的弹性福利类型，即核心加选择型弹性福利，该类型福利项目应分为两大类——“核心福利”（法定福利）和“弹性选择福利”（自主福利），根据公司的调查结果汇总并结合公司的实际情况，最终确定福利项目，见表6-2。

表6-2 员工福利项目表

福利类型	功能	项目
安全健康型福利	防范员工及家属安全和健康风险，为员工正常工作和生活提供保障	社会基本保险、商业保险、定期体检、企业年金、住房公积金、住房补助计划、防暑降温补贴
职业发展型福利	提高员工素质和工作能力	在职学历教育、在职教育机构专业技能培训
设施型福利	满足员工的日常工作休息需要	员工餐厅、浴室、员工宿舍、阅览室
文娱型福利	促进员工身心健康，丰富员工精神文化生活	淡季旅游、家属旅游优惠、健身活动、景区门票优惠、带薪休假
服务型福利	帮助员工克服生活困难或支持员工失业发展	免费工作餐、工装洗涤、儿童看护和老人看护计划
其他		汽车油费补贴、子女教育补贴、通信补贴、伙食补贴

根据所选的弹性福利类型，上述表格中属于核心福利（法定福利）的有社会基本保险、住房公积金，其余项目都属于自主福利项目。

3. 确定员工福利购买额度

首先根据岗位级别确定员工福利购买的基础额度，其次确定福利额度的调整周期和系数，最后确定员工福利购买的最终额度。购买额度采用被广泛采用的点数法8级来计算。

不同企业确定员工福利购买的基础额度的方法不尽相同，但大多都根据岗位等级的方法来确定基础额度，该公司薪酬制度采用的是较为科学的宽带薪酬制度，岗位等级是通过岗位评价打分确定的，相同岗位不同级别是根据员工的学历和资质等方面确定的。岗位等级、级别的设定较为科学，故该公司根据岗位等级的方法来确定基础额度，对于基础额度的基数设定以保障基础额度最低的员工也能购买法定福利项目为准，现假定固定福利所需的福利额度为1 000点，也就是说1岗1级员工的基础额度为1 000点，其他岗位的基础额度，根据岗位等级和级别来确定。具体额度见表6-3。

表6-3 员工基础福利额度表

岗等	8级	7级	6级	5级	4级	3级	2级	1级
5岗	2 900	2 700	2 500	2 300	2 100	1 900	1 700	1 500
4岗	2 450	2 300	2 150	2 000	1 850	1 700	1 550	1 400
3岗	1 900	1 800	1 700	1 600	1 500	1 400	1 300	1 200
2岗	1 590	1 520	1 450	1 380	1 310	1 240	1 170	1 100
1岗	1 350	1 300	1 250	1 200	1 150	1 100	1 050	1 000

在此基础上，再确定福利额度的调整周期和系数。对于调整周期，公司的经营任务一般以年为单位，故调整周期确定为一年。调整系数主要考虑以下几个因素：公司的经营情况、员工的绩效考核结果、工龄。将员工的福利与公司经营情况联系起来，有利于控制福利成本，也有利于员工感受到公司经营的变化，故每年的经营系数应该是不同的，如2014年的经营系数是2014 年的营业利润与2013年的营业利润之比，约为1.2。该公司的绩效考核结果分为优秀、良好、中等、较差四个等级，根据每个等级确定的奖金分配比例设定相应的调整系数，其具体调整系数见表6-4。

表 6-4 绩效考核等级与绩效系数对应表

绩效考核等级	优秀	良好	中等	较差
绩效系数	1.5	1.2	1	0.8

除上述因素以外，还应考虑工龄，即员工在企业服务的年限，这也表示公司对忠于企业的老员工的重视，因学历在岗等岗级评价时已考虑，故在此不再重复计算。员工工龄与工龄系数对应关系见表6-5。

表 6-5 工龄与工龄系数对应表

工龄	5 年以下的	5~10 年的	10~15 年的	15~20 年的	20 年以上的
工龄调整系数	1	1.1	1.2	1.5	1.8

最后，还应考虑的一个因素是员工当年的工作时间。为了防止员工长时间的休假福利给工作造成的不便，还应把员工在这一考核年度内的工作时间考虑在内，通常以月为计算单位。

员工最终的福利购买额度=基础福利额度×当年经营系数
×绩效系数×工龄调整系数×（当年工作月份/12）

4. 福利项目定价

首先对福利总成本进行预算，其次对不同的福利项目确定不同的定价方法以及定价范围，最后根据员工福利购买额度的总体情况确定点数与货币的换算系数。

福利项目定价也就是标出每一个福利项目的货币价值，其有利于企业进行福利成本控制。

首先确定福利成本总额，影响公司福利成本的因素有国家强制性的福利水平、市场消费水平和公司的经营情况等。假定劳动力总数不变，以公司近三年的福利成本平均增幅来确定本年度的福利总额。其中法定福利和自主福利的支出比例一般为 1∶4，但考虑到企业刚试行弹性福利制度，比例不宜太高，故法定福利与自主福利的比例定为 1∶2。

其次，依据自主项目是否能直接用货币衡量的特点，定价方法大致分为两类：第一类是可以直接用货币衡量的福利项目，如定期体检、健身活动、景区门票优惠、伙食补助等。第二类是不能直接用货币衡量的福利项目，如带薪休假。这些项目可通过缺失工作时间内的工资奖金等来确定。例如，淡季旅游可通过缺失工作日的日基本工资加上旅游线路的费用，再给予一定的折扣，如 90%、80%、70%等。具体福利项目参考价格见表6-6。

表 6-6　自主福利项目价格表

福利项目	价格范围/元
购房补贴 A、B、C	500、1 000、2 000
定期体检	340
在职学历教育（研究生）	9 000
在职 MBA	10 000
在职外语培训	4 000
免费工作餐	3 000
淡季旅游 A、B、C	200、800、2 300
健身活动 A、B	600、1 000
景区门票优惠 A、B、C	210、240、270
带薪休假 5 天、10 天、15 天	500、1 200、2 400
职工家属旅游优惠 A、B、C	1 380、1 620、1 890
商业保险	3 000
企业年金	1 000
工装洗涤	600
儿童看护	8 000
老人看护	8 000
防暑降温补贴	500
通信补贴 A、B、C	900、1 000、1 200
汽车油费补贴	1 200、3 600、6 000
子女教育补助（小学、初中）	720、1 200
子女教育补助（高中、大学）	1 680、2 400
员工宿舍	3 000

需要说明的是，对于员工需求量大的项目，要设定某些购买条件，如淡季旅游，为了避免员工集中选择而影响公司或部门正常运营，除设定多个等级外，还应对各等级通过数额年制的办法加以控制，如规定每个等级每年不超过 10 人。

最后确定点数与货币的换算系数并以此为依据来购买福利项目。点数与货币的换算要以当年物价水平作为标准。根据该公司的福利成本预算情况和物价水平规定一个点数对应货币 2 元。

5. 试行购买福利

挑选不同年龄段的部分员工，对体系进行试行，如体系设计有不明确或遗漏的地方应及时反馈并进行修正。

四、实施中的注意事项

一是有效的沟通，使员工充分了解弹性福利制度的意义，防止出现“逆向选择”等员工选择不当的现象。

二是及时更新福利项目。根据员工需求及时调整和更新福利项目，以使弹性福利项目更加灵活，满足员工需求，提高员工满意度，起到良好的激励作用。

第七章　薪酬预算、控制与沟通

学习目标

1. 掌握薪酬预算的内涵与关键技术方法。
2. 掌握薪酬控制的内涵、难点与方法。
3. 了解薪酬沟通的内涵与方法。

【导入案例】

某体育文化发展有限公司创立于2005年7月，致力于发展本土健身行业。目前拥有多家健身俱乐部，具有一流的健身设备、一流的健身教练和一流的高品质服务。但是在薪酬成本管理存在一些问题，并带来了负面影响。

第一，由于薪酬成本压力较大而使用简单粗暴的裁员手段。该体育文化发展有限公司是一家员工基数较大的企业，但当初为了发展而吸引了很多教练员和健身教练，这样一来就造成了公司的薪酬成本压力越来越大，于是公司就通过裁员减效的方式来控制企业的薪酬成本。虽然通过裁员的方式直接压缩了企业的薪酬成本，但企业需要一次性给被解雇的员工支付补偿金，这反而在短期内加大了公司的成本压力，并弄得人心惶惶，降低了员工队伍的工作积极性和对公司的忠诚度。

第二，没有正确地判断企业目前的薪酬体系是否合理有效。公司在创业之初没有建立一套量化的薪酬成本考核指标体系，所以就造成了公司雇用员工所投入的薪酬总体规模水平较高。进而造成了公司的企业薪酬成本增长过快，但是没有通过一系列的指标考核来适当控制薪酬成本。

面对上述问题，该公司的管理层应该如何完善企业的薪酬成本控制体系？

第一节　薪 酬 预 算

一、薪酬预算的内涵

所谓薪酬预算，实际上指的是管理者在薪酬管理过程中进行的一系列成本开支方面的权衡和取舍。举例来说，在新的财务年度，管理者需要综合考虑外部市场的薪酬水平、员工个人的工作绩效、企业的经营业绩以及生活成本的变动情况等各种要素，并对这些要素在加薪中分别占据的比重进行权衡。这种权衡还发生在长期奖金与短期奖金之间、根据绩效加薪与根据资历加薪之间以及直接货币报酬与间接福利支出之间。此外，是主要以薪酬作为激励手段还是转而用其他人力资源管理手段来激励员工，同样是一个值得管理者考虑的问题。

事实上，在企业的财务资源一定的情况下，企业在薪酬管理、人员配备、员工培训和其他的一些管理举措中所投入的财务预算存在一种此消彼长的关系。因此，薪酬预算的规模大小可以很清晰地反映出企业的人力资源战略重心，它同时也是整个人力资源方案中的重要组成部分，直接关系到企业的经营成功和员工们的心理感受。在这种情况下，如果企业在薪酬预算方面不存在正式的制度，而是任由管理者们自由决定，就很可能出现在各种人力资源管理方面投入出现较大偏差的情况，而员工们可能也无法得到公平和公正的对待。为了避免出现这种情况，任何管理系统，包括薪酬预算，都应该追求操作的规范化，以利于企业实现提高效率、促进公正以及手段合法等几个方面的薪酬管理目标。

薪酬预算的目标主要包括：合理控制员工流动率，降低企业的劳动力成本，有效影响员工的行为。

二、薪酬预算过程中的一些关键决策

在执行薪酬预算的过程中，企业可能需要做出以下关键性的决策。

（一）什么时候对薪酬水平进行调整

什么时候对薪酬水平进行调整也就是企业在一年中的什么时间为员工调薪的问题。调薪的时间不一样，同样的加薪方案给企业带来的经济压力也是不同的。举例来说，如果一份准备将公司的整体薪酬水平提高5%的薪酬预算是在年初提出的，那么它意味着本年度员工薪酬总体支出会增加5%；但如果这份方案是在年中提出的，则组织只需为该预算多支付相当于薪酬总额2.5%的财务支出。

（二）对谁的薪酬水平进行调整

此处涉及的是薪酬方案的参与率问题。在企业加薪总额一定的情况下，员工的参与比例越高，每个人可以得到的加薪额度就越小。在现实中，一般刚刚加入的员工是不会马上得到加薪的，根据企业政策的不同，这个等待期可能会从1月到1年不等。

（三）企业的员工人数是增加了还是减少了，这种变动是何时出现的

企业员工人数的多少对组织的整体薪酬支出水平影响极大，当员工人数增加或流动比较频繁时，组织的平均薪酬水平可能会随之降低。但是，与加薪的时间问题一样，在不同的时间对员工人数进行调整，对组织所产生的影响也是不同的。

（四）员工的流动状况怎样

对各个部门的预期流动率进行估计往往是很困难的，但根据市场情况和历年经验对

企业整体的流动情况进行评估则多半会简单一些。按照估计出来的流动水平，结合流动效应进行考虑，可以在很大程度上增强企业薪酬预算的准确性和时效性。

（五）企业里的职位状况会发生哪些变化

能够对企业里工作职位的状况产生影响的因素是很多的。以技术水平为例，对于特定职位而言，当它的技术含量提高时，员工们所得的薪酬也应该相应提高。因此，在制定薪酬预算的时候，综合考虑企业内部职位发生的整体变化以及各种职位上人数的增减状况是十分必要的。

三、薪酬预算环境

在做薪酬预算之前，首先对企业所处的内部环境和外部环境加以了解是十分必要的。通过这一步骤，企业可以更清楚地了解自己目前的处境、市场和竞争对手的真实状况以及所面临的机遇与挑战，同时还有助于企业制定相应的应对策略。

（一）外部市场环境

任何一个企业与其所处的市场间都会有不可分割的联系。从薪酬预算的角度来说，了解外部市场的一种常见方式就是进行薪酬调查。通过薪酬调查，企业可以收集到有关基准职位的市场薪酬水平方面的信息，把它们与组织中的现实状况进行比较，有助于企业判定自己在劳动力市场上的准确定位，从而为企业的预算制定提供准确的依据。不仅如此，随着市场经营环境的不断变化和企业自身情况的改变，有目的地进行市场薪酬调查，对于企业依据市场变化保持相对于竞争对手的劳动力市场优势地位以及确保本企业薪酬预算的时效性也是十分必要的。

在进行薪酬调查时，一个很重要的问题是调查数据的时限问题。任何一次薪酬调查的结果所代表的都是调查时的市场情况，而当它们最终被组织获得并应用时，不可避免地会出现时滞的问题。因此，在根据这些数据对组织的薪酬水平和薪酬结构进行调整时，要把劳动力市场的持续变动情况考虑在内，注意不断地对有关数据进行调整和更新。这对于准确把握外部市场形势、增强薪酬预算的及时性和有效性、增强企业自身竞争力都是非常重要的。

（二）企业内部环境

企业制定薪酬预算的内部环境主要取决于组织既有的薪酬决策和它在招募、保留员工方面所花的费用。为了清楚地把握企业自身当前的内部状况，企业必须能够回答出下面这些问题：哪些员工会一直留在组织里？他们会达到怎样的薪酬水平？那些离开组织的员工的薪酬水平又是怎样的？组织需要雇用什么样的新员工，他们应当得到多高的薪酬？事实上，诸如此类的问题很多，也都很关键。

概括来讲，企业内部环境的变动情况主要源于员工队伍本身发生的变化，如员工数量的增减以及员工的流动。通常情况下，员工人数的增加和流动的加剧都会降低企业的平均薪酬水平。这是因为，出于资历的缘故，新员工大多会处于薪资等级的底层，而资深员工则会位于薪资等级的顶层。当以新员工来代替已有员工或增加新员工时，就有可能使得整体的薪酬水平下降；而当员工人数减少或流动速度缓慢时，则会产生相反的效应。

另一个会对薪酬预算的内部环境产生较大影响的因素是技术的进步，企业总体技能水平的提高或降低足以发挥出不亚于其他因素的影响作用。当科学技术的发展带来了企业技能水平的总体上升时，即使员工总数减少，平均薪酬水平也会有所上升，而这种上升无疑会给企业的薪酬预算带来种种影响。事实上，这些年来随着社会整体技术水平的快速上升，员工薪酬水平随之上涨已成为不争的事实。

（三）生活成本的变动

企业在进行薪酬预算时，把生活成本的变动情况结合进去考虑是一种很自然的做法，毕竟薪酬最基本的功用就在于满足员工生活开支方面的需求。在通货膨胀比较严重的时候，如果企业对薪酬水平的调整跟不上生活成本的剧烈波动，往往会招致员工的强烈不满，甚至导致企业经营上的危机。

但对员工的生活成本进行衡量又实在不是一件很容易的事情，这是因为它关乎员工个人的消费模式、婚姻状况、抚养人数、年龄大小甚至居住地点之间的地域差别；员工的生活成本反过来也与员工领取的薪酬高低存在着一定的关联性。为了简便起见，企业普遍采取的做法是选取居民消费价格指数作为参照物，以产品和服务价格的变化来反映实际生活水平的变动情况。

实践证明，这一做法在多数情况下都可以满足需要，然而现在也有不少人对这种做法提出了不同意见。比较重要的理由基本上可以概括为以下三个方面：首先，居民消费价格指数忽视了个人消费模式中的替代效应，即当一种商品的价格突然大幅上涨时，消费者可能会选择用更便宜的其他商品来替代它，而不是像居民消费价格指数所假设的那样固定不变。其次，居民消费价格指数假定的消费结构可能是不合理的。举例来说，当房租突然上升时，对于必须租房的人来说无疑是一场灾难，却不会给未租房的人带来任何影响，但居民消费价格指数通常是一概而论的，并没有细化出房租上升对不同的人所造成的不同影响。最后，居民消费价格指数中所设计的消费组合并不能充分代表全体消费者，只能代表部分人口的消费习惯。

由此可见，根据居民消费价格指数来衡量生活成本的变动，对于企业而言，只能算是一种比较粗略的做法，它在企业对薪酬进行预算时可以作为一种有益的参考。对于一般的生活成本加薪来说，它足以满足企业的需要。但是如果企业需要更为精确地对生活成本的变化情况进行衡量和反映，则需要去做一些更为细致的研究。

（四）企业的薪酬现状

制定企业未来的薪酬预算必然会以薪酬的现状为参考。事实上，所谓薪酬的现状所涉及的范围相当广泛，可以说涵盖了企业薪酬管理的方方面面。其中比较重要的几个问题如下。

1. 上年度的加薪幅度

相对于企业本年度的薪酬预算而言，上年度的加薪幅度可以作为一种参考。之所以要根据这样一个参考，是为了确保企业能够尽量保持不同年份之间薪酬政策的一致性和连贯性，并在年度支出方面进行平衡。无疑，这种做法对于保持组织结构的稳定性、给员工提供心理上的安全保障、实现稳健经营都是十分必要的。在数量上，年度加薪的幅度可以用下面的公式来计算：

$$年度加薪比率 = \frac{年末平均薪酬 - 年初平均薪酬}{年初平均薪酬} \times 100\%$$

2. 企业的支付能力

在其他因素一定的情况下，企业的支付能力是其自身财务状况的函数。当企业的财务处境良好时，它往往具备保持其在劳动力市场上的优势竞争地位的实力，同时还可以通过收益分享以及利润分享等方案与员工分享企业的良好经营绩效。而当企业在财务方面出现问题时，企业则通常会采取裁员、降低基本薪酬上涨幅度或缩减可变薪酬的做法来确保企业渡过难关。

3. 企业现行的薪酬政策

企业的薪酬政策主要可以分为两大类，即现有的薪酬水平政策和薪酬结构政策。前者可能涉及的问题包括：企业是要做特定劳动力市场上的薪酬领袖、跟随者还是拖后者；哪些职位理应得到水平较高的薪酬。而有关薪酬结构的具体问题则包括：在企业的薪酬水平决策中，外部竞争性和内部一致性所起的作用哪一个更大一些；企业里究竟有多少个薪资等级；各个薪资等级之间的重叠范围是否足够大；员工在什么情况下会获得加薪；等等。此外，对现有薪酬政策的考察可能涉及的其他问题还包括：当前企业里员工个人所获薪酬的具体情况是怎样的；员工和管理者对当前薪酬状况的满意度如何。

事实上，正是通过对上述这些问题的回答和反思，企业才会有机会总结经验、正视不足、发现问题并认识到改进的迫切性，从而在其后的薪酬预算和控制中有的放矢，提高管理活动的针对性和有效性。例如，某企业在综合考虑上年的加薪幅度、企业的支付能力、生活成本的增长以及外部市场薪酬调查的结果之后得出结论：本公司生产人员的薪酬水平远远超出市场平均薪酬水平，因而下一年度只能根据生活成本的增长情况加薪 2%；职能管理人员的现有薪酬水平与市场平均水平大致接近，下一年度的加薪幅度定为 6%；销售人员的现有薪酬水平远远低于市场平均水平，因而下一年度的加薪幅度确定为 12%。

四、薪酬预算的方法

薪酬预算对于任何达到一定规模的企业来说都是不可掉以轻心的一件大事。在常规情况下，企业需要在每一个会计年度的年底编制下一个会计年度的薪酬预算，并且重点关注加薪的情况。编制预算一般有以下三种方法。

第一种：自上而下预算法。先由决策者决定公司的总体薪酬预算总额，以及加薪的幅度，然后将预算总额分配到各个部门，各个部门再将得到的配额分配给每一个职位或员工。其主要优点是容易控制整体的薪酬成本；主要缺点是预算缺乏灵活性，因主观因素多从而降低了预算的准确性，不利于调动员工的积极性。

第二种：自下而上预算法。各部门先估算需要的薪酬数量，上报汇总，编制出整体预算。该方法的主要优点是简单易行，灵活性高，因接近实际从而员工容易满意；主要缺点是不容易控制薪酬成本。

第三种：上下结合预算法。各部门先估算需要的薪酬数量，然后预测单个员工的加薪幅度，最后比较这两者的差异，做出必要的调整后得出整体预算。

第二节 薪 酬 控 制

一、薪酬控制的内涵

所谓薪酬控制，是指为确保既定薪酬方案顺利落实而采取的种种相关措施。在企业的实际经营中，正式的控制过程往往包括下面几个步骤：①确定相关标准以及若干衡量指标；②将实际结果和既定标准进行比较；③如果二者之间存在差距，明确并落实补救性措施。具体到薪酬管理方面，我们可以这样认为：企业通过薪酬预算，一般已经对自己在薪酬方面的具体标准和衡量指标有了比较清晰的认识，而薪酬控制的主要作用就在于确保这些预定标准的顺利实现。毋庸置疑，这种控制对于企业而言是十分必要的。具体来说，在外部劳动力市场方面，由于企业在进行薪酬预算时通常要对市场平均薪酬水平、薪酬变动幅度等因素进行大致的估计或预测，因此在很多时候，针对实际情况进行调查并及时纠正预期就是非常必要的。与此类似，企业在进行薪酬预算时采用的内部信息也未必准确（如年度流动率往往就是一个估计值），同时实际雇佣状况也存在随时变化的可能。在这种情况下，为了保证管理人员对整个薪酬体系的切实监控和预定薪酬管理目标的顺利实现，实施有效的薪酬控制对于企业而言就具有相当重要的意义。

对薪酬体系的运行状况进行监控，其主要目的在于对之前的预期和之后的实际状况进行对比，但究竟采取什么样的补救措施，就要视具体情况而定了。举例来说，企业在进行薪酬预算的时候，可能认为某种特定的薪酬设计会促使员工改进自己的工作绩效，但这种预期并没有实现，其原因可能是多方面的，可能和企业、管理者以及员工本身都有关系。但是，如果预期落空的一个很重要原因在于预算时的假设条件没有得到满足，那么需要改变的就是薪酬预算本身了。

从这个意义上来说，我们同时还要意识到的一点是，薪酬预算和薪酬控制应该被看成一个不可分割的整体：企业的薪酬预算需要通过薪酬控制来加以实现，在薪酬控制过程中对薪酬预算的修改则意味着一轮新薪酬预算的产生。

二、薪酬控制的难点

（一）控制力量的多样性

在一定程度上，每个人都有控制他人的欲望，当他们作为企业中的员工时亦是如此。在企业中，每个人都为实现组织的整体目标而完成自己的手头工作，同时也为实现自己的个人目标而进行种种努力。他们不可避免地因为受控而承受来自企业和其他员工的压力，同时也在向他人施加一定的压力。概括来说，企业的控制力主要有以下三种——企业现有的正式控制体系、来源于小团体或特定个人的社会控制以及员工的自我控制。为了对企业的各项事宜（包括薪酬）进行有效监控，通常要求这三种控制力量必须整合在一起，对员工发挥相同方向的作用。但事实上，真正实现这种和谐的可能性是小之又小的，员工在大多数时候都必须在各种冲突力量之间进行选择。这也是企业的控制体系总是处于次优状态的一个重要原因。

（二）人的因素的影响

企业的控制体系在不同的时间、处在不同的环境下、面对不同的对象会发挥出不同的作用。举例来说，如果各项工作职责的设计和履行之间彼此独立，工作周期本身又比较短，控制体系的作用效果就会比较明显；如果从事工作的是一名新员工，对控制力量本身有着较强的需求，控制的效果也应该不会太差。但是，如果某项工作职责在最终结果出来以前要求在职者接受多年的培训并且在很长的一段时间里与不同职位的员工打交道，对其进行监控就不会有很明显的效果了。在这种情况下，借助社会控制和自我控制的力量往往能够收到更为理想的效果。

（三）结果衡量的困难性

在企业的日常运营过程中，对一些工作行为（如管理人员经营决策的正确与否）进行观察往往是很困难甚至不太可能的。出于有效控制的目的，企业往往会针对其希望得到的结果制定出若干衡量指标。这种做法在一定程度上是有效的，但它容易使员工把注意力集中在衡量指标而不是目标本身上。举例来说，一名管理者可能会把他所有下属的绩效表现都评定为优秀。之所以这样做，可能并不是因为他们的绩效表现真的很优秀，而只是因为获得优秀评价能够加薪 10%，管理者希望他的下属们得到这 10%的加薪。在这种情况下，衡量指标的制定和评价也就成为控制行为的一部分了。

三、薪酬控制的途径

（一）薪酬控制的对象

在企业的经营过程当中，薪酬控制在很大程度上指的是对劳动力成本的控制。在大多数企业里都存在着正式的薪酬控制体系。一般情况下，企业的劳动力成本可以用下面的公式表示：

劳动力成本=雇佣量×（平均薪酬水平+平均福利成本）

因此，我们可以认为劳动力成本主要取决于企业的雇佣量以及在员工基本薪酬、激励薪酬和福利与服务这三个方面的支出，它们自然也就成了薪酬控制的主要着眼点。同时，企业所采用的薪酬技术，如工作分析和工作评价、技能薪酬计划、薪资等级和薪酬宽带、收益分享计划等，在一定意义上也能够对薪酬控制发挥不小的作用。

这样说来，我们主要可以从以下几个方面来关注企业的薪酬控制：第一，通过控制雇佣量来控制薪酬；第二，通过对平均薪酬水平、薪酬体系构成的调整以及有目的地设计企业的福利计划来达到控制薪酬的目的；第三，利用一些薪酬技术对薪酬进行潜在的控制。

（二）通过雇佣量进行薪酬控制

雇佣量取决于企业里的员工人数和他们相应的工作时数，而通过控制这两个要素来管理劳动力成本可能也是最简单、最直接的一种做法。

1. 控制员工人数

事实上，已经有证据表明，在股票市场上，无论是裁员还是关闭工厂都可以算得上是利好消息。因为在市场看来，这些做法会有助于改善企业的现金流量，有效控制企业的成本开支。当然，这种做法的副作用也是很明显的：裁员不当可能会导致熟练工人的大量流失，从而直接影响到企业的人力资本储备。

鉴于这样的问题，为了更好地管理企业的劳动力成本，许多企业会选择与不同的员工团体建立不同性质的关系：与核心员工之间的关系一般是长期取向的，而且彼此之间有很强的承诺；与非核心员工之间的关系则以短期取向居多，只局限于特定的时间段内。同时，非核心员工与核心员工相比，其成本相对较低，而流动性却更强一些。因此，采用这种方式之后，企业可以在不触及核心员工利益的前提下，通过扩张或收缩非核心员工的规模来保持灵活性并达到控制劳动力成本的目的。

2. 控制工作时数

由于与调整变动员工的人数相比，调整变动员工的工作时数往往更加方便和快捷，所以这种做法在企业里更为常见。这里值得一提的是有关工时的法律规范方面的问题。举例来说，在很多国家都有明文规定，员工的工作时间在超过正常周工作时数以后，额外工作时间里的薪酬应该按照原有薪酬水平的 1.5 倍来计算。因此，对于企业而言，就需要在调整员工人数和调整工作时数两种做法之间做出选择，选择的依据则是哪一种调整方式的成本有效性更高。事实上，在实践中，当一个国家的劳动法管辖效力不高的时候，许多企业都会通过变相增加员工的工作时数的做法来达到降低劳动力成本的目的。这种情况在我国经济发达地区的一些劳动密集型加工企业中也经常能够看到。

（三）通过薪酬水平和薪酬结构进行薪酬控制

对薪酬的控制，主要通过对薪酬水平和薪酬结构的调整来实现。此处的薪酬水平主要是指企业总体上的平均薪酬水平，薪酬结构则主要涉及基本薪酬、激励薪酬和福利支出这样一些薪酬的构成以及各个具体组成部分所占的比重大小。各种薪酬组成的水平高低不同，所占的比重大小不同，因此对企业薪酬成本的影响也是不同的。

1. 基本薪酬

基本薪酬对薪酬预算与控制的最主要影响体现在加薪方面，而在原有薪酬水平之上的加薪一般基于以下三方面的原因：原有薪酬低于理应得到的水平；根据市场状况进行的调节；更好地实现内部公平性。而任何一次加薪能够发挥的效用直接取决于加薪的规模、加薪的时间以及加薪的员工参与率。

原有薪酬不足而导致的加薪意味着起码要把基本薪酬提高到其应处薪资等级的最低水平线上，因此，这种做法的成本会与以下几种因素有关：基本薪酬所得存在不足的员工数量，理应加薪的次数，实际加薪的规模。举例来说，如果企业存在着对每次加薪幅度的政策规定，那么管理者就需要决定，为了弥补某员工 15%的薪酬差额，究竟是进行一次加薪还是两次或更多次加薪。不同的抉择显然会对企业的财务状况产生不同的影响。

根据市场状况或是企业内部的公平情况来对基本薪酬水平进行调整，则更多的是为了确保和加强企业的地位，不管这种地位是相对于竞争对手的地位还是只存在于员工心目当中的地位。以后者为例，企业中的不公平感既可能源于同事间同工不同酬，也可能源于上级和下属之间的紧张关系，在某些情况下还会与工会、管理层之间的争端有关。因此，为了更准确地进行薪酬预算，就需要管理者根据不同的情况进行区分，选择合适的预算方式。

2. 激励薪酬

越来越多的企业开始在组织内部使用这样或那样的激励薪酬方案。它们的支付形式包括利润分享、收益分享、团队奖励、部门奖金等。它们给组织所带来的成本亦是进行薪酬预算与控制时不得不考虑的一项内容。

在提高薪酬水平给企业的薪酬控制带来的影响方面，激励薪酬与基本薪酬既有相同点，又有不同之处。一方面，激励薪酬所能发挥的影响同样取决于加薪的规模、加薪的时间以及加薪的员工参与率。另一方面，由于大多数激励薪酬方案都是一年一度的，通常在每个财务年度的年底支付，因此它们对组织的影响也只是一次性的，并不会作用于随后的年份。

举例来说，现在需要针对某员工制订特定的薪酬支付计划。如果他原来的年薪为 40 000 元，每年加薪比例为 5%，那么 10 年后他的薪酬数额应为 62 000 元，而这些年里面企业总共需要向他支付 503 116 元。同时，与基本薪酬相联系的一些福利项目支出也需要相应增加。此外，组织也可以保持该员工 40 000 元的基本薪酬水平不变，每年支付大约 26.8%的红利。10 年下来，总成本大约应为 503 000 元。这样一来，不仅在一定程度上节约了福利和其他方面的成本开支，还可以保持员工薪酬与其绩效之间的高度相关性，发挥更大的激励作用。

因此，从劳动力成本方面来看，激励薪酬相对于基本薪酬所占的比例越高，企业劳动力成本的变化余地也就越大，而管理者可以控制预算开支的余地也就越大。这对于今天这种崇尚灵活性和高效率的企业环境来说，无疑是一种不错的选择。

3. 福利支出及其他

根据对薪酬预算与控制的作用大小，我们可以把企业的福利支出分为两类——与基本薪酬相联系的福利以及与基本薪酬基本没有联系的福利。前者多是像人寿保险和补充养老保险这样比较重要的福利内容。它们本身变动幅度一般不大，但是由于与基本薪酬相联系，因而会随着基本薪酬的变化而变化。同时，由于它们在组织整体支出中所占比重较大，因而会对薪酬预算和薪酬控制产生较大的影响。而后者则主要是一些短期福利项目，如健康保险、牙医保险以及工伤补偿计划等。比较来说，它们对于企业的薪酬状况所能发挥的作用要相对小得多。

值得一提的是，福利支出的成本还应该考虑到有关管理费用的问题。举例来说，当组织内部实施的保险并非自保险制度时，企业就必须向保险商缴纳一定的管理费用，这也应该被考虑在薪酬预算和控制的范围之内。

除去我们上面提到的基本薪酬、激励薪酬以及福利支出之外，可以对薪酬预算产生影响的因素还有很多，如带薪休假时间，这种额外休假时间的成本取决于劳动力本身的性质。当不享受加班工资的员工暂时离开职位的时候，一般不需要其他员工来代替，因此没有什么额外损失；而当享受加班工资的员工休假时，必须把承担其工作任务的人工成本计算在内。

第三节　薪 酬 沟 通

一、薪酬沟通的重要性

在企业制订和执行薪酬方案的时候，进行有效的沟通无疑是其中相当关键的一环。这是因为，如果无法取得员工和其他管理人员的理解与配合，设计得再精良的薪酬体系也无法取得预期的效果。因此，企业必须牢记，在薪酬管理的整个过程中，薪酬沟通是其中不可或缺的一个组成部分，它应当贯穿于薪酬方案由制订到实施、控制、调整的全过程。事实上，企业在刚刚开始设计和开发薪酬方案的时候，就应该考虑到如何就该方案与员工进行沟通的问题。通常情况下，薪酬沟通本身往往早在新的薪酬战略开始实施以前就开始了。不仅如此，它还需要贯穿于薪酬方案的整个生命周期当中。

在这个领域进行的一些经验研究表明，对于大多数员工而言，在他们与公司的相互关系当中，再也没有什么比薪酬更重要的了。许多资料也已经显示，特定员工之所以接受或留在某一职位，薪酬往往是至关重要的一个因素，尤其是对于许多经济方面的需要比较迫切的员工来说。此外，对于企业的经营绩效而言，薪酬既可以起到正面的推动作用，亦可能成为瓶颈制约因素，关键在于企业采取了怎样的沟通措施，而员工又对薪酬持有什么样的态度。

然而，令人遗憾的是，当前仍有许多企业对薪酬沟通未能给予足够的重视，很多员工对自己企业的薪酬政策和薪酬制度知之甚少。之所以会出现这种情况，根本的原因在于企业和管理人员在管理理念上存在误区。很多企业的观念陈旧，认为薪酬管理只是管理者的事情，与普通员工无关，而相当数量的薪酬管理人员也没有意识到自己工作中很重要的一部分就是要向决策层和员工推销自己的薪酬体系。此外，还有很多企业对薪酬沟通的认识存在偏差，对它的了解仅仅停留在媒介方面，认为沟通就意味着在宣传手册、执行方案、光盘或内部刊物之间进行选择。殊不知，即便是一份印刷精美、内容丰富的宣传手册也可能在沟通方面起不了任何作用，甚至会向员工传递负面的信息。有鉴于此，在薪酬沟通问题上采取一种系统、审慎的态度是很必要的。

通常来说，许多企业之所以会拒绝或忽视薪酬沟通，不外乎以下几种原因：①企业的薪酬体系和福利制度相当糟糕，既非精心设计的结果，也无法实现持续性管理。就它们进行沟通只会给员工带来困惑，造成管理上的纠纷。②一些企业在薪酬体系的设计上投入了很大的精力，结果也不错，但它们宁愿选择薪酬保密制度，理由是“只有这样才与我们的企业文化相匹配”或者“决定薪酬是管理者的事，员工们应该无条件接受”。③还有一些企业认为，对薪酬体系沟通得越多，问题和麻烦也就越多，需要管理者做更多的解释和说服工作，这是对时间和资源的浪费。

然而，随着经营环境中的竞争越来越激烈，企业对于员工的依赖越来越强，已经有越来越多的企业开始转变它们的思维方式。它们发现，薪酬体系的精心设计和良好沟通已经成为有效激励员工、提高组织盈利率的关键要素。也正是因为这一点，很多传统企业已经抛弃了向员工封闭薪酬信息的传统做法，开始在薪酬沟通方面投入更多的时间和精力。

二、薪酬沟通的步骤

在企业中就薪酬体系进行沟通通常可以采取以下六个步骤。

（一）明确薪酬沟通的目的

通常，企业对原有的薪酬体系进行调整或彻底重新开发一个新的薪酬体系，总是意味着企业在薪酬理念或薪酬管理方法上有了一定的变化。因此，一个人力资源管理者或薪酬专家进行薪酬沟通的根本目的，就是要想方设法使企业的各层级管理者和员工充分理解并最终接受新的薪酬体系，提升员工对薪酬体系的满意度，以达到推行新的薪酬体系的人力资源管理目的，激励员工在新的薪酬体系下更努力地工作等，从而满足企业的总体战略发展需求。

（二）创建薪酬沟通的氛围

一直以来，大多数企业认为薪酬福利管理是资方的事，出于保密原则，企业方尽可能避免与员工谈论薪资，同时规定员工在公司环境内也不允许相互讨论薪资。但薪酬福利恰恰又是员工十分感兴趣和关心的话题，得到满意的薪酬福利是员工积极工作的重要动力。因此，在完全避开沟通薪酬信息的氛围中，员工因无法了解什么样的工作绩效会得到什么样的薪酬福利，无法了解工作绩效和薪酬福利的相关程度，导致有时甚至会对绩效考核机制产生抵触情绪，从而使得企业即便拥有一个科学的薪酬体系，也可能无法发挥该体系的激励和约束作用。因此，创建一个适度透明的沟通氛围可以使薪酬沟通事半功倍。

（三）设计薪酬沟通的方案

为了保证新的薪酬体系的完美落实，设计一个周全的首次薪酬沟通方案以及后续的持续性薪酬沟通方案都十分重要。本书仅对首次薪酬沟通方案的设计步骤做一个说明。至于后续持续性薪酬沟通方案可参照该步骤并依据企业的具体性质和当时的情况做具体细致的规划。实践经验表明，通常来说，设计出周全的首次薪酬沟通方案大致需要以下这些步骤。

首先，在设计薪酬沟通方案前，完成对企业中高层管理人员和初级管理人员及员工关于薪酬体系的想法和态度的收集与分析十分重要，这可以大大提升薪酬沟通方案的效用，最终使新的薪酬体系获得成功。让员工参与到薪酬沟通方案的设计中来在很大程度上体现了企业对员工想法的关心和重视。同时，员工也会因为这样的参与增强自身对该方案以及新的薪酬体系的认可度和承诺感。

一般来说，可以向企业管理人员收集的信息主要包括：①管理人员对目前的薪酬体系的了解及理解程度如何？②管理人员对薪酬体系即将发生变化的态度如何？③管理人员是否了解薪酬体系如何影响员工的工作绩效？④管理人员之前是否有向下属传达薪酬体系的经验？⑤管理人员之前一次和员工进行薪酬沟通的效果如何？⑥管理人员之前一次和员工进行薪酬沟通遇到的困难是什么？⑦管理人员是否具备和下属进行薪酬沟通的技能？⑧管理人员认为哪种方式和员工进行薪酬沟通最恰当？

可以向普通员工收集的信息主要包括：①员工对目前的薪酬体系的了解及理解程度如何？②员工对目前的薪酬体系满意吗？哪些方面满意，哪些方面不满意，哪些方面尚不了解？③员工对薪酬体系即将发生变化的态度如何？④员工是否相信薪酬体系和工作绩效之间有很强的联系？⑤员工认为上司和自己的信息沟通顺畅吗？⑥员工了解公司及上司对自己的工作绩效期望吗？

以上问题只是针对一些基础信息提问，收集这些信息主要是为了了解企业的管理人员和普通员工对公司的薪酬体系的理解程度以及他们对公司调整薪酬体系持什么样的态度。具体收集时还需要根据各企业自身的情况来进行问题设计。关于收集的方式，可以通过问卷调查、管理人员面谈等来收集这些信息。

其次，确定薪酬沟通的内容。收集和分析完上述信息，了解了企业的管理人员及员工对当前薪酬体系的看法和企业调整薪酬体系的态度之后，人力资源管理者或薪酬专家需要再次确认新的薪酬体系是否需要调整，如需调整，需再次召集关键管理人员开会。在最终的薪酬体系确认下来之后，人力资源管理者或薪酬专家再次回到薪酬沟通方案的设计中来，并进入确定薪酬沟通内容的阶段。

确定薪酬沟通的内容就是要明确薪酬沟通需要沟通哪些信息。通常，薪酬沟通的内容可以根据不同对象的需求做一个侧重点的区分。一般来说，薪酬沟通的内容包含以下部分：①公司调整薪酬体系的原因及必要性。②相关行业及市场的薪酬数据及其与本企业比对情况的展示（仅需列出与此次薪酬体系相关的重点数据即可）。③新的薪酬体系的各组成部分介绍。④新的薪酬体系设计背后的激励机制介绍。⑤与新的薪酬体系相对应的绩效考核机制及要点介绍。⑥新的薪酬体系为员工带去的福利介绍（如有）。⑦新的薪酬体系的生效时间及相应的操作程序和政策信息介绍。⑧针对员工如需进一步了解该体系可通过的沟通渠道进行说明。

再次，在收集了信息，确定了薪酬沟通的内容之后，还需要明确的是薪酬沟通的进行顺序和具体实施人员的落实。进行沟通的顺序可以有很多种，如自上而下的、自下而上的、横向链式的、环式的、全方位的等。目前大部分进行薪酬沟通的企业采用的是自上而下的。同时，首次代表企业方进行沟通的一般为企业高管或人力资源管理者，由他们负责统一与全体员工进行沟通，后续工作如员工仍有疑问，可直接咨询直线经理或人力资源部门。这种方式可以充分体现企业在薪酬管理工作中的薪酬信息适度透明的态度，同时也向员工展现薪酬管理工作的公开和公正性。

最后，选择薪酬沟通的工具。制订薪酬沟通方案的最后一步就是确定选用什么样的工具或媒介可以使沟通效果最佳。现今社会，随着科技发展的日新月异，人们通过各式各样先进的工具进行信息传递，这其中也不乏各种可以选作薪酬沟通的工具。

归总起来，当前大部分企业通常会选用的也是沟通效果相对较理想的工具/媒介大致有以下几类：

（1）人际沟通。人际沟通即通过人与人之间直接的交流传达各种信息的方式。运用到薪酬沟通中，具体的表现形式可以是召开大型会议、小型会议或是一对一的面谈。在所有的沟通方式中，人际沟通可能是进行薪酬沟通的最为有效的方法。

（2）电子网络。除人际沟通外，电子网络现已成为人们相互之间进行日常沟通所选用的最为普遍的方式之一了。电子邮件、线上交流平台、微博、微信等都可以作为沟通的工具。相对而言，基于薪酬信息需对外保密的特性，目前采用微博和微信的方式进行薪酬沟通的企业几乎很少。电子邮件和线上交流平台则相对更受企业人力资源管理者的偏爱。在进行了人际沟通后，电子邮件可以作为一种辅助的工具进行信息传递。线上平台则可作为后续宣传或员工自助查询的平台和工具。本书并不推崇纯粹使用电子网络媒介进行薪酬沟通，首先是因为仅使用电子平台无法很好地体现企业对此事的重视，而员工作为被动的信息接收方，可能会遗漏阅读这些信息；其次是因为电子平台无法第一时间感知到员工的情绪，容易失控。

（3）印刷制品。印刷制品包括一些薪酬福利手册、备忘录、宣传单页等形式的制品。这些印刷制品可以分别起到不同的作用，如薪酬福利手册可以方便员工随时查阅，宣传单页则可以印刷关于企业希望通过新的薪酬体系想要推崇的文化，以此起到强化的作用，强调诸如高绩效等于高薪酬等理念，为新的薪酬体系在员工中“造势”，加大影响。

（四）打造薪酬沟通的团队

打造薪酬沟通的专业团队主要通过对实施薪酬沟通方案的人员进行培训来完成。前面提到首次进行薪酬沟通的人员很可能是企业高管或人力资源管理者，事实上也可能是部门的负责人、人力资源薪酬专家或是人力资源战略合作伙伴等，而员工的直线经理则更多地需要在后续承担解答疑惑的职责。为确保从企业的高管、中层管理人员到初级管理人员对新的薪酬体系的理解尽可能一致，帮助他们理解该体系，需要对这些人员进行培训。培训内容除了前文提到的薪酬沟通的内容外，还可以着重强调如何使新的薪酬体系影响员工的工作绩效。此外，可以事先将员工可能提到的问题进行罗列并培训如何解答。

（五）召开薪酬沟通的会议

薪酬沟通会议的筹办和召开是实施整个薪酬沟通方案中最重要的部分。如前文所述，在这个会议上，实施沟通的人员可以针对不同的薪酬沟通对象有重点地进行薪酬体系内容的说明，目的就是将整个薪酬体系，包括薪酬体系的组成部分、设计背后的激励机制、对应的绩效考核机制、操作程序等成功地“推销”给员工。

会议的形式可以依据企业的规模、架构等实际情况采用大型会议或小型会议的形式，大型会议可以是公司的全体员工一起参与，小型会议可以是按照不同的事业部、部门或是薪酬架构来进行划分。企业高管的参加可以表明企业对推行新的薪酬体系的重视度，从而提升员工的关注度。

（六）评估薪酬沟通的效果

在完成了薪酬沟通会议召开的 6 个月左右的时间，可以对整个薪酬沟通的效果做一个评估，通过再一次的信息收集，来回顾整个流程并判断最初设定的沟通目标是否达到，如有必要，可以制订相应的跟进方案。

此次信息收集，可以针对以下内容：

（1）员工对新的薪酬体系的了解及理解程度如何?

（2）员工对薪酬体系的态度如何?

（3）员工是否了解薪酬体系和工作绩效的联系?

（4）员工是否对薪酬体系尚有不清楚的方面?

（5）员工认为上司和自己的信息沟通顺畅吗?

（6）员工了解公司及上司对自己的工作绩效期望吗?

（7）员工对不同的沟通工具的效果感受如何?

除此之外，年终绩效考评的成绩也可以看出新的薪酬体系是否产生了积极的影响，同时也可以间接反映出薪酬沟通效果的好坏。

【复习思考题】

1. 如何理解薪酬水平及其外部竞争性?

2. 薪酬水平及其外部竞争性决策有哪些类型?
3. 劳动力市场如何影响薪酬水平决策?
4. 产品市场及企业特征如何影响薪酬水平决策?
5. 如何组织市场薪酬调查?如何应用市场薪酬调查结果?

【实例经验与启示】

如何做好薪酬预算与控制①

其实，对庞大的薪酬体系进行控制，不可能真正控制住一些细枝末节，而应该是从总量上进行控制，作为公司老板，其只要控制住薪酬总额，一切问题便迎刃而解了。一般来说，主要依据公司的支付能力、员工的基本生活费用和一般的市场行情等因素来计算薪酬总额。

衡量公司支付能力的指标有三种，现以聚才公司为例做如下分析。

1. 人工费用率

人工费用率=人工成本/销售额

由公式可以看出，如果公司的销售额较大，则人工费用也可以相对增加，因为公司的支付能力比较强；同样，如果销售业绩不好，则应相应地减少人工成本的支出。在实际中，可以根据过去几年的经营业绩计算出人工费用比率，再根据这个比率，求出合理的人工成本总额。

例如，聚才公司 2000~2004 年 5 年平均的人工费用率为 17%，公司员工 150 人，人均月工资 1 000 元，那么其前 5 年平均的薪酬总额为 180 万元。

销售额=180 /17%=1 058.8（万元）

进入 2005 年，员工人数为 160 人，公司决定总体上调薪 10%，则薪酬总额由 180 万元上升为 198 万元［180×（1+10%）］。

如果人工费用率仍然按 17%，相应地，2005 年的销售额应为 1 164.7 万元（198/17%）。

2. 劳动分配率

劳动分配率=人工费用/附加价值

其中，附加价值=销售额-从外部购入价值（物料+外包加工费用）

根据劳动分配率可以求出合理的人工费用率，公式如下：

人工费用率=人工费用/销售额=（附加价值/销售额）×（人工费用/附加价值）

=目标附加价值率×目标劳动分配率

例如，聚才公司 2004 年度总人工费用为 1 200 万元，附加价值为 4 800 万元，到 2005 年第一季度人工费用为 350 万元，月均 116.7 万元，附加价值为 1 500 万元，则可以计算出 2004 年度与 2005 年第一季度的劳动分配率。

2004 年度劳动分配率=人工费用/附加价值=1 200 /4 800=25%

2005 年第一季度劳动分配率=350 /1 500=23%

① 杨序国. 如何做好薪酬预算与控制. 人力资源，2007，（3）：20-21.

由此可见，这两个数字相关不大。现在公司决定自4月开始调整薪资，若4月的附加价值为550万元，而要求维持第一季度的劳动分配率不变。那么4月的人工费用应该是多少呢？

目标人工费用=目标劳动分配率×附加价值=23%×550=126.5（万元）

第八章 综合案例

学习目标

1. 掌握国有企业改制后薪酬体系的优化设计技术方法。
2. 掌握高级管理者的薪酬体系设计技术方法。
3. 了解民营企业薪酬体系设计技术方法。
4. 了解国外发达国家公务员薪酬体系。

第一节 国有企业改制后薪酬体系优化设计案例

一、公司简介

SZ重型机械股份有限公司为某国有大型化肥制造有限公司的子公司，主要产品为机制旋压封头，是随原国有母公司改制而来的，经以管理层收购的方式改制后（母公司持股35%，为第一大股东），依法变更为股份制有限公司[①]。

随着改制后管理层、员工积极性的释放，以及外部经营环境的好转，公司效益明显增加，员工的收入也随之提高。但是，改制后积极性的释放似乎是一种短期的释放，员工的基本素质、能力和企业精神等并没有像公司高层预料的那样，继续保持和提高，原来国有企业的大锅饭、应付差事、打工心态等不良现象又逐渐显现出来。

经与总经理的反复沟通，笔者受聘担任该公司的咨询顾问。咨询的核心目的有两个：一是解决员工积极性的问题；二是解决核心员工的激励问题。

二、咨询过程

查询公司有关资料、参观公司产品生产流程之后的简要咨询过程包括发放调查问卷、核心员工面谈、列席中层会议等。

（一）发放调查问卷

调查问卷主要使用马斯洛需求强度和重要性排序的调查量表，该量表包含了与职业相关的13个方面，归纳为“安全、社会、荣誉、自主与自我实现”5个方面的需要，考

---

① 王鹤林. 案例分析：SZ公司改制后薪酬体系优化设计. 会计之友旬刊，2011，（23）：50-52.

虑到已经解决了温饱问题，因此生理需要被排除。

本问卷可以发现被测者在每一方面的需要强度及在其心目中的重要性。每一问题有7级强度，用数字表示该需要在被测者心目中的需要强度和重要性，数字越大，重要性越高，需要越迫切。调查问卷主要发放对象：中层、高层以及主要的区域经理和中高层技术人员等核心员工。问卷共发放10份，回收10份，结果如图8-1所示。

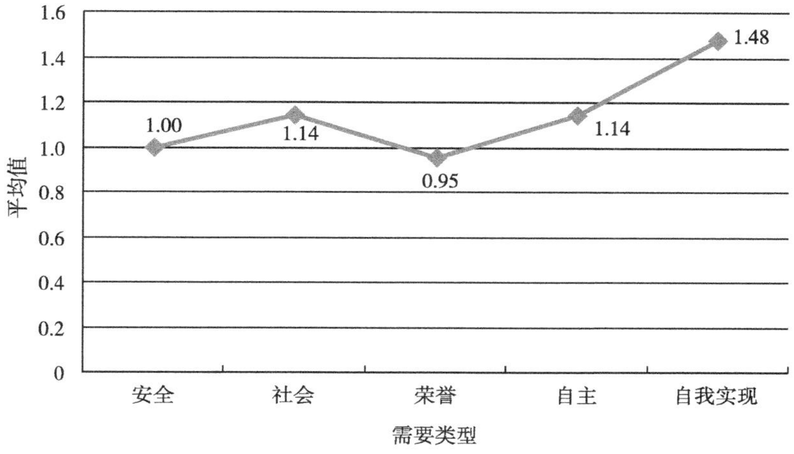

图8-1 需要强度平均值

需要强度维度中，数字强度表示该需要的理想与现实的差异，数字越大，表示差距越大。从图8-1可以看出，核心员工最缺乏的需要排序为：自我实现、自主（与社会并列）、安全、荣誉。

这初步表明核心员工在个人价值上有着普遍的追求，而在公司中，大家都知道，个人价值的实现是与公司的人力资源政策密不可分。

需要重要性维度中，重要性的高低说明该需要在员工心目中的重要程度，数字越大，表明这种需要越重要。从图8-2可以看出，核心员工最看重的需要排序为：自我实现、荣誉、安全、自主、社会。

从图8-1、图8-2中可以看出，目前公司核心员工最缺乏也是最看重的是自我价值的实现。从“自我实现”题目以及调查结果可以看出，核心员工所从事的工作本身（职责、权限、利益三者的对等问题）制约了他们对自我价值实现的过程。

（二）核心员工面谈

面谈对象主要是持股10%以上的股东、中层以上（包括中级技术职称）管理人员、销售回款占总回款80%以上的销售经理，即公司核心员工。实际谈话共14人。

面谈涵盖“薪酬福利、绩效考核、员工发展、工作职责、培训教育”等人力资源管理的5个专题。每个专题设计4~10个小题，共计32个问题，使用结构化面谈的方式。

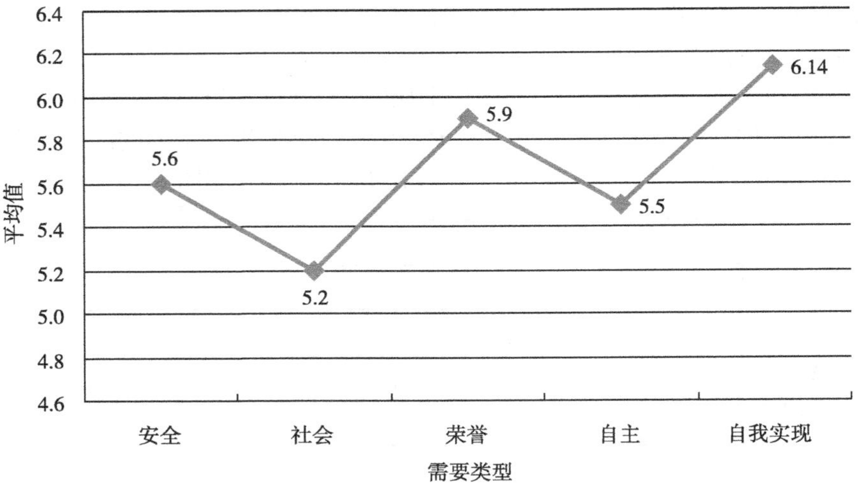

图 8-2 需要重要性平均值

经过与 14 人友好而坦诚的问答，笔者发现大家集中关注的问题有以下几个方面：

（1）没有奖励，只有惩罚，对一线工人尤其如此，心里有怨气，并且一线工人大都是农村家庭出身，技术水准不高，培训也跟不上。残次品率、返修率很高，生产各工段配合不协调，供货周期延长，遇到夏收秋种更是如此，对销售环节造成很大制约。

（2）公司位于县城，员工素质偏低。每年花很多钱去郑州听一些专家的课，但是从实际来看，培训内容与公司实际脱节严重，可以说就没有培训效果，专项的培训（如生产、质量管理等培训）干脆就没有。

（3）产品技术含量不高，进入门槛较低，产品压价竞争激烈，销售佣金对于竞争激烈地区和不激烈地区没有实行差别对待。

（4）大多数被调查者对自己的工资水平感到比较满意。大家对公司的管理层比较认可，普遍对公司的未来充满信心。

（5）母公司控股，本公司高层管理者股权太少（1 个总经理和 3 个副总经理加起来为 32.64%），中层普遍持股 0.5%~2%，有的甚至还没有股份，无法满足中高层管理者的激励需要。

从此次访谈可以看出，公司目前亟待解决的是生产和销售的协作问题，工期的滞后是对客户的忽视，这对一个公司来说是致命的软肋。

之所以有销售和协作上的问题，根本原因还在于生产制造环节的员工技术水准缺失导致的低水平劳动，这是一个专项操作技能的培训问题和招聘“进人关”把握的问题；同时还涉及奖励、惩罚的手段和领导方式的选择等诸多问题。

（三）公司现有薪酬制度文件以及运行情况

笔者对公司现有的制度文件进行了归类研究，发现公司现有的制度，如薪酬制度等，几乎是母公司制度的翻版。但是母公司是以化肥生产为主，而该公司是以封头制造为主，不同产品生产工艺特点的差异性，导致了母子公司管理制度上的差异性。

就母公司的化肥生产来讲，其生产工艺流程化程度较高，从原材料的进口和产成品的出口都是在高压容器里进行无机化学反应、在管道里运输的，技术比较成熟，没有有机加工公司具有的多工序、多工艺的特点，化肥公司员工的主要职责就是确保自己所在的工位符合操作规程的安全要求，化肥行业员工的最核心素质要求是责任心。而封头制造属于机械加工产品，其生产工艺虽然不复杂，但是工序较多，每道工序都需要不同的设备、材料、工艺和员工操作，相比而言，“人为”因素较大，所以，当员工技术素质偏低的时候，出现质量上的问题就不难理解了。

由于产品的不同、加工工艺的区别，公司在实施绩效考核的时候，其考核重点、考核内容等不应该一样，所对应的绩效工资也应是不一样的。

在查阅该公司的薪酬制度时，笔者发现第四条是这样规定的，“管理、技术人员、非计件操作人员薪酬结构如下：岗位工资+能力工资+厂龄工资+津贴+年终奖金”。这里的能力工资是这样描述的：主要是体现员工履岗能力的不同。对员工的能力评价主要从四个方面进行——学历、资历、业绩和工作表现。但公司的薪酬制度中没有再进一步说明如何对“能力”进行评定。

就如何评定员工“能力”一事，笔者询问了主管人事工作的综合部经理，他说，主要是根据员工当月的实际表现来确定，但是也没有一个量化的方法；同时，这一项的比重也不大，也就是占当月工资的 5%~17%，所以也没有人特别关注它。公司总经理一直认为的“员工缺乏积极性”、产品上屡次出现工期延误和残次品、部门之间协调的不到位等诸多问题，主要原因可能就是出在工资结构的不合理上，这个问题由于太不显眼而被人忽略了。

本来在薪酬设计时，体现基本薪酬的同时也要体现绩效薪酬。该公司薪酬制度中的“能力工资”应该是体现“绩效薪酬”思想的，而该公司却没有对应的绩效考核制度，并且该“能力工资”所占比重过低，一方面员工不重视“能力工资”这部分收入；另一方面员工的总体收入又与自己的绩效无法挂钩，所以才出现一系列的生产销售衔接不好、积极性不高等管理问题。

（四）方案设计思路

经过调研分析，笔者认为，该公司主要存在以下几个方面问题：

（1）母子公司产品不同，而薪酬制度相同。

（2）改制后，母公司一股独大，只能部分解决核心员工的激励问题；同时，改制只是所有权的变更，改制本身不能解决管理上的问题。

（3）生产工人技能不足，这导致了生产与销售脱节，以及“显得”积极性不够。

（4）薪酬制度中，各构成成分与比例不恰当。

（5）缺乏与薪酬制度配套的绩效管理制度。

就总体薪酬设计而言，刘昕认为，全面薪酬设计的重要思路就是在薪酬构成上主要体现为基本薪酬、可变薪酬、福利与服务①。就薪酬的构成而言，曹雁认为，重点突出员

① 刘昕. 薪酬管理. 第二版. 北京：中国人民大学出版社，2009：7-10.

工个人薪酬、职务薪酬以及绩效薪酬三种薪酬，支付基础分别是奖励员工在投入、过程（行为）及产出各个环节所作的贡献[①]。

就绩效薪酬的设计而言，根据肖鸣政的观点，绩效评估方式应该结合工作特性[②]。而张继胜和李果进行的实证研究表明，各种工作的控制特性有所不同，导致薪酬支付基础必须与之配合[③]。

而本次咨询进行的薪酬调整又要体现如下意义：在公司战略目标指引下，通过完善薪酬制度与绩效考核制度，来引导员工的行为，并合理控制薪酬管理成本。

根据上述调研情况，本次咨询方案的重点就是：理清部门与岗位职责、设计考核量表、完善薪酬构成比例、有针对性地对员工进行技能培训和人际沟通培训、确定富有激励的核心员工持股计划。

（五）列席中层管理者会议

主要了解公司高层对公司产品外部环境和未来规划的思路。客观地说，公司产品虽然技术含量不高、规模不大（当年产值 4 000 万元），但是就封头这个领域来说，在全国还是有一定知名度的，公司高层有信心把自己的公司带到一个更高的发展阶段。在会上，笔者就此次咨询的调研结果、初步的故障诊断以及应对策略等，与中高层进行了充分交流与沟通，并达成了一致意见。

三、咨询方案结果

（一）薪酬结构的优化

重点是将“能力工资”改为“绩效工资”，并将绩效工资的比例加大到 30%以上，该比例可以根据公司经营状况上浮到 50%。

（二）明确岗位职责，制作岗位说明书

主要针对部门之间协调不顺的问题，增加部门协作的职责要求和考核目标。

（三）制定绩效考核制度

考核制度是此次咨询的最重要结果，也是对公司发展起关键导向的人力资源政策。因此，在考核制度中，重点突出了高层构建的目标的清晰性、目标逐级分解的细化程度、考核指标的 SMART[④]原则、强化工资与绩效挂钩的管理思想等内容。

---

① 曹雁. 基于控制视角的薪酬支付基础选择依据研究综述. 经济评论，2010，（3）：144-150.

② 肖鸣政. 现代绩效考评技术及其应用. 北京. 北京大学出版社，2007：86-89.

③ 张继胜，李果. 企业固定薪酬支付模式研究. 中国人力资源开发，2004，（6）：95-97.

④ S 代表具体（specific），指绩效考核要切中特定的工作指标，不能笼统；M 代表可度量（measurable），指绩效指标是数量化或者行为化的，验证这些绩效指标的数据或者信息是可以获得的；A 代表可实现（attainable），指绩效指标在付出努力的情况下可以实现，避免设立过高或过低的目标；R 代表相关性（relevant），指绩效指标是与工作的其他目标相关联的，绩效指标是与本职工作相关联的；T 代表有时限（time-bound），注重完成绩效指标的特定期限。

（四）增加专向培训力度

鼓励有经验的老员工培养年轻的新员工，并在考核制度中予以明确。例如，一名有5年工作经验的熟练工必须培养5名新手，并在收入上予以倾斜。

（五）制定阶段性的股权激励制度

通过对管理层设计年度考核目标，在管理层完成任务的前提下，使管理层以及核心员工持有的股份不断加大。

四、方案设计后续

方案试运行一个月以后，综合部张经理打电话说，他们的一个生产部副经理在部门互评时，被打分结果为不及格，询问该这么办。笔者告诉他，这样的结果说明这位副经理工作绩效确实有问题，第一次可以让主管上级诫勉谈话，如果下次还是不及格，就可以考虑换人了。

又过了四十天左右，张经理打电话说，完善后的薪酬制度以及其他制度已经作为典范被母公司有选择地采用了，并在其他子公司推广。

第二节　国有企业高层经理人薪酬合理化：基于中航油案例的分析

一、公司信息

中国航油（新加坡）股份有限公司（简称中航油），1999年以来在国际资本市场上以中国航油垄断采购商的身份出现，2004年因卖出原油期货和航空煤油看涨期权，亏损5.5亿美元，向法庭申请破产保护令[①]。

二、陈久霖的五次“豪赌”

陈久霖出任中航油总裁之后共进行了四次大收购。2002年，陈久霖收购了上海浦东国际机场航空油料公司33%的股权，以及西班牙CLH公司5%的股权。2004年年初收购华南蓝天公司 24.5%的股权和水东油库 80%的股权，与阿联酋国家石油公司（Emirates National Oil Company，ENOC）签署了在中东和新加坡投资石油仓储设施的合作备忘录。这四次大收购被戏称为陈久霖的四次“豪赌”，再加上2004年期货和期权事件，可并称陈久霖的五次“豪赌”。那么，是什么使得陈久霖敢于拿着国有资产去“豪赌”呢？本部分尝试从陈久霖的薪酬安排出发，从经理人激励的角度，找出一点改进的线索。

① 汪晓红，王建平，陈柳. 国有企业高层经理人薪酬合理化：基于中航油案例的分析. 商场现代化，2006，（7S）：162.

三、对陈久霖的薪资结构的分析

（一）陈久霖的薪资结构

新加坡《联合早报》报道，陈久霖 2002 年收入达 490 万元新加坡元，折合人民币 2 350 万元，成为整个新加坡的“打工皇帝”。2003 年薪酬方案规定，陈久霖的年薪仍由三部分组成：基本工资 48 万新加坡元，3 个月奖金 12 万新加坡元，外加集团利润分成。公司的税前盈利部分，前 2 000 万新加坡元内不予分成；接下来的 2 000 万~4 000 万新加坡元分成比例为 7%；4 000 万~6 000 万新加坡元分成比例为 8%；6 000 万~8 000 万新加坡元分成比例为 9%；超过 8 000 万新加坡元部分分成比例为 10%。这种年薪结构与这次中航油事件有无关联呢？

中航油的母公司在 2000 年 3 月即正式下发文件，要求包括参股企业在内的所有下属公司在未来几年进口航油必须通过中航油。2001 年 10 月，总公司又再次承诺决不撤销以往的进口安排，从而保证了中航油获取高额的垄断利润。因此，中航油的利润直接源于垄断权带来的利益重新分配，而非创造的新价值。那么，陈久霖为此拿到的巨额回报，是否不太合理？

（二）这个方案激励经理人在经营中“赌”

有了垄断利润作为保证，经理人作决策可能更加大胆。而且在分配方案中经理人随着业绩的增长收益也节节高升，但是却没有明确经营失败的风险跟经理人有何关系。2003 年以来，在中航油的利润结构中，投机性业务大规模增加，与陈久霖的薪酬设计是否有关？

（三）这种年薪方案鼓励了高层舞弊

这种年薪方案的另外一个“激励作用”就是促使陈久霖直接操纵企业相关信息的产生和披露，给广大小股东提供虚假的盈利信息，直接损害股东价值的长期可持续增长。

我们从陈久霖的薪酬结构中可以看到，陈久霖并未在中航油得到股票期权，也就是说他可能并没有对企业的未来剩余利润的分配权，这可能“鼓励”了他在经营中的短期行为。有知情者分析，中航油 2004 年公布的上一年度年报之所以如此“漂亮”（2003 年年报盈利 5 427 万美元）可能是因为在 2003 年下半年它们收取大量的期权保证金，从而增加了投资利得。

四、国企高层经理人需要更合理的激励机制

陈久霖们的高薪以及在中航油事件中反映出来的问题，实际上反映出我们还未能找到一个合理的薪酬管理办法。

（一）世界知名大公司高管薪酬的数额和结构

世界知名大公司高管薪酬一般由基本工资、年度奖金和长期激励（主要是股票期权）三部分组成。基本工资稳定在一个固定水平，而后两者均为可变薪酬，三部分各占薪酬

总额的三分之一左右。换言之，在整个薪酬结构中，可变薪酬要占到三分之二的比重，其中 50%是长期激励，其目的是使高管人员收入与企业业绩息息相关，而把长期激励作为可变薪酬的重要部分，也主要是平衡收益，避免高管人员为了追求短期绩效牺牲公司长远发展。

（二）关于如何确定国企高管合理薪酬的思考

第一，企业高管人员的薪酬真正与业绩优劣挂钩。依据行业垄断赚取的暴利作为薪酬标准，国家和公众利益单位化、个人化，损害国家和社会公众股东的利益，这种现象是不正常的。

第二，建立合理有效的责任追究机制。对经理人的激励不论是在中国还是在美国，力度都越来越大，但是，当上市公司的管理人与所有人分离后，如果企业经理人不持有公司的股份，经理人不会因经营不善蒙受个人利益的损失。因此，需要建立合理的责任追究制度来制衡激励机制，不仅与经理人的短期利益相关，更影响其职业生涯的持续发展，使得经理人在采取短期行为时不得不慎之又慎。

第三，国企高管的薪酬激励与企业的长期经营挂钩，避免经理人的短期行为。股票期权是经营管理人员与企业命运连接的重要纽带。为了弥补股票市场的效率不足，克服股票类报酬的缺陷，使经理人真正关注股东价值的长期、可持续创造，具体方法有延长股票期权的待权期、允许经理人在退休后继续授予其限制性股票和股票期权的行权权，使经理人的经济利益与其退休后若干年的股票回报联系在一起等。

（三）实行经营者选拔任用的激励和约束制度——让选人者真正负责

应尽快研究建立健全经营者选拔任用的激励和约束制度。选人经营有方，选人者也得到物质和精神的激励，选人出现重大问题，选人者要视情况承担连带责任。与此同时，要大力培育和发展职业经理人市场，逐步建立和完善个人信用信息与评估体系。

五、结论

我们认为，中航油事件与国企曾经交了一次又一次的“学费”同出一源，是个系统问题。我们对如何使得国企经理人的薪酬体现权责利的对等、将经理人的职业生涯与企业的发展联系到一起等方面的探讨，都将有助于国企经理人激励机制的完善，从而促进国有企业的健康发展。

第三节　一个民营服装企业薪酬体系设计的案例

一、该服装厂薪酬体系的原有状况分析

（一）文威服装厂薪酬体系原有的外部状况

广州市海珠区中山大学附近制作企业区的一家民营独资企业——文威服装厂，其外

部薪酬水平，即同行业薪酬水平。在广东抽样调查的 100 家服装制造企业中，只有 62 家企业制定了符合自身特色的薪酬体系，占被调查企业的 62%；参照他人薪酬体系的有 27 家，占被调查企业的 27%；其余的属于薪酬发放不太规范，几乎没有成型的薪酬体系的范围①。

从被调查的 100 家服装制造企业中还可知，员工的薪酬发放模式大体上是岗位计酬制和按件计酬制，在这两种发放模式中又基本上是岗位基本工资+季度奖和年终奖、计件基本工资+计件超额奖的形式。员工年薪酬总额最高幅度超过 3 万元的有 27 家，占企业总数的 27%；3 000 元至 3 万元的有 58 家，占企业总数的 58%；3 000 元以下的有 15 家，占企业总数的 15%。在这 100 家服装制造企业中，大多采用广义薪酬激励员工的办法。

（二）文威服装厂薪酬体系原有的内部状况

文威服装厂的计薪与工资的发放情况，同被调查的 100 家服装制造企业有着诸多相同的地方，表现为：员工的计薪划分为两大类，一类是岗位计酬制，另一类是按件计酬制；倾向于货币薪、直接薪的发放，较少注意非货币薪、关于工作本身的积累。根据员工所属的工种（即被分配的部门）不同采用不同的计酬制，或是岗位计酬、或是按件计酬。在所属的 8 个部门中，设计部（采板部）、裁剪部、熨烫部、打扣部、包装部、市场部（批发部）这 6 个部门为岗位工薪制，缝制部、洗水部这 2 个部门为计件工薪制，但不管是哪一个部门，如果都能出满勤，则都有 100 元的月全程奖。岗位工薪与计件工薪的大致数额如表 8-1 所示。

表 8-1 岗位工薪与计件工薪表

采用岗位薪金的部门						采用计件薪金的部门	
设计部/元	裁剪部/元	熨烫部/元	打扣部/元	包装部/元	市场部/元	缝制部/（元/件）	洗水部/（元/件）
2 500~3 000	1 600	1 300	1 300	1 000	2 000	3~4	3

由分析可得，文威服装厂的薪酬体系也有一定的优点。例如，员工的薪酬简单，企业管理薪酬的成本将大大地降低，从企业的机构设置来讲，就没有人力资源部；另外，对于来该企业打工的员工，自己被安排到什么样的岗位，该有着什么样的薪酬待遇就一目了然，就那些只重视直接薪酬、只重视货币薪酬的员工是可行的。但文威服装厂的薪酬体系存在着更大的不足：首先，以岗位为基础，缺乏科学的依据；其次，薪酬结构设置极不合理；再次，考核基础不明显，无法达到良好的激励效果；最后，分配不恰当，员工收入差距不大。

文威服装厂的薪酬体系存在的这些不足，导致该企业人力人才的流失率达到了 8%，员工对企业的忠诚度只有 50%，员工对企业薪酬的公平感只有 45%，员工对工作目标的完成率只有 78%，企业对外部人力人才的吸引程度只有 70%。企业陷入了人力人才、薪酬激励困境。

---

① 肖顺发. 一个民营企业薪酬体系设计的案例——文威服装厂薪酬体系的设计. 中国经济与管理科学，2007，（8）：155-158.

二、文威服装厂薪酬体系设计的思路和步骤

（一）文威服装厂薪酬体系设计的总体思路

薪酬体系设计的总体思路：一是理顺薪酬体系建立适应不同群体的多元化分配机制；二是建立技术与管理并重多种发展通道的薪酬体系制；三是建立员工个人社会综合权重薪酬体系制；四是建立以市场价格为决定基础的薪酬体系制。

（二）文威服装厂薪酬体系设计的步骤

1. 工作分析与岗位估值

（1）工作分析的目的是以岗定薪为基础，一般来讲，工作分析具有如下工作目的：一是员工完成什么样的工作？二是员工将在什么时候完成工作？三是员工如何完成此项工作？四是员工在哪里完成工作？五是员工为什么要完成此工作？六是员工完成工作需要哪些条件？

（2）工作分析的主要内容是基础信息分析、工作任务分析、岗位职责分析、岗位关系分析、劳动环境分析、结果领域分析、素质要求分析。具体的方法有观察法、面谈法、调查问卷法等。通过工作分析可以获取大量的信息，企业可以将这些信息整理成工作岗位说明书及岗位素质要求。

（3）工作分析与薪酬体系设计的关系如图 8-3 所示。

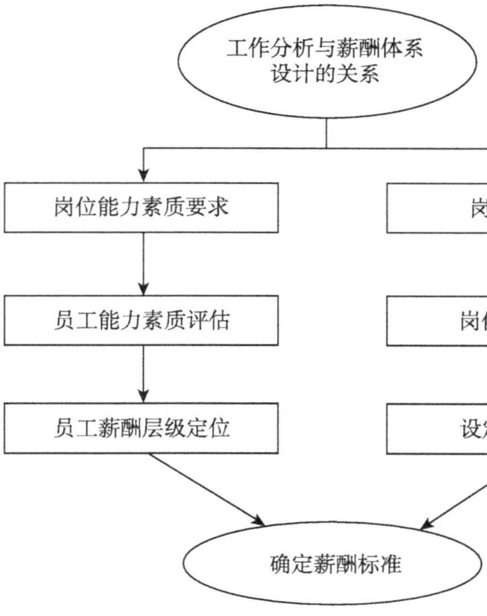

图 8-3　工作分析与薪酬体系设计的关系

（4）岗位的价值评估与薪酬层级设计。岗位价值一般由企业的影响、解决问题、责任范围、监督、知识经验、沟通、环境风险共七大类系统因素来决定。据此设计出岗位评估因素的权重分值标准。

需要说明的是，岗位价值系统因素的权重与分值，是根据以往的经验和该“因素”在经营战略目标、人力人才战略目标中的重要性来决定的，各系统因素又包括相应的几个子因素。以设计出的岗位评估因素权重与分值标准为参考，再给出文威服装厂所有的标准岗位价值分，以层级中最底层的标准岗位分值除以各标准岗位价值分，得出各层级系数值，用系数值乘以薪酬标准值 K，K 值是在文威服装厂的年度总体薪酬策略的指导下，根据市场薪酬水平、外部薪酬竞争性和内部薪酬的激励性来确定，因此不同层级的 K 值（K_2、K_3、K_4、K_5，无 K_1，因为文威服装厂老板兼总经理，不计最高薪酬值，A_1 层级就表示在总经理以下的各部门最高层级）一般取不同的值，而且不同的年份，根据年度薪酬预算，K 值也会有所变化，从而列出文威服装厂薪酬层级示例表，如表 8-2 所示。

表 8-2 文威服装厂薪酬层级表

层级	标准岗位价值分	层级系数	A 层级年度标准薪酬	B 层级年度标准薪酬	C 层级年度标准薪酬	D 层级年度标准薪酬	E 层级年度标准薪酬
A_1	272	5.2	$5.2K_2$				
A_2	254	4.9	$4.9K_2$				
A_3	236	4.5	$4.5K_2$				
A_4	218	4.2	$4.2K_2$				
B_1、A_5	217	4.2	$4.2K_3$	$4.2K_3$			
B_2、A_6	205	3.9	$3.9K_3$	$3.9K_3$			
B_3	193	3.7		$3.7K_3$			
B_4	181	3.5		$3.5K_3$			
C_1、B_5	169	3.2		$3.2K_3$	$3.2K_3$		
C_2、B_6	157	3.0		$3.0K_3$	$3.0K_3$		
C_3	139	2.7			$2.7K_4$		
C_4	131	2.5			$2.5K_4$		
D_1、C_5	123	2.4			$2.4K_4$	$2.4K_4$	
D_2、C_6	115	2.2			$2.2K_4$	$2.2K_4$	
D_3	107	2.1				$2.1K_4$	
D_4	99	1.9				$1.9K_4$	
E_1、D_5	77	1.5				$1.5K_5$	$1.5K_5$
E_2、D_6	72	1.4				$1.4K_5$	$1.4K_5$
E_3	67	1.3					$1.3K_5$
E_4	62	1.2					$1.2K_5$
E_5	57	1.1					$1.1K_5$
E_6	52	1.0					$1.0K_5$

表 8-2 有着分层重叠现象，如 A_5、A_6，B_1、B_2，C_1、C_2，B_5、B_6，D_1、D_2，C_5、C_6，E_1、E_2，D_5、D_6。为什么会出现这一重叠现象呢？由于文威服装厂要采用的是柔性薪酬体系制，总经理以下共分 5 个类别的职位，同类别职位内又分 6 级。在总经理以下的 5 个类别职位里，确定各岗位的基础工资时某一类别的 6 个层级的倒数 2 个层级，顺次就

有下一个类别职位 6 个层级的顺数 2 个层级与之相对应。这样就有可能下一个类别职位员工的基础工资高过上一类别员工的基础工资，避免了因职等问题而在一定程度上限制员工工薪发展的情况。

2. 薪酬调查

薪酬调查重在解决薪酬的对外竞争力问题，企业在确定一个或更多职位的薪酬水平时，需要参考劳动力市场的薪酬水平。

若自身的人手不够或者经验不足，文威服装厂可以委托薪酬调查咨询公司进行这方面的调查，或者参照珠江三角洲乃至全国同行的薪酬情况，也可以了解不同行业的薪酬情况；还可以利用招聘方式、人员跳槽的机会了解竞争者的薪酬水平。在这里借用张捷对民营经济发展课题组的调查结果①。

经该课题组调查民营经济薪酬体系建立的一般情况，在调查中，回答了薪酬问题的 618 家样本企业，仅有 171 家企业员工平均工资高于当地的平均工资，占 27.66%；保持平均工资的有 377 家，占 61.00%；还有 70 家企业低于当地平均工资水平。当被问及企业平均工资高于当地平均水平的原因时，有 42.2%的企业认为是企业效益好，27.4%的企业认为是为了更好地调动员工的积极性，10.3%的企业遵循人力资本定价原则认为是员工的素质高①。根据这一当地的薪酬调查结果，文威服装厂的薪酬水平应该结合自身的战略状况来选择。

3. 薪酬定位

文威服装厂所处的地理位置是广州，同类企业人力人才的竞争相当激烈，而且文威服装厂又将自己定位为竞争成长战略性企业，所以，文威服装厂宜将自己的薪酬在外部薪酬定位的 75 百分位以上的位置。这一定位却可以确定重叠式层级薪酬表 8-2 中 K 值的幅度。

4. 薪酬结构设计以及配套管理办法的制定

薪酬的构成要素按岗位计薪的主要有岗位基础工资、效益工资（这里的效益是指完成本职工作的质量与数量）、津补贴、年功工资和企业年金等；按计件计薪的主要有岗位基础工资、计件工资、年功工资和企业年金等。岗位工资是通过对职位的分析和职位的评价得出评定的结果，它是员工基础工资高低的主要决定因素，相对比较固化。岗位工资是一个宽带区间（这一区间带由表 8-2 中 K 值的幅度来确定），而不是一个点。企业可以从薪酬调查中选择一些数据作为这个区间的中点，然后根据这个中点确定每一职位等级的上限和下限。同一等级内的任职者，岗位基础工资未必相同。这就增加了工资变动的灵活性，使员工在不变动职位的情况下，随着技能的提升、经验的增加而在同一职位等级内逐步提升工资等级。

确定企业的整体薪酬水平，需要对企业盈利能力、支付能力做出评估。在这里需要强调的是，文威服装厂要建立的是竞争成长战略性企业的薪酬体系，薪酬的区间要比一般企业的薪酬区间宽，在薪酬结构中动态工资高过竞争对手的工资水平。

---

① 张捷. 广东民营经济发展研究. 广州：广东人民出版社，2006：34-43.

5. 计件薪酬的确定

关于计件薪酬的确定，同行业若有参照标准的，根据自身的薪酬战略予以参照；若没有参照标准的，要结合本厂的薪酬整体水平及员工的劳动强度、熟练程度、工作时间等来确定。总之要体现出外具竞争、内具公平的总体要求，不会导致有的部门工作员工争着干，有的部门工作员工不愿干。在文威服装厂内能作为计件计薪的应尽量按计件计薪。

6. 薪酬体系的实施和修正

在确定薪酬调整比例时，要对总体薪酬水平做出准确的预算。为准确起见，总经理办公室应建好工资台账，并设计一套比较好的测算方法。在制定和实施薪酬体系过程中，及时的沟通、必要的宣传和培训是保证薪酬改革成功的因素之一。从本质意义上讲，劳动报酬是人力资源成本与员工需求之间进行博弈的结果，世界上不存在绝对公平的薪酬方式，只存在员工是否满意的薪酬制度。总经理办公室可以利用薪酬制度问答、员工座谈会、满意率调查等形式，充分介绍企业的薪酬制度制定依据。在实施薪酬制度前后，应进行民意测验，对薪酬的实施效果进行评估。同时，为使薪酬制度更能适应市场竞争变化的需要，应保证其强动态性。

三、文威服装厂薪酬体系的具体设计

（一）薪酬体系具体设计的总体要求

整个员工工薪按照两条主线安排：第一条主线是按计件计酬工资制确定的普通计件员工的计件工资，第二条主线是按职位与绩效制确定总经理办公室工作人员工资、卫生勤杂人员工资、其余管理人员工资和按岗位制确定计件员工基础工资。

（1）企业工薪改革设计小组的组成成员与使命。企业工薪改革设计小组由 10~15 人组成，具体由总经理办公室牵头，召集 8 个部门的经理或者是部门副经理参加，另外再聘请服装厂发展咨询机构的一名咨询师、会计事务所的一名资深会计、人力资源咨询机构的两名工资设计师等组成。

该改革小组的使命：一是组织积极向上的企业工薪改革宣传。改革小组通过不同的形式和多种渠道向员工讲明本企业工薪改革的理由，让每一位企业员工都知道企业工薪改革的必要性、重要性，并且要求员工积极参与到企业工薪改革中来。二是负责对本企业员工的工薪调查，负责对同行业本地代表企业、同行业外地代表企业的工薪调查，负责对非同行业本地代表企业、非同行业外地代表企业的工薪调查。三是负责对企业员工工薪的重新计算。四是负责对改革设计后的工薪进行跟踪评估。

（2）企业工薪改革设计小组的工作时间与经费。企业工薪改革设计小组用 3 天时间调查本企业员工，用 6 天时间调查本地同行业代表企业工薪情况和本地非同行业代表企业工薪情况，用 6 天时间调查非本地同行业代表企业工薪情况和非本地非同行业代表企业工薪情况，再用 15 天时间调整计算员工工薪。企业给予企业工薪改革设计小组经费 5 万元，本着厉行节约的原则，节约经费退还本企业，经费确有不够酌情追加。

（二）主体工资的设计

主体工资的设计是指计件工资、岗位基础工资、职位与绩效工资三类，下面就这三类工资的设计做出阐述。

1. 计件工资设计

按照从按岗位计酬的模糊管理向按计件计酬的清晰管理的总体要求，首先确定计件计酬的部门和岗位，其次确定计件计酬的金额。

（1）确定计件计酬的部门和岗位。企业裁剪部、缝制部、洗水部、熨烫部、打扣部、包装部共 6 部门，在这些部门中除经理、副经理、班长（质检员）、线长（跟单员）、安全员（设备维护员）采取职位基础工资、效益工资、津补贴、年功工资和企业年金等的薪酬体系之外，其余普通员工岗位都采用岗位基础工资、计件工资、年功工资和企业年金等的薪酬体系。具体岗位为：

裁剪部的裁衣线岗位、裁裤线岗位；

缝制部的缝衣领线岗位、缝衣袖线岗位、缝衣身线岗位，缝裤前片线岗位、缝裤后片线岗位、缝裤头线岗位；

洗水部的打卷线岗位、下水线岗位、马骝线岗位、过水线岗位、烘干线岗位；

熨烫部的大烫线岗位、小烫线岗位；

打扣部的定位线岗位、打眼线岗位、钉扣线岗位；

包装部的整衣线岗位、包装线岗位。

（2）确定计件计酬金额。有同行业参照水平的参照同行业水平，没有同行业参照水平的采用实验法或以往经验法来确定。

实验法：每一个计件生产线选择数名具有代表性的员工，统计其在正常身体条件和生产环境条件下所生产的数量，给单件数量定价，计算月总计件收入，这一收入再加一定的岗位基础工资之和为多少。根据员工劳动强度、技术性要求在内具公平、外具竞争力的前提下确定单件计价额。例如，裁剪部的裁衣线岗位某员工，被选择为实验对象，其在实验月内共裁剪衣服 2 080 件（一般采用三件套裁的方法），若每裁一件按 1 元计算，则该员工共月计件工资 2 080 元，再另加上该岗位的月基础工资，假设为 600 元，则该员工直接的月货币工资就是 2 680 元（全厂的计件工资因涉及商业秘密，未作全面表述）。

2. 岗位基础工资设计

岗位基础工资是指享受计件工资制的岗位员工的基础工资。该工资额的确定要依据各制作线岗位的工作性质、岗位的重要性来确定。首先将各制作线岗位进行工作分析（工作分析以前面阐述的理论为基础），以计件计酬的 20 个生产线岗位的分值排序，以最小分值依次除以各生产线的分值得各生产线的岗位分值系数，综合劳动力市场和企业的盈利情况给薪酬标准 K 值配比金额，就得各制作线岗位的基础工资。例如，“下水线岗位”的分值系数为 1.5，K 值的配比金额是 230 元，那么“下水线岗位”的基础工资就是 345 元（全厂的岗位基础工资因涉及商业秘密，未作全面表述）。

3. 职位与绩效工资设计

（1）确定基于职位与绩效工资薪酬体系的对象。文威服装厂总经理办公室工作人员工资（总经理助理兼行政专司、人力资源专司、财务专司）、卫生勤杂人员、部门经理、部门副经理、班长（质检员）、线长（跟单员）、安全员（设备维护员）属于职位与绩效工资设计的对象。

（2）组建企业内部对享受“职位与绩效工资”的员工的管理能力、技术水平的评定机构。该机构定期展开工作，将结果纳入员工职位级别评定的要素中。这样，评定结果就与员工工薪挂钩以促进员工提高管理能力、技术水平的自觉性。

（3）基于职位与绩效工资设计的实施过程。在前面“设计思路与步骤”的指导下，做出如下基于职位与绩效工资的设计步骤：在操作的过程中，要把握好这一流程中的具体实质，强调的是“工作评价、确定报酬要素、确定权重、建立职位与绩效工资结构”一定要同本公司的发展战略、市场竞争相联系。

（4）调查研究、制定职位说明书。企业工薪改革设计小组要组织各部门，采用访谈法等方法收集工作信息，对基于职位与绩效工资的岗位名称进行规范，进行岗位分析；并根据岗位分析收集的信息进行汇总，制定职位说明书。

（5）确定岗位评价要素、评分等级及分值。对组织实施岗位评价的说明：第一，在具体实施岗位评价时坚持以下原则，只考虑岗位，不与任职者本人挂钩；只对岗位目前的状态进行评价，不考虑评价岗位的过去和未来的状态；只考虑岗位在正常情况下对任职者的要求，不考虑任职者的道德品质或不可抗力因素；评价尺度保持前后一致，避免出现前松后紧或前紧后松的现象。第二，根据岗位评价结果进行岗位分级，并制作岗位分级表。根据文威服装厂实际情况，结合各岗位相对价值的大小，把文威服装厂按职位与绩效计薪的全部岗位划分为总经理、部门经理、班长、线长、员工 5 个职等（总经理不属被设计对象），每一职等又根据员工素质要求再划分为 5 个层级，由于设计为一些层级重叠，所以文威服装厂总层级为 22 级。

（6）确定薪酬水平。各层级薪酬标准 K 值被赋予的薪酬额，同样要遵循内具公平、外具竞争力的原则。对岗位工作内容和任职资格要求相类似的岗位进行对比，明确文威服装厂各岗位的薪酬水平并制定岗位工资标准表。

按岗位与绩效定薪的系列岗位等级划分标准如下：1~5 级为部门经理岗位级；6~10 级为班长岗位级；11~15 级为线长岗位级；16~22 级为员工岗位级。另外，岗位基薪与绩效薪的比重分别为，1~5 级比重为 5：5，6~10 级为 5.5：4.5，11~15 级为 6：4，16~22 级为 6.5：3.5 左右（全厂的岗位与绩效工资因涉及商业秘密，未作全面表述）。

（三）节日贺金、节日加班费、年功工资、社会资本奖金

节日指的是春节、清明、五一、端午、国庆、中秋 6 个节日，春节、五一、国庆是 3 个法定节日，中秋、清明、端午是中国传统节日，也是法定节日。若有少数民族员工，仍然要尊重少数民族节日。节日贺金，春节、五一、国庆统一标准为 2 000 元，其余 3 个节日为 500 元。休息日安排加班的，按基薪（计件员工基薪指“岗位基础工资”、非

计件员工基薪指“职位与绩效工资”）的200%支付加班费，节日加班费按基薪的300%支付加班费。年功工资标准根据企业运营情况一年一定。社会资本奖金的设计是因现时的社会需要、企业需要来确定的。社会资本奖的发放一般采用正强化的作用，只要员工的道德操守、社会诚信等涉及社会资本的方面得到了企业或者社会的肯定，企业就兑现一定数额奖金给相应的员工。

第四节 美国公务员薪酬制度与启示

美国公务员薪酬制度结构分类管理是公务员薪酬制度的前提和基础。1923 年，美国国会颁发《联邦政府职位分类法》，并确立了同工同酬的薪酬原则。1949 年，美国国会修订《联邦政府职位分类法》，将公务员职位归纳为：一般职位序列（general schedule，GS），共分为 18 职等；技艺保管序列，共 10 职等。此外，按照雇佣期限，可将政府雇员分为永久雇员、临时雇员；按照工作方式，可将政府雇员分为全职雇员和非全职雇员①。

一、美国公务员工资

目前，美国联邦政府共有 30 多个工资系统。公务员工资包括法定工资制度和其他工资制度。

（1）法定工资制度，适用于白领雇员，包括 GS 工资序列；外交人员工资序列；退伍军人健康管理人员工资序列。

（2）其他工资制度，主要包括：适用于高级公务员（行政首长）工资序列（executive schedule，ES）、高级行政公务员工资序列（senior executive service，SES）的联邦工资序列（federal wage system，FWS）。行政法规决定的工资序列（administratively determined pay systems，AD）。20 世纪中后期，随着重塑人力资源管理运动的开展，美国公务员工资制度不断变革。美国是联邦制国家，联邦公务员的工资由专门的联邦工资账户支付，而各州、县、市公务员的工资则由本级政府财政负担。

（一）基本工资

美国已形成以常规工资体系为主，以弹性工资体系为辅的多元化工资框架。

（1）常规工资体系。常规工资体系适用于 GS。GS 是美国政府覆盖面最广、涉及人数最多的工资制度。按照工作任务、责任、任职资格条件等标准，可以将 GS 职位分为 23 类、420 职系、15 职等、10 职级。按照等内晋级幅度，可将 GS 职位序列分为单间隔等级序列（如 GS-12，3/4/5/6）、双间隔等级序列（如 GS-5，7/9/11）。GS 的等内增资适用于永久性职位雇员，等内增资需符合的条件是：绩效能力应该达到基本要求，即绩效评定至少达到第 3 等次“良好”；达到规定的任职年限；在规定的任职年限内没有获得过其他增资。

---

① 刘碧强. 美国公务员薪酬制度及其启示. 哈尔滨工业大学学报（社会科学版），2010，（11）：50-54.

（2）弹性工资体系。一是最高工资标准规则。其是指允许行政机构给予 GS 雇员高于常规工资标准的特殊工资规则，适用于 GS 雇员的再雇用、调任、重新安排工作、晋升、降级以及其他职位变动。二是雇用高资格条件者和特别需要者的弹性工资。联邦政府各行政机构在雇用具备高资格条件的申请者和特别需要的职位人员时，可以给予他们高于招募职位工资等级标准的工资。三是高级雇员弹性工资。对联邦政府中的高级公务员、高层雇员、科学或专家职位雇员等高级雇员实行的具有宽带结构的弹性工资。联邦行政机构可以根据高级雇员所具有的资格条件和实际工作绩效，在最低标准与最高标准之间决定他们的年薪报酬。

（二）津贴、补贴

美国公务员的津贴包括：①制服津贴。总数不得超过 125 美元。②住宅津贴和生活津贴。依据《美国法典》，对派往合众国、波多黎各自由邦、运河区及合众国领地和属地以外的其他地区的公务员，给予临时住宅津贴，以及租金、取暖、采光、燃料、煤气、电和水等生活津贴。③生活费津贴。给予派驻国外公务员的调任津贴、分居生活供养津贴、教育津贴和交通费等。④岗位津贴。其是根据环境，给予驻国外地区工作雇员的津贴，岗位差额不得超过其基本薪金率的 25%。⑤危险薪金津贴和其他津贴。此外，美国公务员还享受加班费、假期补助、购房补助等补贴。

（三）奖金

联邦政府奖励包括各种现金奖、工作成绩奖、政府推荐奖、高绩效提薪、荣誉与正式赞扬、休假奖等。《美国法典》详细规定了工作成绩奖、现金奖等措施。其中，工作成绩奖金额不得多于基本薪金率的 10%，也不得少于基本薪金率的 2%。但是，经机关首长确认可以给予超过基本薪金的 10%，不超过 20%的成绩奖。现金奖金额不超过 1 万美元，但经人事管理署批准，可授予超过 1 万美元但不超过 2.5 万美元的奖金奖。为了吸引、安置、稳定优秀公共管理人才，联邦政府推出了包括“雇佣奖金”“安置奖金”“留人津贴”的奖励措施。例如，“雇佣奖金”旨在吸引稀缺人才，包括 GS 职位和高层职位、科学或专家职位、高级公务员职位等职位类别的人才，只要其与政府行政机构签订 6 个月以上的雇佣合同，就可以获得一笔相当于任职后基本年薪 25%的一次性“雇佣奖金”。

二、美国公务员福利

美国公务员福利制度包括年休假、家庭与医疗假，以及出庭假、骨髓与器官捐赠假、紧急事件假、应征入伍假和无工资假等。

（一）年休假制度

联邦政府雇员可以享受带薪年休假，假期与其服务期紧密相关。普通公务员最长年休假不超过 30 天，高级公务员最长年休假不超过 90 天。未休假或未休满假的公务员可以依据未休的时间计算累积的补偿津贴。

（二）家庭与医疗休假制度

按照美国 1993 年《家庭与医疗休假法案》，联邦政府公务员的直系家庭成员因患癌症、心脏病等严重疾病，或负重伤、怀孕或分娩需要长期照顾时，可以申请最长 12 周的无薪假期。

（三）病假

联邦政府公务员每年可以获得不超过 13 天的病假，以看病或照顾家庭成员和患病家属，以及处理与收养有关的事宜。

三、美国公务员保险

（一）健康保险

联邦雇员健康保险计划（Federal Employee Health Benefits Program）于 1960 年实施。联邦政府雇员既可以自选医院、医生看病，也可以在指定医院由特定医生看病。加入健康保险计划后，个人依法支付 25%的医疗费用，并享受税收减免；联邦政府依法支付 75%医疗费用。联邦雇员的健康保险包括以下产品：住院和医疗费用保险；处方药保险；牙科、眼科保险；短期和长期失能保险；长期看护保险；意外险。美国联邦公务员保险主要包括健康保险、集体人寿保险、养老金。

（二）集体人寿保险

联邦雇员集体人寿保险（Federal Employee Group Life Insurance）计划于 1954 年 8 月实施，是美国最大的人寿保险计划，包括基本人寿保险和三个可选险种。其中，基本人寿保险为强制性保险计划，所缴费用直接从联邦雇员的基本工资中扣除。基本人寿保险的交费标准是按照基本保险额度中每 1 000 美元每两周交纳 0.15 美元，个人支付 2/3，单位支付 1/3。寿险计划包括定期寿险、万能寿险和终身寿险等形式。

（三）养老金

养老金是美国雇员退休计划的重要形式。美国雇员退休计划主要包括养老金计划、利润分享计划、合格的退休金储蓄计划。美国联邦政府公务员养老金包括公务员退休金制度和联邦雇员退休金制度。其中，公务员退休金制度适用于 1983 年前参加工作的联邦政府雇员；联邦雇员退休金制度适用于 1984 年以来参加工作的联邦雇员。

四、美国公务员薪酬制度的特点

（一）法制化

健全薪酬法规，加强薪酬管理。美国政府十分重视公务员薪酬管理法制化建设，不仅在《彭德尔顿法》（1883年）、《文官制度改革法》（1978年）中规定了薪酬制度，也出台了一系列与公务员工资、福利、保险、退休有关的配套法规，如《联邦工资改革法》（1962年）、《联邦工资平衡法》（1970年）、《联邦雇员工资比较法》、《公务员退休法》、《雇员退休收入安全法案》（1974年）、《家庭与医疗休假法案》（1993年）、《联邦雇员分享法》（1988年）等。

（二）高绩效化

坚持功绩制原则，力求绩效和公平并重。功绩制是美国文官制度的重要特色，《彭德尔顿法》（1883年）、《文官制度改革法》（1978年）先后确认了功绩制原则。同工同酬和绩效工资是功绩制的重要内容，“同等价值的工作应该给予同等的薪酬，同时考虑整个国家和地方的私营部门雇主所支付的薪酬水平，对绩效突出者给予适当的激励和褒奖；雇员应当保持适当的绩效水平，未达到适当绩效水平者应当改进，对不能或不愿改进绩效以满足规定标准者予以辞退”。1994年，联邦政府出台《政府绩效与结果法案》，通过绩效计划、实施、测定和评估，加强政府绩效管理。在美国，《文官制度改革法》等法规凸显联邦雇员和私营企业雇员薪酬水平平衡问题，力求实现公务员工资的外部公平，确保中、低级公务员的工资与同一地区私营企业雇员的工资大体相当。

（三）分权化

实行宽带薪酬，向行政部门和一线管理者授权。20世纪中后期兴起的新公共管理运动致力于突破官僚制，构建“企业家政府”。“分权的政府：从等级制到参与和协作”是企业家政府的重要特质。分权式政府通过参与管理，分散公共机构的权力，构建协作性组织。美国政府重塑人力资源管理运动主张“将权力分散并授权给基层”，“创建雇员、工会、管理者之间的新的合作关系，以促进改革和雇员参与”。在公务员薪酬管理过程中，美国政府注重吸引雇员、工会参与，通过个人协商和集体谈判，提高公务员薪酬管理的民主性、民众满意度。

（四）弹性化

突破繁文缛节，灵活浮动工资传统官僚制组织，坚持以规则为本，注重严格的规章制度、规范的程序。企业家政府要求“摆脱旧式的规章手册的束缚，并取消明细分类项目”，改变照章办事的组织，打造有使命感的政府。按照《重塑人力资源管理》主张，在GS职等内部实行弹性薪酬，保持GS的15职等结构，废除每一职等内按照10级序列提薪的硬性规定，设计弹性的职等内薪酬晋级制度，并给予行政机构确定职等内基本薪酬水平的权力。除GS外，高级雇员也实行弹性薪酬，这无疑有助于增强公共职位的吸引力。2001年，美国总统布什推出题为“改进联邦政府管理和绩效战略”的总统管理议程，“实现最大弹性”是该议程的重要原则，公务员薪酬弹性进一步加强，如在确保“同工同酬”功绩制原则的同时，可以形成几十种不同的薪酬制度。

（五）人性化

以人为本，理顺家庭与工作之间的关系。管理者在工作和生活中扮演不同的角色，履行不同的职能。

（六）市场化

利用市场工具，完善薪酬结构工资市场化体现在以下几个方面：

（1）实施工资调查。工资调查是美国行政机构、联邦人事管理机构“就工资结构向立法机构提出建议并获得批准的基础”。通过工资调查，了解和掌握劳动力市场信息，明确不同社会组织的薪酬差距，据此确立公务员工资标准、层级。工作职位分析、职位评估是工资调查的前提。同时，基于国民经济社会发展现状，根据经济发展、财政预算、物价指数、通货膨胀指数等因素，可以灵活调整公务员的工资。

（2）利用市场化薪酬工具。“对私营部门管理方式的重视”是新公共管理运动的重要特征。美国公务员薪酬制度改革过程中，充分利用在私营部门流行的市场化薪酬工具，以增强公务员薪酬的灵活性、竞争性。另外，根据实际情况灵活安排其工作时间，以使一些政府机构雇主采取“买”“卖”假期，与雇员进行年休假、假日、病假等方面的交易。

（3）利用市场机制，健全公务员保险体制。美国公务员保险包括健康保险、集体人寿保险等，并实行养老金制度。

五、美国公务员薪酬制度对中国的启示

“要想有效地激励雇员，工资和福利必须具有竞争性、公平性、灵活性，并且易于管理和实施”。有必要结合我国国情和公共部门人力资源管理现状，改革、创新我国公务员薪酬制度，以激发公务员的工作积极性、主动性和创造性。

（一）加强公务员薪酬法制化建设

健全的薪酬法规是公务员薪酬管理的前提和基础。与美国相比，我国公务员薪酬法制化建设明显滞后，仅出台与公务员薪酬相关的条例、方案或规章制度，如《公务员工资制度改革实施办法》（2006 年）、《完善艰苦边远地区津贴制度实施方案》（2006年）、《公务员奖励规定（试行）》（2008 年）、《机关事业单位工作人员带薪年休假实施办法》（2008 年）等。在实施《中华人民共和国公务员法》的过程中，有必要结合我国国情，整合相关配套法规，制定“公务员薪酬法”，详细规定公务员薪酬的形式、结构、设计依据、薪酬变动、管理程序、管理责任等；进一步完善职务工资与级别工资，清理、规范公务员津贴、补贴、奖金；按照公务员福利市场化、社会化、货币化原则，健全福利管理制度，开发内容丰富、形式多样的公务员福利。健全公务员保险制度，保障公务员在退休、患病、工伤、生育、失业等情况下获得帮助和补偿。规范公务员退休程序，适时建立公务员养老金制度，不断提高退休待遇。

（二）完善公务员分类管理制度

规范公务员薪酬结构。健全的分类管理制度是公务员薪酬管理的前提和基础。美国公务员分类管理以职位分类为主，以品位分类为辅，设置了不同的职类、职组、职等、职系、职级。美国政府雇员不仅适用GS，也适用SES；不仅包括白领职业，也包括蓝领职业。按照《中华人民共和国公务员法》的规定，“国家实行公务员职位分类制度”。我国公务员职位类别分为综合管理类、专业技术类和行政执法类等类别，公务员职务分为领导职务和非领导职务。在遵守《中华人民共和国公务员法》《公务员职务与级别管理规定》的同时，有必要借鉴美国的公务员分类管理体制，针对不同的公务员职位类别，明细公务员职位的职组、职等、职系、职级。在职位分类的基础上，灵活确定公务员的工资、保险、福利、退休待遇等制度。条件成熟的地方，可以在一些经济管理、科技、教育、卫生、环境保护、发改委、工业和信息化等部门，适当设计部分“高级公务员”职位，面向全球或全国公开选聘，并与之签订绩效合同，规定其任职期限、工作标准、工作责任和目标，实行绩效薪酬，加强绩效管理。逐渐推广公务员聘任制，健全聘任制公务员分类管理制度，构建与聘任制公务员相适应的弹性薪酬制度。

（三）改进公务员考核方法

公务员考核结果是确定公务员的职务、级别、薪酬的重要依据。不论对于GS序列还是SES序列的公务员，美国联邦政府都严格规定了科学、合理的考核方法、程序。随着美国《政府绩效与结果法》的出台，美国公务员绩效管理制度日渐成熟。按照《中华人民共和国公务员法》，对公务员的考核，按照管理权限，全面考核公务员的德、能、勤、绩、廉，重点考核工作实绩。要按照《公务员考核规定（试行）》《体现科学发展观要求的地方党政领导班子和领导干部综合考核评价试行办法》等法规，严格规定公务员考核的主体、客体、范围、内容、程序、等次、纪律，坚持领导考核与群众考核相结合、平时考核与定期考核相结合、定性考核与定量考核相结合。同时，有必要结合我国公共部门人力资源管理特点，学习和借鉴美国公务员绩效评估的方法、手段、技术，构建适合我国国情的公务员绩效评估体系，探索公务员绩效薪酬制度。

（四）构建分权化、弹性化、人性化的薪酬体系

美国公务员薪酬制度具有分权化、弹性化、人性化等特点。有必要结合我国国情，根据我国公共部门人力资源管理的特点，适度推动公务员薪酬管理权限下放，构建分权化、弹性化、人性化公务员薪酬体系。

（1）分权化。我国各级人力资源和社会保障部门可以将部分公务员薪酬管理权限适度下放至各行政部门和机关首长。在薪酬制度设计、实施、监管过程中，要充分利用公务员或公务员团体的力量，构建公务员、政府部门、人力资源和社会保障部门之间的“合作伙伴关系”。对于聘任制职位和部分选任制、委任制职位，可以根据部门特点和工作性质，适时推行宽幅度、低层级、绩效为本的宽带薪酬制度。

（2）弹性化。弹性化薪酬管理要求突破官僚制，摆脱烦琐、僵化、陈旧的工资管理

规则的约束，灵活机动地晋升公务员职务、级别、工资档次。对于部分处级及其以上领导职务、副调研及其以上的非领导职务，聘任制公务员，以及部分专业技术职务的公务员，可以根据公务员的综合素质、岗位特点，结合区域经济发展情况和地方财政实力，构建弹性薪酬体系。

（3）人性化。按照马斯洛的需求层次理论，人的需求包括生理需求、安全需求、感情需求、自尊与尊重需求、自我实现需求等内容。公务员薪酬设计应当基于公务员多元化的物质和精神需求，力求人性化，以缓解公务员工作责任与家庭责任之间的矛盾和冲突。

（五）引进科学、合理的市场化薪酬管理手段

（1）完善完善工资调查制度。要完善工资调查制度，加强公务员工资平衡比较，“参照劳动力市场确定工资率”。美国政府通过工资调查，了解和掌握劳动力市场工资比率，据此适度调整公务员工资额度、增速，保持公务员工资与私营部门工资之间的动态平衡，以实现公务员工资的外部公平。《中华人民共和国公务员法》规定，“国家实行工资调查制度，定期进行公务员和企业相当人员工资水平的调查比较，并将工资调查比较结果作为调整公务员工资水平的依据”。在工资调查过程中，要科学设计调查问卷，明确调查目的、对象、方法、范围、手段，规范工资调查程序，并利用定量和定性分析方法科学分析调查数据。国家、地区、政府部门要根据工资调查比较的结果，结合国民经济发展、财政状况、物价水平等情况，适时调整机关工作人员基本工资标准。

（2）条件成熟的政府部门和地方，适时探索公务员福利市场机制，畅通福利交易平台。公员薪酬主管部门、行政机构等部门，要依法规范公务员福利交易市场秩序，营造公开公平、竞争有序的市场机制。

（3）健全公务员保险制度。坚持社会保险和商业保险相结合，自愿保险和强制保险相结合，充分利用市场手段，完善公务员医疗、失业、生育、工伤保险制度，适时构建公务员养老保险制度。根据公务员的岗位特点和工作性质，依法设计灵活的险种，以满足公务员多元化的需要。